中華文化促進會主持編纂

國家"十一五"~"十四五"重點圖書出版規劃項目

中國社會科學院哲學社會科學創新工程學術出版資助項目

出品人　王石　段先念

今注本二十四史

後漢書

六

傳〔二〕

南朝宋 范曄 撰 唐 李賢等 注

卜憲群 周天游 主持校注

中国社会科学出版社

後漢書　卷一五

列傳第五

李通　王常　鄧晨　來歙 歙曾孫歷[1]

[1]【今注】案，歙曾孫歷，紹興本無“歙”字；大德本作大字“曆伯珍”。殿本無卷目。

李通字次元，[1]南陽宛人也。[2]世以貨殖著姓。父守，身長九尺，容皃絶異，[3]爲人嚴毅，居家如官廷。[4]初事劉歆，[5]好星歷讖記，爲王莽宗卿師。[6]通亦爲五威將軍從事，出補巫丞，有能名。[7]莽末，百姓愁怨，通素聞守説讖云“劉氏復興，李氏爲輔”，私常懷之。且居家富逸，爲閭里雄，以此不樂爲吏，乃自免歸。

[1]【今注】案，殿本“李通字次元”前有“李通傳”三字，且單獨成行。

[2]【今注】南陽：郡名。治宛縣（今河南南陽市卧龍區）。

[3]【今注】皃：古“貌”字。紹興本、大德本、殿本作“貌”。本卷“皃”字，他本多作“貌”，不再出注。

[4]【李賢注】《續漢書》曰:"守居家,與子孫尤謹,閨門之内如官廷也。"

[5]【今注】劉歆:字子駿,劉向少子。西漢成帝時,爲黄門郎。後歷官中壘校尉、侍中、太中大夫、騎都尉、奉車光禄大夫、五原太守、涿郡太守、安定屬國都尉、右曹、羲和、京兆尹等職,封紅休侯。王莽代漢,爲國師,封嘉新公,四輔之一。因謀誅王莽事洩,自殺。傳見《漢書》卷三六。

[6]【李賢注】平帝五年,王莽攝政(殿本無"王"字),郡國置宗師以主宗室,蓋時尊之(時,紹興本、大德本、殿本作"特"),故曰宗卿師也。【今注】王莽:字巨君,魏郡元城(今河北大名縣東北)人。西漢元帝皇后王政君侄子。父王曼早死,未得封侯,王莽因此折節向學。成帝永始元年(前16),被封爲新都侯。綏和元年(前8),代王根任大司馬輔政,時年三十八。哀帝即位,王莽因觸怒哀帝祖母傅太后,就國。元壽二年(前1),哀帝崩,無子,中山王劉衎即位,年九歲,太皇太后王政君臨朝,王莽秉政。平帝元始二年(2),爲太傅,號安漢公。五年,鴆殺平帝,稱"攝皇帝"。居攝元年(6),立劉嬰爲皇太子,稱孺子。孺子嬰初始元年(8),代漢,國號爲新。王莽地皇四年(23),在未央宫滄池漸臺爲起義軍杜吴所殺,公賓就斬莽頭,被更始部將傳詣宛,懸於市。傳見《漢書》卷九九。　宗卿師:官名。西漢平帝元始五年,爲監視劉氏宗室,王莽置宗師。《漢書》卷一二《平帝紀》:"其爲宗室自太上皇以來族親,各以世氏,郡國置宗師以糾之,致教訓焉。二千石選有德義者以爲宗師。考察不從教令有冤失職者,宗師得因郵亭書言宗伯,請以聞。"《資治通鑑》卷三八《漢紀》新莽地皇三年胡三省注:"余按莽置宗師,主漢宗室耳。此宗卿師,莽篡時所置也。"曹金華《後漢書稽疑》:"余以《漢書·平帝紀》元始五年詔書驗之,胡説是也。"(中華書局2014年版,第255頁)

[7]【李賢注】王莽置五威將軍。從事謂驅使小官也（殿本無“也”字）。《前書》，秦御史監郡，與蕭何從事辨之（大德本無“與”字）。巫，縣，屬南郡，故城在今夔州巫山縣北也。【今注】五威將軍：將軍號。王莽置。本書卷一上《光武帝紀上》：“時城中唯有八九千人，光武乃使成國上公王鳳、廷尉大將軍王常留守，夜自與驃騎大將軍宗佻、五威將軍李軼等十三騎，出城南門，於外收兵。”李賢注：“王莽置五威將軍，其衣服依五方之色，以威天下。李軼初起，猶假以爲號。” 從事：官名。州刺史等屬官。《漢官儀》卷上：“元帝時，丞相于定國條州大小，爲設吏員，治中、別駕、諸部從事，秩皆百石，同諸郡從事。” 巫：縣名。治所在今重慶巫山縣北。

及下江、新市兵起，[1]南陽騷動，[2]通從弟軼，亦素好事，乃共計議曰：“今四方擾亂，新室且亡，[3]漢當更興。南陽宗室，獨劉伯升兄弟汎愛容衆，[4]可與謀大事。”通笑曰：“吾意也。”會光武避事在宛，[5]通聞之，即遣軼往迎光武。[6]光武初以通士君子相慕也，故往答之。及相見，共語移日，握手極歡。通因具言讖文事，光武初殊不意，未敢當之。時守在長安，[7]光武乃微觀通曰：“即如此，當如宗卿師何？”通曰：“已自有度矣。”[8]因復備言其計。光武既深知通意，乃遂相約結，定謀議，期以材官都試騎士日，[9]欲劫前隊大夫及屬正，[10]因以號令大衆。乃使光武與軼歸舂陵，[11]舉兵以相應。遣從兄子季之長安，[12]以事報守。

[1]【今注】下江：下江兵，王莽末緑林軍的一支。王莽天鳳四年（17），荆州一帶發生飢荒，王匡、王鳳等發動起義，起義軍

以緑林山爲根據地，故號稱“緑林軍”。地皇三年（22），王常、成丹等西入南郡，號“下江兵”。《漢書》卷九九下《王莽傳下》：“是時，南郡張霸、江夏羊牧、王匡等起雲杜緑林，號下江兵，衆皆萬餘人。”顔師古注：“晉灼曰：‘本起江夏雲杜縣，後分西上，入南郡，屯藍田，故號下江兵也。’”本書《郡國志四》南郡編縣有藍口聚，劉昭注補：“下江兵所據。”錢大昕《十駕齋養新録》卷一一《上江下江》：“《漢書·王莽傳》：‘南郡張霸、江夏羊牧、王匡等起雲杜緑林，號曰下江兵。’是南郡以下，皆可云下江也。李密《與王慶書》：‘上江米船，皆被抄截。’《通鑑》載隋煬帝之言曰：‘朕方欲歸，正爲上江米船未至。’注：‘夏口以上爲上江。’是武昌以上皆可云上江也。”　新市：地名。本書卷一上《光武帝紀上》：“伯升於是招新市、平林兵，與其帥王鳳、陳牧西擊長聚。”李賢注：“新市，縣，屬江夏郡，故城在今郢州富水縣東北。”本書《郡國志四》江夏郡有南新市侯國，治所在今湖北京山市東北。新市兵，王莽末緑林軍的一支。地皇三年，王匡、王鳳、馬武及其支黨朱鮪、張卬等北入南陽，號“新市兵”。

［2］【李賢注】騷亦動也。

［3］【今注】新室：王莽國號曰“新”，新室代指王莽政權。室，王室、王朝。

［4］【今注】劉伯升：劉縯，字伯升，東漢光武帝劉秀長兄。傳見本書卷一四。

［5］【今注】光武：東漢皇帝劉秀謚號。本書《光武帝紀上》李賢注：“《謚法》：‘能紹前業曰光，克定禍亂曰武。’”　避事：王先謙《後漢書集解》引陳景雲曰：“它處皆作‘避吏’，此音相似而誤。”中華本校勘記：“‘事’字古文作‘叓’，與‘吏’形相近也。”

［6］【李賢注】《續漢書》曰：“先是李通同母弟申徒臣能爲醫，難使，伯升殺之。上恐其怨，不欲與軼相見。軼數請，上乃

强見之。軼深達通意，上乃許往，意不安，買半臿佩刀懷之。至通舍，通甚悦，握上手，得半臿刀，謂上曰：'一何武也!'上曰：'倉卒時以備不虞耳（倉，大德本誤作"蒼"）。'"

［7］【今注】長安：西漢、新莽都城，故城位於今陝西西安市西北。長安城考古發掘概況，參見劉振東《漢長安城綜論——紀念漢長安城遺址考古六十年》（《考古》2017年第1期）。

［8］【李賢注】度，計度也，音大各反。

［9］【李賢注】漢法以立秋日都試騎士，謂課殿最也。翟義誅王莽，以九月都試日勒車騎材官士是也。【今注】案，材，大德本誤作"財"。

［10］【李賢注】前隊大夫謂南陽太守甄阜也。屬正謂梁丘賜也。【今注】前隊：王莽天鳳元年，置六隊郡，其中：前隊郡，漢南陽郡；後隊郡，漢河内郡；左隊郡，漢潁川郡；右隊郡，漢弘農郡；祈隊郡，漢河南郡一部；兆隊郡，漢河東郡。　大夫：王莽置六尉郡與六隊郡，改太守爲大夫。　屬正：王莽置六尉郡與六隊郡，改都尉爲屬正。

［11］【今注】舂陵：鄉名。屬南陽郡蔡陽縣。故城在今湖北棗陽市西南。本書卷一下《光武帝紀下》載，建武六年（30）"改舂陵鄉爲章陵縣。世世復傜役，比豐、沛，無有所豫"。西漢時爲侯國。《漢書·地理志上》顔師古注："《漢紀》云，元朔五年以零陵泠道之舂陵鄉封長沙王子買爲舂陵侯。"本書卷一四《城陽恭王祉傳》："買卒，子戴侯熊渠嗣。熊渠卒，子考侯仁嗣。仁以舂陵地埶下溼，山林毒氣，上書求減邑内徙。元帝初元四年，徙封南陽之白水鄉，猶以舂陵爲國名，遂與從弟鉅鹿都尉回及宗族往家焉。"舂陵由侯國廢爲鄉，當在王莽代漢之後，本書《城陽恭王祉傳》："及莽篡立，劉氏爲侯者皆降稱子，食孤卿禄，後皆奪爵。"曹金華《後漢書稽疑》："光武帝既生於哀帝建平元年，祖籍當是南陽舂陵。蓋因王莽改以爲鄉，鄉屬蔡陽，遂謂蔡陽人。"（第1頁）

［12］【今注】從兄：堂兄。

季於道病死，守密知之，欲亡歸。素與邑人黄顯相善，時顯爲中郎將，[1]聞之，謂守曰："今關門禁嚴，君狀皃非凡，將以此安之？不知詣闕自歸。[2]事既未然，脱可免禍。"守從其計，即上書歸死，章未及報，留闕下。會事發覺，通得亡走，莽聞之，乃繫守於獄。而黄顯爲請曰："守聞子無狀，[3]不敢逃亡，守義自信，歸命宫闕。臣顯願質守俱東，曉説其子。如遂悖逆，令守北向刎首，以謝大恩。"[4]莽然其言。會前隊復上通起兵之狀，莽怒，欲殺守，顯争之，遂并被誅，及守家在長安者盡殺之。南陽亦誅通兄弟、門宗六十四人，[5]皆焚屍宛市。

［1］【今注】中郎將：官名。光禄勳屬官，有五官中郎將、左中郎將、右中郎將、虎賁中郎將、羽林中郎將等，皆秩比二千石。武官中郎將，主五官郎，所屬五官中郎，秩比六百石；五官侍郎，秩比四百石；五官郎中，秩比三百石。左、右中郎將，主左、右署郎，所屬中郎，秩比六百石；侍郎，秩比四百石；郎中，秩比三百石。郎官主要職責爲更直執戟，宿衛諸殿門，出充車騎。虎賁中郎將，主虎賁宿衛侍從，所屬虎賁中郎，秩比六百石；虎賁侍郎，秩比六百石；虎賁郎中，秩比三百石；節從虎賁，秩比二百石。羽林中郎將，主羽林郎。羽林郎，秩比三百石。羽林主要職責爲宿衛侍從。

［2］【今注】闕：宫門、城門外兩側修築高臺，臺上建樓觀。《三輔黄圖》卷六《雜録·闕觀》："闕，觀也。周置兩觀以表宫門，其上可居，登之可以遠觀，故謂之觀。人臣將朝，至此則思其所

闕。”《白虎通》卷一二《雜録》：“門必有闕者，闕者所以飾門，別尊卑也。闕者何？闕疑也。”故以闕代指帝王所居之所。　自歸：投案自首。

［3］【李賢注】無狀謂禍大不可名言其狀也。【今注】無狀：所行醜惡無善狀。《漢書》卷三六《楚元王傳》顔師古注：“無狀，無善狀也。”《漢書》卷六五《東方朔傳》顔師古注：“狀，形貌也。無狀，猶言無顔面以見人也。一曰自言所行醜惡無善狀。”本書卷六五《皇甫規傳》李賢注：“無狀者，謂無善狀。”

［4］【李賢注】刎，割也。

［5］【今注】門宗：宗族。

時漢兵亦已大合。通與光武、李軼相遇棘陽，[1]遂共破前隊，殺甄阜、梁丘賜。[2]

［1］【今注】棘陽：縣名。治所在今河南新野縣東北。

［2］【今注】甄阜：王莽前隊大夫，即南陽太守。　梁丘賜：王莽前隊屬正，即南陽郡都尉。

更始立，[1]以通爲柱國大將軍、輔漢侯。[2]從至長安，更拜爲大將軍，[3]封西平王；[4]軼爲舞陰王；[5]通從弟松爲丞相。[6]更始使通持節還鎮荆州，[7]通因娶光武女弟伯姬，是爲寧平公主。[8]光武即位，徵通爲衛尉。[9]建武二年，[10]封固始侯，[11]拜大司農。[12]帝每征討四方，常令通居守京師，[13]鎮撫百姓，修宫室，起學官。五年春，代王梁爲前將軍。[14]六年夏，領破姦將軍侯進、捕虜將軍王霸等十營擊漢中賊。[15]公孫述遣兵赴救，[16]通等與戰於西城，破之，[17]還屯田順陽。[18]

[1]【今注】更始：劉玄即漢皇帝位後的年號（23—25）。亦代指劉玄。

[2]【今注】柱國大將軍：將軍號。兩漢之際，天下戰亂，各割據勢力紛紛設置將軍號。本書卷一一《劉玄傳》作“柱天大將軍”。

[3]【今注】大將軍：官名。位或在公上，或在公下，因任職者地位而定。外主征伐，內掌國政。東漢專政之外戚，多任此職。

[4]【今注】西平：縣名。治所在今河南西平縣西。王莽時，汝南郡更名“汝汾郡”，西平更名“新亭”。

[5]【今注】舞陰：縣名。治所在今河南泌陽縣北。王莽時，南陽郡更名“前隊郡”，舞陰仍沿用漢舊名。

[6]【今注】丞相：官名。掌丞天子理萬機。相，起源甚早，春秋戰國時期各諸侯國設置有相國或丞相。秦置左、右丞相。西漢高祖即皇帝位後，置一丞相，高祖十一年（前196），更名爲相國。惠帝、高后置左右丞相，文帝二年（前178），復置一丞相。哀帝元壽二年（前1），改丞相爲大司徒。除置大司徒外，更始政權還繼承了西漢前期丞相制度，設立了左右丞相。東漢光武帝建武二十七年（51），去“大”字，稱“司徒”。靈帝中平六年（189），董卓自爲相國，司徒官並存。獻帝建安十三年（208），曹操爲丞相。

[7]【今注】節：符節。古代使者所持的憑證。《史記》卷八《高祖本紀》《索隱》引《釋名》：“節爲號令賞罰之節也。又節毛上下相重，取象竹節。”《漢書》卷一上《高帝紀上》顔師古注：“節以毛爲之，上下相重，取象竹節，因以爲名，將命者持之以爲信。”本書卷一上《光武帝紀上》李賢注：“節，所以爲信也，以竹爲之，柄長八尺，以旄牛尾爲其毦三重。” 荆州：西漢武帝元封五年（前106）設立的十三刺史部之一，下轄南陽郡、南郡、江夏

郡、長沙國、桂陽郡、零陵郡、武陵郡等。刺史治索縣（今湖南常德市東北），陽嘉三年（134）更名爲漢壽。

［8］【李賢注】寧平，縣，屬淮陽國也。【今注】寧平：縣名。治所在今河南鄲城縣東。據本書卷一四《宗室四王三侯傳》記載，劉秀母樊嫺都“生三男三女：長男伯升，次仲，次光武；長女黄，次元，次伯姬”。光武帝建武二年，封劉黄爲湖陽長公主，劉伯姬爲寧平長公主。

［9］【今注】衛尉：官名。秩中二千石。掌宫門衛士，宫中徼循事。秦官，西漢景帝初更名爲中大夫令，後元元年（前143）復爲衛尉。屬官有公車司馬令一人，六百石；南宫衛士令一人，六百石；北宫衛士令一人，六百石；左右都候各一人，六百石；宫掖門司馬，比千石。

［10］【今注】建武：東漢光武帝劉秀年號（25—56）。

［11］【今注】固始：縣名。治所在今安徽臨泉縣。

［12］【今注】大司農：官名。中二千石。掌管國家財政。秦名治粟内史，漢因之。西漢景帝後元元年更名爲“大農令”，武帝太初元年（前104）更名爲“大司農”。王莽改大司農爲“羲和”，後更爲“納言”。

［13］【今注】京師：東漢都城雒陽，故城在今河南洛陽市東。

［14］【今注】王梁：字君嚴，漁陽要陽（今河北豐寧滿族自治縣東南）人。傳見本書卷二二。　前將軍：將軍號，金印紫綬，位次上卿。典京師兵衛及征伐，常事訖則罷。

［15］【李賢注】賊謂延岑也。【今注】捕虜將軍王霸：本書卷一下《光武帝紀下》有“捕虜將軍王霸”，曹金華《後漢書稽疑》：“‘捕虜將軍’，《李通傳》同，然‘捕虜’實爲‘討虜’之訛。《王霸傳》載‘五年春，帝使太中大夫持節拜霸爲討虜將軍’，《蓋延傳》、《御覽》卷二四〇引《東觀記同》，而本紀、《馬武傳》、《祭遵傳》、《吴漢傳》等皆云馬武爲‘捕虜將軍’。”（第31頁）王

霸，字元伯，潁川潁陽（今河南許昌市西南）人。傳見本書卷二〇。　漢中賊：謂延岑。延岑，字叔牙，南陽築陽（今湖北穀城縣東北）人。新莽末起兵，後爲更始大將軍興德侯劉嘉擊破於冠軍，降。更始都長安，劉嘉爲漢中王，都南鄭。更始帝更始二年，延岑反。東漢光武帝建武二年，延岑在漢中自稱武安王。後爲劉秀擊敗，降於公孫述，被封爲汝寧王，授大司馬。建武十二年，公孫述敗，以兵屬延岑，延岑向吴漢投降。吴漢盡滅公孫氏，並族延岑。漢中，郡名。治南鄭縣（今陝西漢中市漢臺區）。

[16]【今注】公孫述：字子陽，扶風茂陵（今陝西興平市東北）人。傳見本書卷一三。　案，遣，大德本誤作“遺”。

[17]【李賢注】西城，縣，屬漢中郡也。【今注】西城：縣名。治所在今陝西安康市西。

[18]【李賢注】順陽，縣名，屬南郡（郡，王先謙《後漢書集解》：“洪亮吉曰：‘郡’應作‘陽’。先謙曰：‘本漢析縣之順陽鄉，哀帝置博山侯國，明帝改順陽，此以後縣名追書之，章懷注未合。在今南陽府淅川縣東。’”），哀帝改爲博山，故城在今鄧州穰縣西。【今注】順陽：縣名。治所在今河南淅川縣南。

時天下略定，通思欲避榮寵，以病上書乞身。詔下公卿群臣議。大司徒侯霸等曰：[1]“王莽篡漢，傾亂天下，通懷伊、吕、蕭、曹之謀，[2]建造大策，扶助神靈，輔成聖德。破家爲國，忘身奉主，有扶危存亡之義。功德最高，海内所聞。通以天下平定，謙讓辭位。夫安不忘危，宜令通居職療疾。欲就諸侯，不可聽。”於是詔通勉致醫藥，以時視事。其夏，引拜爲大司空。[3]

[1]【今注】大司徒：官名。三公之一，主教化，掌人民事等。西漢成帝綏和元年（前8），改御史大夫爲大司空，大司馬驃騎大將軍爲大司馬。哀帝元壽二年（前1），改丞相爲大司徒，三公制度正式形成。三公制爲王莽和光武帝繼承，並有所發展。東漢光武帝建武二十七年（51），改大司馬爲太尉，去“大司徒”“大司空”之“大”字，爲“司徒”“司空”。 侯霸：字君房，河南密（今河南新密市）人。傳見本書卷二六。

[2]【今注】伊吕蕭曹：指伊尹、吕尚、蕭何、曹參。伊尹輔佐湯建立商；吕尚，即姜子牙，輔佐姬昌、姬發建立周；蕭何、曹參輔佐劉邦建立漢。

[3]【今注】大司空：官名。三公之一。掌水土之事等。

通布衣唱義，助成大業，重以寧平公主故，特見親重。然性謙恭，常欲避權埶。[1]素有消疾，[2]自爲宰相，謝病不視事，連年乞骸骨，帝每優寵之。令以公位歸弟養疾，[3]通復固辭。積二歲，乃聽上大司空印綬，以特進奉朝請。[4]有司奏請封諸皇子，帝感通首創大謀，即日封通少子雄爲召陵侯。[5]每幸南陽，常遣使者以太牢祠通父冢。[6]十八年卒，謚曰恭侯。帝及皇后親臨弔，送葬。

[1]【今注】案，埶，殿本作“勢”，二字同。

[2]【李賢注】消，消中之疾也。《周禮·天官職》曰：“春有痟首疾。”鄭玄注云：“痟，酸削也。”【今注】消疾：中醫病名。口渴，善飢，尿多，消瘦。

[3]【今注】案，弟，紹興本、大德本、殿本作“第”，二字同。

［4］【今注】特進：官位名。位三公下，二千石上。多授予功德俱重的大臣，以示恩寵。　奉朝請：官名。對閑散官的政治優待，擁有參加朝會的資格。本書卷四《和帝紀》李賢注："奉朝請，無員，三公、外戚、宗室、諸侯多奉朝請。漢律：'春曰朝，秋曰請。'"

［5］【今注】召陵：縣名。治所在今河南漯河市郾城區東。

［6］【今注】太牢：帝王祭祀時，以牛、羊、豕爲犧牲，稱作"太牢"；祇用羊、豕二牲，稱作"少牢"。

子音嗣。音卒，子定嗣。定卒，子黄嗣。黄卒，子壽嗣。[1]

［1］【李賢注】《東觀記》"黄"字作"箕"也（紹興本、大德本、殿本"記"後有"曰"字）。

李軼後爲朱鮪所殺。[1]更始之敗，李松戰死，[2]唯通能以功名終。永平中，[3]顯宗幸宛，[4]詔諸李隨安衆宗室會見，[5]並受賞賜，恩寵篤焉。

［1］【今注】李軼：南陽宛（今河南南陽市卧龍區）人，李通從弟，與李通、劉秀密謀於南陽起兵。更始立，爲五威中郎將，與朱鮪共勸更始帝殺劉縯。更始二年（24），從入關，封舞陰王。與大司馬朱鮪等屯洛陽，劉秀令馮異守孟津以拒之。馮異與李軼通書往來，劉秀故意洩露李軼書，朱鮪怒而使人刺殺之。　朱鮪：淮陽（今河南淮陽縣）人。王常與南陽士大夫欲立劉縯，朱鮪與張卬等不聽，遂擁立劉玄爲帝，更始元年爲大司馬。與李軼勸更始誅殺劉縯。更始二年，徙都長安，封膠東王，以非劉氏，固辭不受，徙爲

左大司馬。後與李軼等守洛陽。東漢光武帝建武元年（25）九月辛卯，在岑彭勸説下，朱鮪舉城降，拜爲平狄將軍，封扶溝侯。後爲少府。

［2］【今注】李松：南陽宛（今河南南陽市卧龍區）人，李通從弟。更始帝更始元年，任丞相司直，入長安。更始二年，奉引更始遷都長安，與棘陽人趙萌説更始封諸功臣爲王。更始以李松爲丞相。三年正月，平陵人方望立劉嬰爲天子，李松與討難將軍蘇茂等擊破，皆斬之。赤眉入關，更始敗，李松戰死。

［3］【今注】永平：東漢明帝劉莊年號（58—75）。

［4］【今注】顯宗：漢明帝廟號。此處代指漢明帝。

［5］【李賢注】安衆，縣，屬南陽郡，故城在鄧州東。《謝承書》曰："安衆侯劉崇（劉崇，王先謙《後漢書集解》引顧炎武曰：'"崇"當從《漢表》作"寵"。今以紹封爲名崇，殊爲舛錯。'又引陳景雲曰：'崇死於莽未簒漢之先，建武二年，從父弟寵紹封，此傳寫誤也。'），長沙定王五代孫，南陽宗室也。與宗人討莽有功，隨光武河北破王郎。朝廷高其忠壯，策文嗟歎，以厲宗室。安衆諸劉皆其後。"【今注】安衆：縣名。治所在今河南鄧州市東北。

論曰：子曰"富與貴是人之所欲，不以其道得之，不處也"。[1]李通豈知夫所欲而未識以道者乎！夫天道性命，聖人難言之，況乃億測微隱，猖狂無妄之福，[2]汙滅親宗，以觖一切之功哉！[3]昔蒙穀負書，不徇楚難；[4]即墨用齊，義雪燕恥。[5]彼之趣舍所立，[6]其殆與通異乎？

［1］【李賢注】《論語》之文（殿本無此注）。

[2]【李賢注】微隱謂讖文也。《莊子》曰:"猖狂妄行。"《易·無妄卦》曰:"無妄之往,何之矣。"鄭玄注云:"妄之言望,人所望宜正。行必有所望,行而無所望,是失其正,何可往也。"即《史記》朱英曰"代有無望之福(望,大德本誤作'妄'),又有無望之禍"是也。

[3]【李賢注】停水曰汙,言族滅而汙池之也。觖,望也,音丘瑞反。一切,謂權時也。【今注】觖:覬望,企望。《史記》卷九三《韓信盧綰列傳》:"欲王盧綰,爲群臣觖望。"裴駰《集解》引韋昭曰:"觖猶冀也。"　一切:暫且,臨時。《漢書》卷一二《平帝紀》:"一切滿秩如真。"顔師古注:"一切者,權時之事,非經常也。猶如以刀切物,苟取整齊,不顧長短縱橫,故言一切。"

[4]【李賢注】《戰國策》曰,吴、楚戰於柏舉,吴師入郢。蒙穀奔入宫,負離次之典,浮江逃於雲夢之中。後昭王反郢,五官失法,百姓昏亂;蒙穀獻典,五官得法,百姓大化。校蒙穀之功,與存國相若,封之執圭。蒙穀怒曰:"穀非人臣也,社稷之臣也。苟社稷血食,余豈患無君乎!"遂棄於歷山也。

[5]【李賢注】《史記》曰,燕昭王伐齊,湣王敗,出亡。燕人入臨菑,盡取齊寶,燒其宫室宗廟;下齊七十餘城,其不下者,唯獨莒、即墨。後齊田單以即墨擊破燕軍,悉復所亡城。故曰雪也。

[6]【今注】趣舍:進取或退讓。趣,通"取"。《莊子·天地》:"趣舍滑心,使性飛揚。"唐人成玄英疏:"趣,取也。滑,亂也。順心則取,違情則舍,撓亂其心,使自然之性馳競不息,輕浮躁動,故曰飛揚。"

王常字顔卿,[1]潁川舞陽人也。[2]王莽末,爲弟報仇,亡命江夏。[3]久之,與王鳳、王匡等起兵雲杜緑林中,[4]聚衆數萬人,以常爲偏裨,攻傍縣。後與成丹、張印別入南郡藍口，[5]號下江兵。[6]王莽遣嚴尤、陳茂擊破之。[7]常與丹、印收散卒入蔞谿，[8]劫略鍾、龍間，[9]衆復振。引軍與荆州牧戰於上唐，大破之，[10]遂北至宜秋。[11]

[1]【今注】案，大德本、殿本“王常字顔卿”前有“王常傳”三字，且單獨成行。

[2]【李賢注】《東觀記》曰：“其先鄠人，常父博，成、哀間轉客潁川舞陽，因家焉也（紹興本、殿本無‘也’字）。”【今注】潁川：郡名。治陽翟縣（今河南禹州市）。　舞陽：縣名。治所在今河南舞陽縣西。

[3]【李賢注】命者，名也。言背其名籍而逃亡也。【今注】江夏：郡名。治安陸縣（今湖北雲夢縣）。

[4]【今注】王鳳：新市（今湖北京山市）人，王莽天鳳四年（17）在緑林山起義。與王匡、馬武等率軍北入南陽郡，號“新市兵”。更始帝更始元年（23），封爲定國上公。昆陽之戰，與王常留守城中。更始二年，遷都長安，被封爲宜城王。　王匡：新市人，王莽天鳳四年在緑林山起義。與王鳳、馬武等率軍北入南陽郡，號“新市兵”。更始帝更始元年，封爲定國上公，率軍攻拔洛陽，更始遷都之。更始二年，遷都長安，被封爲比陽王。遭更始猜忌，懼，投降赤眉軍。東漢光武帝建武元年（25），與胡殷一起降於劉秀使者尚書宗廣，東歸洛陽途中，在安邑欲亡，爲宗廣所殺。　雲杜：縣名。治所在今湖北京山市。　緑林：山名。位於今湖北京山市緑林鎮。

[5]【今注】成丹：緑林軍將領。王鳳、王匡於緑林山中起兵，成丹往從之。王莽地皇三年（22），與王常領兵入南郡，號“下江兵”。更始帝更始元年，封水衡大將軍。二年，更始遷都長安，封襄邑王。更始三年，劉玄疑王匡、陳牧、成丹與張卬等造

反，召入，斬之。　張卬：緑林軍將領。力主立劉玄爲帝，更始帝更始元年，爲衛尉大將軍。更始二年，徙都長安，封淮陽王。後鎮河東，爲鄧禹所敗，還奔長安。與廖湛、胡殷、申屠建、隗囂等合謀，欲劫持更始歸南陽。謀洩，申屠建被誅，遂與廖湛、胡殷等反。後與王匡降赤眉。及更始降赤眉，又勸赤眉將謝禄殺之。事見本書卷一一《劉玄傳》。　案，紹興本無"别"字。　南郡：治江陵縣（今湖北荆州市荆州城西北）。　藍口：聚名。本書《郡國志四》南郡編縣有藍口聚，劉昭注補："下江兵所據。"在今湖北鍾祥市西北。

［6］【李賢注】《續漢志》曰南郡編縣有藍口聚。

［7］【今注】嚴尤：王莽將領。曾以討穢將軍出漁陽擊匈奴。封武建伯，代陳茂爲大司馬。後與陳茂擊破下江兵，在淯陽被劉縯擊敗，又於昆陽爲劉秀所敗，歸劉望，爲更始奮威大將軍劉信擊殺。　陳茂：王莽將領。曾任大司馬，後與嚴尤擊破下江兵，在淯陽被劉縯擊敗，又於昆陽爲劉秀所敗，歸劉望，爲更始奮威大將軍劉信擊殺。

［8］【李賢注】蔞音力于反。

［9］【李賢注】盛弘之《荆州記》曰永陽縣北有石龍山，在今安州應山縣東北。又隨州隨縣東北有三鍾山也。

［10］【李賢注】上唐，鄉名，故城在今隨州棗陽縣東北也。【今注】牧：官名。西漢武帝元封五年（前106），設十三刺史部，作爲監察區，刺史秩六百石。成帝綏和元年（前8），改刺史爲州牧，秩二千石。哀帝建平二年（前5）復爲刺史，元壽二年（前1）復爲牧。新莽和東漢初年，沿用州牧舊稱。東漢光武帝建武十八年（42），罷州牧，復置刺史。東漢刺史，秩亦六百石。靈帝中平元年（184），黄巾起義爆發，復改刺史爲州牧，成爲郡以上的一級行政組織。　上唐：鄉名。《漢書·地理志上》載舂陵縣有"上唐鄉，故唐國"，東漢光武帝改舂陵爲"章陵"後，隸屬於章陵縣。故址

位於今湖北隨州市隨縣唐縣鎮。

[11]【李賢注】《續漢志》曰南郡有宜秋聚也（惠棟《後漢書補注》：《續漢志》平氏縣有宜秋聚，屬南陽，非南郡也）。【今注】宜秋：聚落名。本書《郡國志四》在南陽郡平氏縣（今河南唐河縣東南）。

是時，漢兵與新市、平林衆俱敗於小長安，[1]各欲解去。伯升聞下江軍在宜秋，即與光武及李通俱造常壁，曰："願見下江一賢將，議大事。"成丹、張卬共推遣常。伯升見常，説以合從之利。[2]常大悟，曰："王莽篡弑，殘虐天下，百姓思漢，故豪桀並起。[3]今劉氏復興，即真主也。誠思出身爲用，輔成大功。"伯升曰："如事成，豈敢獨饗之哉！"遂與常深相結而去，常還，具爲丹、卬言之。丹、卬負其衆，皆曰："大丈夫既起，當各自爲主，何故受人制乎？"常心獨歸漢，乃稍曉説其將帥曰："往者成、哀衰微無嗣，[4]故王莽得承間篡位。既有天下，而政令苛酷，積失百姓之心。民之謳吟思漢，非一日也，故使吾屬因此得起。夫民所怨者，天所去也；民所思者，天所與也。舉大事必當下順民心，上合天意，功乃可成。若負强恃勇，觸情恣欲，雖得天下，必復失之。以秦、項之執，[5]尚至夷覆，況今布衣相聚草澤？以此行之，滅亡之道也。今南陽諸劉舉宗起兵，觀其來議事者，皆有深計大慮，王公之才，與之并合，必成大功，此天所以祐吾屬也。"[6]下江諸將雖屈强少識，然素敬常，乃皆謝曰："無王將軍，吾屬幾陷於不義。願敬受教。"即引兵與漢軍及新市、平林合。於是諸部齊心同力，鋭氣益壯，遂俱進，破殺甄阜、梁丘賜。

[1]【今注】平林：位於今湖北隨州市。由平林人陳牧、廖湛等領導的起義軍，號“平林兵”。　小長安：屬南陽郡育陽縣，在今河南南陽市南。

[2]【李賢注】以利合曰從也。【今注】合從：亦稱“合縱”。戰國六國在秦東，大致呈南北縱向分布，故六國聯合抗擊秦國爲“合縱”。亦泛指聯合。

[3]【今注】案，桀，大德本、殿本作“傑”，二字通。

[4]【今注】成：西漢成帝劉驁，公元前 33 年至前 7 年在位。紀見《漢書》卷一〇。　哀：西漢哀帝劉欣，公元前 7 年至前 1 年在位。紀見《漢書》卷一一。

[5]【今注】秦：秦始皇建立的秦帝國。　項：項羽，代指西楚政權。

[6]【今注】案，紹興本、大德本、殿本無“天”字。

及諸將議立宗室，唯常與南陽士大夫同意欲立伯升，而朱鮪、張印等不聽。及更始立，以常爲廷尉大將軍，[1]封知命侯。别徇汝南、沛郡，[2]還入昆陽，[3]與光武共擊破王尋、王邑。[4]更始西都長安，以常行南陽太守事，[5]令專命誅賞，[6]封爲鄧王，[7]食八縣，賜姓劉氏。常性恭儉，遵法度，南方稱之。

[1]【今注】廷尉大將軍：廷尉，官名。秦官。西漢景帝中元六年（前 144）更名爲“大理”。武帝建元四年（前 137）復爲“廷尉”。宣帝地節三年（前 67），初置左右平，秩皆六百石。哀帝

元壽二年（前 1），復更名爲“大理”。王莽時，更名爲“作士”。東漢時，秩中二千石。掌平獄，奏當所應。凡郡國讞疑罪，皆處當以報。屬官有廷尉正、廷尉左監、廷尉平，秩六百石。廷尉大將軍，中華本句讀爲“廷尉、大將軍”。曹金華《後漢書稽疑》：“‘廷尉大將軍’不當頓開。”（第 257 頁）本書卷一一《劉玄傳》“九卿將軍”，曹金華《後漢書稽疑》：“‘九卿將軍’不當頓開。胡三省曰：‘九卿將軍，職如九卿，各帶將軍之號，仍王莽之制也。’本傳下文‘太常將軍劉祉’‘衛尉大將軍張卬’‘廷尉大將軍王常’‘執金吾大將軍廖湛’等可證。”（第 218 頁）

［2］【今注】汝南：郡名。治平輿縣（今河南平輿縣北）。沛郡：治相縣（今安徽濉溪縣西北）。曹金華《後漢書稽疑》：“《集解》引劉攽説，謂沛在山東，王常此時力未及往，蓋是南郡，‘沛’‘南’絶相類也。此説應是。”（第 257 頁）

［3］【今注】昆陽：縣名。治所在今河南葉縣。

［4］【今注】王尋：曾爲副校尉出使匈奴。新莽始建國元年（9）爲大司徒，封丕進侯、章新公。更始帝更始元年（23），在昆陽之戰被劉秀擊殺。　王邑：成都侯王商次子，王莽堂弟，襲爵爲成都侯。新莽始建國元年，被王莽封爲隆新公。曾擔任侍中、光禄勳、虎牙將軍、步兵將軍、大司空等職務。孺子嬰居攝二年（7），翟義起兵反莽，王邑等擊破之。更始帝更始元年，與王尋率百萬之衆攻擊更始政權，在昆陽爲劉秀所破。新莽地皇四年（23），更始軍入長安，戰死。

［5］【今注】行南陽太守事：兼攝南陽太守事。行，漢代官吏任用方式，即兼攝。

［6］【李賢注】《東觀記》曰：“誅不從命，封拜有功。”

［7］【今注】鄧：縣名。治所在今湖北襄陽市襄州區西北。王莽時，南陽郡更名“前隊郡”，鄧仍沿用漢舊名。

更始敗，建武二年夏，常將妻子詣洛陽，[1]肉袒自歸。光武見常甚歡，勞之曰："王廷尉良苦。[2]每念往時，共更艱戹，何日忘之。[3]莫往莫來，豈違平生之言乎?"[4]常頓首謝曰："臣蒙大命，[5]得以鞭策託身陛下。[6]始遇宜秋，後會昆陽，幸賴靈武，輒成斷金。[7]更始不量愚臣，任以南州。[8]赤眉之難，[9]喪心失望，[10]以爲天下復失綱紀。聞陛下即位河北，[11]心開目明，今得見闕庭，[12]死無遺恨。"帝笑曰："吾與廷尉戲耳。吾見廷尉，不憂南方矣。"[13]乃召公卿將軍以下大會，具爲群臣言："常以匹夫興義兵，明于知天命，故更始封爲知命侯。與吾相遇兵中，尤相厚善。"特加賞賜，拜爲左曹，[14]封山桑侯。[15]

[1]【今注】洛陽：即雒陽，東漢都城。故址在今河南洛陽市東。

[2]【李賢注】良，甚也，言苦軍事也。

[3]【李賢注】更，經也。艱戹謂帝敗小長安，造常壁，與常共破甄阜及王尋等也。

[4]【李賢注】平生言謂常云"劉氏真主也，誠思出身爲用，輔成大功"。常乃久事更始，不早歸朝，帝微以責之，故下文云"吾與廷尉戲耳"。《詩·衞風》曰："莫往莫來，悠悠我思。"

[5]【今注】大命：天命。

[6]【李賢注】策，馬檛也。言執策以從之。

[7]【李賢注】伯升與常深相結，故曰斷金。《易·繫辭》曰："二人同心，其利斷金。"

[8]【李賢注】謂以廷尉行南陽太守（行，紹興本、大德本誤作"任"）。

［9］【今注】赤眉：新莽天鳳五年（18），樊崇率領百餘人在莒縣起義，後轉入泰山。隨着其他起義軍的加入，隊伍越來越大，爲了在作戰時與敵人相互區别，起義軍將眉毛染成赤色，故曰“赤眉軍”。

［10］【李賢注】謂赤眉入長安，破更始。

［11］【今注】河北：指黄河以北、太行山以東地區。

［12］【今注】闕庭：闕廷。朝廷，代指京師。這裏實指光武帝。

［13］【李賢注】謂南陽也。

［14］【李賢注】《前書》曰，左、右曹，平尚書事。【今注】左曹：官名。秩二千石。西漢武帝置，與右曹合稱“諸曹”。掌平尚書奏事。後爲東漢光武帝所省。《漢書·百官公卿表上》：“侍中、左右曹、諸吏、散騎、中常侍，皆加官，所加或列侯、將軍、卿大夫、將、都尉、尚書、太醫、太官令至郎中，亡員，多至數十人。侍中、中常侍得入禁中，諸曹受尚書事，諸吏得舉法，散騎騎並乘輿車。”顔師古注：“晉灼曰：‘《漢儀注》諸吏、給事中日上朝謁，平尚書奏事，分爲左右曹。’”左、右曹屬於中朝官（參見卜憲群《秦漢官僚制度》，社會科學文獻出版社 2002 年版，第 181 頁）。

［15］【李賢注】山桑，縣，屬沛郡，今亳州縣。【今注】山桑：縣名。治所在今安徽蒙城縣北。

後帝於大會中指常謂群臣曰：“此家率下江諸將輔翼漢室，心如金石，真忠臣也。”是日遷常爲漢忠將軍，遣南擊鄧奉、董訢，[1]令諸將皆屬焉。又詔常北擊河間、漁陽，[2]平諸屯聚。五年秋，攻拔湖陵，[3]又與帝會任城，[4]因從破蘇茂、龐萌。[5]進攻下邳，[6]常部當城門戰，一日數合，賊反走入城，常追迫之，城上射矢雨下，帝從百餘騎自城南高處望，常戰力甚，馳遣中黄門詔使引還，[7]賊遂降。又别率騎都尉王霸共平沛郡賊。[8]六年春，徵還洛陽，令夫人迎常於舞陽，歸家上冢。西屯長安，拒隗囂。[9]七年，使使者持璽書即拜常爲横野大將軍，[10]位次與諸將絶席。[11]常别擊破隗囂將高峻於朝那。[12]囂遣將過烏氏，[13]常要擊破之。轉降保塞羌諸營壁，皆平之。九年，擊内黄賊，[14]破降之。後北屯故安，[15]拒盧芳。[16]十二年，薨于屯所，[17]謚曰節侯。

［1］【今注】鄧奉：南陽新野（今河南新野縣）人，鄧晨兄子。任破虜將軍。東漢光武帝建武二年（26），怨吴漢掠其鄉里，反，屯據淯陽。三年，光武親征，斬之。事見本書卷一七《岑彭傳》。　董訢：南陽堵陽（今河南方城）人。東漢光武帝建武二年，反宛城。三年，光武帝親征，破之，降。

［2］【今注】河間：郡名。治樂成縣（今河北獻縣東南）。　漁陽：郡名。治漁陽縣（今北京市懷柔區北房鎮梨園莊東）。

［3］【今注】湖陵：縣名。治所在今山東魚臺縣東南。

［4］【今注】任城：縣名。治所在今山東濟寧市東南。

［5］【今注】蘇茂：陳留（今河南開封市祥符區東南）人，爲更始將，任討難將軍。與朱鮪等守洛陽，後與朱鮪一起歸附光武帝。東漢光武帝建武二年，與蓋延共攻劉永，軍中不和，蘇茂反叛，殺淮陽太守潘蹇，依附劉永。劉永以蘇茂爲大司馬、淮陽王。建武三年，劉永爲其將慶吾所殺。蘇茂等人立劉永子劉紆爲梁王。建武五年，被張布斬殺。　龐萌：山陽（今山東巨野縣）人，初逃亡於下江兵中，更始任命爲冀州牧，後降於劉秀。劉秀即位後，以爲侍中，後拜爲平狄將軍。東漢光武帝建武五年，反，自號東平王。光武帝親征之。建武六年，龐萌敗，爲方與人黔陵所斬。傳見

本書卷一二。

［6］【今注】下邳：縣名。治所在今江蘇邳州市南。王莽時，下邳更名“閏儉”。

［7］【今注】中黄門：官名。秩比百石，後增比三百石。名義上隸屬於少府。無員，宦者爲之。掌給事禁中。

［8］【李賢注】《東觀記》曰，沛郡賊，苗虚也。【今注】案，曹金華《後漢書稽疑》：“據本傳及《光武帝紀》，此爲建武五年秋事，而《王霸傳》載‘五年春，帝使太中大夫持節拜霸爲討虜將軍’，故‘騎都尉’當作‘討虜將軍’。”（第258頁） 騎都尉：官名。秩比二千石，名義上隸屬於光禄勳，無常員，掌監羽林騎。西漢武帝太初元年（前104），置建章營騎，後更名爲羽林騎。宣帝令中郎將、騎都尉監羽林。

［9］【今注】隗囂：字季孟，天水成紀（今甘肅静寧縣西南）人。傳見本書卷一三。

［10］【今注】璽書：詔書。璽，璽印。文書一般均封以璽印，以作爲憑信，故璽書指加封了璽印的文書，後專指皇帝的詔書。

［11］【李賢注】絶席謂尊顯之也。《漢官儀》曰：“御史大夫、尚書令、司隸校尉，皆專席，號三獨坐。”【今注】絶席：謂不與他人同席而坐。古人席地而坐，故稱。

［12］【今注】高峻：安定（今寧夏固原市）人。原爲隗囂部將，爲馬援招降，拜爲通路將軍，封關内侯。後復反，堅守高平。東漢光武帝建武十年，光武帝親征，降。事見本書卷一六《寇恂傳》。 朝那：縣名。治所在今寧夏彭陽縣東。

［13］【李賢注】朝那，縣，屬安定郡也（此注紹興本、殿本在“常别擊破隗囂將高峻於朝那”句下）。【今注】烏氏：縣名。治所在今寧夏固原市東南。

［14］【今注】内黄：縣名。治所在今河南内黄縣西北。

［15］【今注】故安：縣名。治所在今河北易縣東南。

［16］【李賢注】故安，縣，屬涿郡，故城在今易州易縣南也。

［17］【今注】案，曹金華《後漢書稽疑》："此謂王常建武十二年薨，《後漢紀》卷七作建武十三年'山桑侯王常、東光侯耿純薨'，《通鑑》卷四十三作建武十二年'山桑節侯王常、牟平烈侯耿況、東光成侯耿純皆薨'，范書《耿純傳》載純'十三年，卒官'，故常薨於何年未詳。"（第258頁）

子廣嗣。三十年，徙封石城侯。[1]永平十四年，坐與楚事相連，[2]國除。

［1］【李賢注】石城故城在今復州沔陽縣東南也。【今注】石城：縣名。治所在今安徽馬鞍山市東南。曹金華《後漢書稽疑》："章懷注：'石城故城在今復州沔陽縣東南也。'余按：章懷注未知何據？《漢書·地理志》《續漢書·郡國志》載丹陽郡有石城縣，《集解》王先謙説，謂唐復州沔陽縣，在漢爲雲杜、州陵二縣，境無石城遺迹也，漢丹陽郡石城在今池州府貴池縣西七十里，不知因何致誤。又《御覽》卷二百一引《東觀記》作'王常孫廣坐楚事，國除'，與此亦異，未詳孰是。"（第258頁）

［2］【今注】楚事：楚王劉英之獄。劉英在光武帝劉秀十一子中排行第三，生母爲許美人。東漢光武帝建武十五年（39）封爲楚公，十七年晉爵爲王。明帝永平十三年（70），燕廣告劉英謀反，楚獄大興。事見本書卷四二《楚王英傳》。

鄧晨字偉卿，[1]南陽新野人也。[2]世吏二千石。[3]父宏，豫章都尉。[4]晨初娶光武姊元。王莽末，光武嘗與兄伯升及晨俱之宛，與穰人蔡少公等讌語。[5]少公頗學圖讖，言劉秀當爲天子。或曰："是國師公劉秀乎？"[6]光武戲曰："何用知非僕邪？"[7]坐者皆大笑，晨心獨喜。[8]及光武與家屬避吏新野，舍晨廬，甚相親愛。晨因謂光武曰："王莽悖暴，盛夏斬人，此天亡之時也。[9]往時會宛，獨當應邪？"光武笑不答。

［1］【今注】案，大德本、殿本"鄧晨字偉卿"前有"鄧晨傳"三字，且單獨成行。

［2］【今注】新野：縣名。治所在今河南新野縣。

［3］【李賢注】《東觀記》曰："晨曾祖父隆，揚州刺史；祖父勳，交阯刺史。"

［4］【今注】豫章：郡名。治南昌縣（今江西南昌市東湖區）。都尉：官名。秩比二千石。掌郡之軍事與治安等。《漢書·百官公卿表上》："郡尉，秦官，掌佐守典武職甲卒，秩比二千石。有丞，秩皆六百石。景帝中二年更名都尉。"《漢官儀》卷上："秦郡有尉一人，典兵禁，捕盜賊。景帝更名都尉，建武六年省，惟邊郡往往置都尉及屬國都尉。"

［5］【今注】穰：縣名。治所在今河南鄧州市。據《漢書·地理志上》，王莽時，穰更名爲農穰。《水經注·淯水》曰："王莽更名曰豐穰也。"出土新莽封泥有"豐穰印印章"，孫博《新莽政區地理研究》認爲豐穰郡當以南陽郡南部置。（周振鶴、李曉傑、張莉：《中國行政區劃通史·秦漢卷》，復旦大學出版社 2017 年版，第 593 頁）

［6］【今注】國師公劉秀：即劉歆，字子駿，劉向少子。西漢成帝時，爲黄門郎。後歷官中壘校尉、侍中、太中大夫、騎都尉、奉車光禄大夫、五原太守、涿郡太守、安定屬國都尉、右曹、羲和、京兆尹等職，封紅休侯。王莽代漢，爲國師，封嘉新公，四輔之一。後因謀誅王莽事洩，自殺。《河圖赤伏符》："劉秀發兵捕不

道，四夷雲集龍鬬野，四七之際火爲主。”劉歆於西漢哀帝建平元年（前6）更名“秀”，字穎叔，故此曰國師公劉秀。傳見《漢書》卷三六。

［7］【今注】僕：謙辭。自稱。

［8］【李賢注】《東觀記》曰：“晨與上共載出，逢使者不下車，使者怒，頗加恥辱。上稱江夏卒史，晨更名侯家丞（丞，紹興本、大德本誤作‘承’）。使者以其詐，將至亭，欲罪之，新野宰潘叔爲請，得免。”

［9］【李賢注】王莽地皇元年，下書曰：“方出軍行師，有趍讙犯者（趍，殿本作‘趨’，二字同），斬無須時。”於是春夏斬人都市，百姓震懼也（殿本此句後，有劉攽注，作“劉攽曰：注‘有趨讙犯者’，案《前書》，‘犯’字下少一‘法’字”）。

及漢兵起，晨將賓客會棘陽。漢兵敗小長安，諸將多亡家屬，光武單馬遁走，遇女弟伯姬，與共騎而奔。前行復見元，趣令上馬。元以手撝曰：[1]“行矣，不能相救，無爲兩没也。”會追兵至，元及三女皆遇害。漢兵退保棘陽，而新野宰乃汙晨宅，[2]焚其冢墓。宗族皆恚怒，曰：“家自富足，何故隨婦家人入湯鑊中？”晨終無恨色。

［1］【今注】撝：揮手，摇手，擺手。

［2］【今注】宰：官名。縣宰。西漢萬户以上縣設縣令，不足萬户設縣長。縣令秩千石。縣長秩四百石或三百石。《漢書》卷九九中《王莽傳中》載，新莽始建國元年（9），“改郡太守曰大尹，都尉曰太尉，縣令長曰宰……更名秩百石曰庶士，三百石曰下士，四百石曰中士，五百石曰命士，六百石曰元士，千石曰下大

夫，比二千石曰中大夫，二千石曰上大夫，中二千石曰卿"。

更始立，以晨爲偏將軍。[1]與光武略地潁川，俱夜出昆陽城，擊破王尋、王邑。又别徇陽翟以東，[2]至京、密，皆下之。[3]更始北都洛陽，以晨爲常山太守。[4]會王郎反，[5]光武自薊走信都，[6]晨亦間行會於鉅鹿下，[7]自請從擊邯鄲。[8]光武曰："偉卿以一身從我，不如以一郡爲我北道主人。"乃遣晨歸郡。光武追銅馬、高胡群賊於冀州，[9]晨發積射士千人，[10]又遣委輸給軍不絶。光武即位，封晨房子侯。[11]帝又感悼姊没於亂兵，追封謚元爲新野節義長公主，[12]立廟于縣西。封晨長子汎爲吴房侯，[13]以奉公主之祀。

[1]【今注】偏將軍：諸將軍之一。《漢書》卷九九下《王莽傳下》載，王莽曾"置前後左右中大司馬之位，賜諸州牧號爲大將軍，郡卒正、連帥、大尹爲偏將軍，屬令長裨將軍，縣宰爲校尉"。

[2]【今注】陽翟：縣名。治所在今河南禹州市。

[3]【李賢注】京、密，二縣名，屬河南郡。京故城在今鄭州滎陽東，鄭之京邑也。密故城在滎陽東南也。【今注】京：縣名。治所在今河南滎陽市東南。　密：縣名。治所在今河南新密市東南。

[4]【今注】常山：郡名。治元氏縣（今河北元氏縣西北）。

[5]【今注】王郎：一名昌，趙國邯鄲（今河北邯鄲市）人。詐稱是西漢成帝子子輿。更始帝更始元年（23），被趙繆王子林等立爲天子。更始二年，爲劉秀擊敗，被斬。傳見本書卷一二。

[6]【今注】薊：縣名。治所在今北京市西城區西南。王莽更廣陽國爲"廣有郡"，薊更名"伐戎"。　信都：縣名。治所在今

河北衡水市冀州區。王莽時，更信都國爲“新博郡”，信都縣更名爲“新博亭”。

［7］【今注】鉅鹿：縣名。治所在今河北平鄉縣西南。

［8］【今注】邯鄲：縣名。趙國國都或邯鄲郡郡治，治所在今河北邯鄲市。

［9］【今注】銅馬：新莽末年農民起義軍之一。實力較强，大部被劉秀擊敗收編，本書卷一上《光武帝紀上》載：“衆遂數十萬，故關西號光武爲‘銅馬帝’。”　高胡：新莽末年的農民起義軍。本書《光武帝紀上》：“又别號諸賊銅馬、大肜、高湖、重連、鐵脛、大搶、尤來、上江、青犢、五校、檀鄉、五幡、五樓、富平、獲索等，各領部曲，衆合數百萬人，所在寇掠。”李賢注：“諸賊或以山川土地爲名，或以軍容彊盛爲號。銅馬賊帥東山荒秃、上淮況等，大肜渠帥樊重，尤來渠帥樊崇，五校賊帥高扈，檀鄉賊帥董次仲，五樓賊帥張文，富平賊帥徐少，獲索賊帥古師郎等，並見《東觀記》。”曹金華《後漢書稽疑》：“‘高胡’，《光武帝紀》《耿弇傳》等皆作‘高湖’。《刊誤》謂賊本以地自名，故當如他處作‘湖’字。《校補》謂高胡本前漢國名，有高胡侯陳夫乞，馬、班二表均止作‘胡’。今按：《漢書·高惠高后文公臣表》有‘高胡侯陳夫乞’，又謂陽阿齊侯其石‘功比高湖侯’。”（第259頁）　冀州：冀州刺史部。西漢武帝元封五年（前106）所設十三刺史部之一，下轄常山郡、真定國、中山國、趙國、魏郡、鉅鹿郡、廣平郡、清河國、河間國、廣川國（周振鶴、李曉傑、張莉：《中國行政區劃通史·秦漢卷》，第113頁）。刺史治高邑縣（今河北柏鄉縣北）。

［10］【李賢注】積與迹同，古字通用，謂尋迹而射之。

［11］【李賢注】房子，今趙州縣也。【今注】案，封晨房子侯，曹金華《後漢書稽疑》：“《集解》引洪亮吉説，謂《水經注》云晨封漢中之房陵，與此不同，未知誰是。”（第259頁）房子，縣

名，治所在今河北高邑縣西南。

［12］【今注】長公主：漢代公主名號之一。本書卷一〇下《皇后紀下》：“漢制，皇女皆封縣公主，儀服同列侯。其尊崇者，加號長公主，儀服同蕃王。”

［13］【李賢注】吴房，今豫州縣也。【今注】吴房：縣名。治所在今河南遂平縣。

建武三年，徵晨還京師，數讌見，説故舊平生爲歡。晨從容謂帝曰：“僕竟辯之。”[1]帝大笑。從幸章陵，[2]拜光禄大夫，[3]使持節監執金吾賈復等擊平邵陵、新息賊。[4]四年，從幸壽春，[5]留鎮九江。[6]

［1］【李賢注】光武前語晨云：“何用知非僕乎?”故晨有此言也。【今注】案，沈欽韓《後漢書疏證》：“此‘僕’字，即光武自稱。‘辯’當作‘辨’。”中華本據改。

［2］【今注】章陵：縣名。治所在今湖北棗陽市南。本書卷一下《光武帝紀下》載，建武六年（30）“改舂陵鄉爲章陵縣。世世復徭役，比豐、沛，無有所豫”。舂陵，原爲西漢蔡陽縣白水鄉，西漢元帝初元元年（前48），徙零陵郡舂陵侯國於此，故更名。建武三年，舂陵尚未更名，故此處“章陵”當作“舂陵”。

［3］【今注】光禄大夫：官名。秩比二千石。名義上隸屬於光禄勳。無固定員數。無常事，及詔令所使。掌顧問應對及吊問諸國嗣之喪。

［4］【李賢注】新息，今豫州縣也。【今注】案，曹金華《後漢書稽疑》：“本傳亦置於建武三年，而《賈復傳》載：‘建武二年……尹尊降，盡定其地……其秋，南擊召陵、新息，平定之。明年春……與帝會宜陽，降赤眉。’而據《光武帝紀》，破降尹尊在二年三月，‘會宜陽，降赤眉’在三年春，‘擊平邵陵、新息賊’

當在建武二年秋，《通鑑》卷四十同《賈復傳》。本傳疑誤。”（第259—260頁）　執金吾：官名。秩中二千石。主要負責京師内皇宫外的保衛及武庫兵器管理等工作，皇帝出行時還要擔任護衛和儀仗隊。此官承秦而設，原名“中尉”，西漢武帝太初元年（前104）更名爲“執金吾”。王莽時更名爲“奮武”。東漢復名“執金吾”。西漢時，執金吾屬官有中壘令、寺互令、武庫令、都船令、式道左右中候、左右京輔都尉等。東漢僅保留武庫令，其他皆省。　賈復：字君文，南陽冠軍（今河南鄧州市西北）人。傳見本書卷一七。　邵陵：縣名。亦作“召陵”，治所在今河南漯河市郾城區東。　新息：縣名。治所在今河南息縣。

［5］【今注】壽春：縣名。治所在今安徽壽縣。

［6］【今注】九江：郡名。治壽春縣（今安徽壽縣）。

晨好樂郡職，由是復拜爲中山太守，[1]吏民稱之，常爲冀州高弟。[2]十三年，更封南䜌侯。[3]入奉朝請，復爲汝南太守。十八年，行幸章陵，徵晨行廷尉事。從至新野，置酒酣讌，賞賜數百千萬，[4]復遣歸郡。晨興鴻却陂數千頃田，[5]汝土以殷，魚稻之饒，流衍它郡。[6]明年，定封西華侯，[7]復徵奉朝請。二十五年卒，詔遣中謁者備公主官屬禮儀，[8]招迎新野主魂，與晨合葬於北芒。[9]乘輿與中宫親臨喪送葬。[10]謚曰惠侯。

［1］【今注】中山：郡名。治盧奴縣（今河北定州市）。

［2］【李賢注】中山屬冀州，於冀州所部郡課常爲弟一也（弟，紹興本、大德本、殿本作“第”，二字同）。【今注】案，弟，紹興本、大德本、殿本作“第”。

[3]【李賢注】繺音力全反。【今注】南繺：縣名。治所在今河北鉅鹿縣北。

[4]【今注】案，千，紹興本、大德本作“十”。

[5]【李賢注】鴻却，陂名，在今豫州汝陽縣東。成帝時，關東水陂溢爲害，翟方進爲丞相，奏罷之。【今注】鴻却陂：爲西漢武帝時開鑿，引淮水爲坡灌田，位於汝南郡慎陽、新息間（今河南正陽縣、息縣間）。

[6]【李賢注】衍，饒也。

[7]【今注】西華：縣名。治所在今河南西華縣南。

[8]【李賢注】《漢官儀》曰“長公主官屬，傅一人，員吏五人，騶僕射五人，私府長、食官長、永巷令、家令各一人”也。【今注】中謁者：官名。本書《禮儀志下》載，大喪，“謁者二人，中謁者僕射、中謁者副將作，油緹帳以覆坑”。 公主官屬禮儀：本書卷一〇下《皇后紀下》李賢注：“《漢官儀》曰‘長公主傅一人，私府長一人，食官一人，永巷長一人，家令一人，秩皆六百石，各有員吏。而鄉公主傅一人，秩六百石，僕一人，六百石，家丞一人，三百石。’”

[9]【今注】北芒：山名。又名“邙山”“郲山”“北山”等。在今河南洛陽市北。

[10]【今注】乘輿：代指皇帝。 中宮：皇后宮，亦代指皇后。《漢書》卷九七下《外戚傳下》：“常紿我言從中宮來，即從中宮來，許美人兒何從生中？”顔師古注：“中宮，皇后所居。”《周禮·天官·内宰》：“以陰禮教六宮。”鄭玄注：“六宮謂后也。若今稱皇后爲中宮矣。”

小子棠嗣，後徙封武當侯。[1]棠卒，子固嗣。固卒，子國嗣。國卒，子福嗣，永建元年卒，[2]無子，國除。

［1］【今注】武當侯：大德本、殿本無"侯"字。武當，縣名。治所在今湖北丹江口市西北。

［2］【今注】永建：東漢順帝劉保年號（126—132）。

來歙字君叔，[1]南陽新野人也。六世祖漢，有才力，武帝世，[2]以光禄大夫副樓船將軍楊僕，[3]擊破南越、朝鮮。[4]父仲，[5]哀帝時爲諫大夫，[6]娶光武祖姑，生歙。[7]光武甚親敬之，數共往來長安。

［1］【李賢注】歙音許及反。【今注】案，大德本、殿本"來歙字君叔"前有"來歙傳"三字，且單獨成行。

［2］【今注】武帝：西漢武帝劉徹，公元前141年至前87年在位。紀見《史記》卷一二、《漢書》卷六。

［3］【今注】楊僕：河南宜陽（今河南宜陽縣西）人。以千夫爲吏。後爲御史、遷主爵都尉。西漢武帝元鼎五年（前112），拜樓船將軍，擊南越有功，封將梁侯。元鼎六年，率軍擊東越。元封元年（前110），滅之。二年，率軍擊朝鮮。三年，滅之。因所率軍隊失亡多，當誅，贖免爲庶民。傳見《漢書》卷九〇。

［4］【今注】南越：國名。秦亡時，龍川令趙佗兼併桂林、南海、象郡，自立爲王，建立南越國。西漢元鼎五年，武帝出兵擊南越。六年，滅之。傳國五世，歷九十三年而亡。傳見《漢書》卷九五。　朝鮮：國名。西漢高祖十二年（前195），燕王盧綰反，會劉邦崩，亡入匈奴。燕人衛滿亡命，稱王，都於王險。元封二年，漢武帝出兵擊朝鮮。三年，滅之。傳見《史記》卷一一五、《漢書》卷九五。

［5］【李賢注】《東觀記》"仲"作"沖"。【今注】案，曹金華《後漢書稽疑》："《後漢紀》卷四也作'沖'，本傳疑誤。"（第260頁）

［6］【今注】諫大夫：諫議大夫。王先謙《後漢書集解》："惠棟曰：'《袁紀》及《世系》皆作諫議大夫'。"諫議大夫，官名。名義上隸屬於光禄卿。秩六百石。掌侍從顧問，無常事，唯詔令所使。本書《百官志二》劉昭注："胡廣曰：'光禄大夫，本爲中大夫，武帝元狩五年置諫大夫爲光禄大夫，世祖中興，以爲諫議大夫。又有太中、中散大夫。此四等於古皆爲天子之下大夫，視列國之上卿。'《漢官》曰三十人。"

［7］【今注】案，中華本校勘記按："殿本《考證》萬承蒼謂下文王遵曰'君叔陛下之外兄也'，此'祖姑'字必有誤。又沈家本謂按後文'而陛下之外兄也'，注'光武之姑子，故曰外兄'，然則仲娶者非光武祖姑，恐'祖'字訛也。"曹金華《後漢書稽疑》曰："《藝文類聚》卷五一引《東觀記》作'皇考女弟子來歙'，《後漢紀》卷四作'娶世祖姑，生歙'，亦爲兩説，然或二者皆不誤也。依'祖姑'論，光武皇帝當是來歙之表侄子。而據《順陽懷侯嘉傳》載劉嘉'光武族兄也'，本傳載'歙女弟爲漢中王劉嘉妻'，光武稱來歙可謂'外兄'。王遵云來歙'陛下之外兄'，容遵不曉其祖上外親，而以劉嘉稱之。章懷未審，乃注作'光武之姑子，故曰外兄也'。"（第260頁）

漢兵起，王莽以歙劉氏外屬，[1]乃收繫之，賓客共簒奪，得免。更始即位，以歙爲吏，從入關。[2]數言事不用，以病去。歙女弟爲漢中王劉嘉妻，[3]嘉遣人迎歙。因南之漢中。更始敗，歙勸嘉歸光武，遂與嘉俱東詣洛陽。

［1］【今注】外屬：外家親屬，指母親、妻子、姐妹及女兒等人的親屬。

［2］【今注】從入關：代指更始遷都長安。關，函谷關。原位

於今河南靈寶市函谷關鎮，西漢武帝元鼎三年（前114）“廣關”，將函谷關遷至今河南新安縣城關鎮。新安縣函谷關遺址情況，可參見洛陽市文物考古研究院、新安縣文物管理局《河南新安縣漢函谷關遺址2012—2013年考古調查與發掘》(《考古》2014年第11期)。

［3］【今注】劉嘉：字孝孫，南陽蔡陽（今湖北棗陽市西南）人。光武帝族兄。傳見本書卷一四。

帝見歙，大歡，即解衣以衣之，[1]拜爲太中大夫。[2]是時方以隴、蜀爲憂，[3]獨謂歙曰："今西州未附，[4]子陽稱帝，[5]道里阻遠，諸將方務關東，[6]思西州方略，未知所任，其謀若何?"歙因自請曰："臣嘗與隗囂相遇長安。其人始起，以漢爲名。今陛下聖德隆興，臣願得奉威命，開以丹青之信，[7]囂必束手自歸，[8]則述自亡之埶，不足圖也。"帝然之。建武三年，歙始使隗囂。五年，復持節送馬援，[9]因奉璽書於囂。既還，復往説囂，囂遂遣子恂隨歙入質，拜歙爲中郎將。時山東略定，[10]帝謀西收囂兵，與俱伐蜀，復使歙喻旨。囂將王元説囂，[11]多設疑故，久冘豫不決。[12]歙素剛毅，遂發憤質責囂曰：[13]"國家以君知臧否，[14]曉廢興，故以手書暢意。足下推忠誠，遣伯春委質，[15]是臣主之交信也。今反欲用佞惑之言，爲族滅之計，叛主負子，違背忠信乎？吉凶之決，在於今日。"因欲前刺囂，[16]囂起入，部勒兵，將殺歙，歙徐杖節就車而去。囂愈怒，王元勸囂殺歙，使牛邯將兵圍守之。[17]囂將王遵諫曰：[18]"愚聞爲國者慎器與名，爲家者畏怨重禍。[19]俱慎名器，則下服其命；輕用怨禍，則家受其殃。今將軍遣子質漢，内懷它志，名器逆矣；外人有議欲謀漢使，輕怨禍矣。古者列國兵交，使在其間，[20]所以重兵貴和而不任戰也，何況承王命籍重質而犯之哉？[21]君叔雖單車遠使，而陛下之外兄也。[22]害之無損於漢，而隨以族滅。昔宋執楚使，遂有析骸易子之禍。[23]小國猶不可辱，況於萬乘之主，[24]重以伯春之命哉！"歙爲人有信義，言行不違，及往來游説，皆可案覆，西州士大夫皆信重之，多爲其言，故得免而東歸。

[1]【李賢注】《東觀記》曰"解所被襜襦以衣歙"也。

[2]【今注】太中大夫：官名。名義上隸屬於光禄勳。秩千石，無員。掌顧問應對，無常事，唯詔令所使。

[3]【今注】隴：隴山，代指隗囂政權。　蜀：蜀地，代指公孫述政權。

[4]【李賢注】西州謂隗囂也。【今注】西州：指涼州或巴蜀地區。本書卷三一《廉范傳》："范遂流寓西州。"李賢注："謂巴蜀也。"這裏指占據涼州的隗囂。

[5]【今注】子陽：公孫述字。

[6]【今注】關東：函谷關以東地區。

[7]【李賢注】楊子《法言》曰"聖人之言，明若丹青"也。【今注】丹青之信：古人以丹砂和青雘作顔料。《漢書》卷五七《司馬相如傳》："其土則丹青赭堊。"顔師古注："張揖曰：'丹，丹沙也。青，青雘也。'……師古曰：'丹沙，今之硃沙也。青雘，今之空青也。'"丹青顔色鮮艷，不易褪色，故用來比喻堅貞不渝的節操、志向與諾言等。

[8]【今注】案，束，紹興本作"朿"，二字同。

［9］【今注】馬援：字文淵，扶風茂陵（今陝西興平市東北）人。傳見本書卷二四。

［10］【今注】山東：區域名。一指崤山或華山以東地區；二指太行山以東地區；三指泰山以東地區，泛稱指齊魯大地。這裏是第一義。

［11］【今注】王元：字遊翁、惠孟，長陵（今陝西咸陽市東北）人。隗囂部將。東漢光武帝建武九年（33），隗囂病死，王元與周宗立囂少子純爲王。十年，隗純爲來歙所破，王元降公孫述。十一年，降漢。拜上蔡令，遷東平相，坐墾田不實，下獄死。事見本書卷一三《隗囂公孫述傳》。

［12］【李賢注】冘豫，不定之意也。《説文》曰"冘冘，行皃"也。音淫。《東觀記》云"狐疑不決"也（云，紹興本、大德本、殿本作"曰"）。

［13］【李賢注】質，正也。

［14］【今注】國家：天子、皇帝。

［15］【李賢注】囂子恂，字伯春。【今注】伯春：隗恂。東漢光武帝建武八年，劉秀詔隗囂降，囂終不降，於是誅隗恂。

［16］【今注】案，紹興本、大德本、殿本無"因"字。

［17］【今注】牛邯：字孺卿，狄道（今甘肅臨洮縣）人。初爲隗囂部將，東漢光武帝建武八年，降，拜爲太中大夫。後爲護羌校尉，與來歙平隴右。事見本書《隗囂公孫述傳》。

［18］【今注】王遵：字子春，霸陵（今陝西西安市東北）人。隗囂部將，爲明威將軍。東漢光武帝建武七年，降漢，拜爲太中大夫，封向義侯。事見本書《隗囂公孫述傳》。

［19］【李賢注】器，車服也。名，爵號也。言名與器不可妄授也。【今注】慎器與名：車服與官爵名號的等差是維繫古代社會等級的重要手段，故慎之。

［20］【李賢注】《左傳》曰："晉欒書伐鄭，鄭人使伯蠲行

成，晉人殺之，非禮也。兵交使在其間，可也。”

［21］【今注】籍：通“藉”。憑藉、依靠。

［22］【李賢注】光武之姑子，故曰外兄也。【今注】陛下：古代對君主的尊稱。蔡邕《獨斷》卷上：“陛下者：陛，階也，所由升堂也。天子必有近臣執兵陳於陛側，以戒不虞。謂之陛下者，群臣與天子言，不敢指斥天子，故呼在陛下者而告之，因卑達尊之意也。上書亦如之。及群臣庶士相與言殿下、閤下、執事之屬，皆此類也。”

［23］【李賢注】《左傳》曰，楚使申舟聘齊，不假道於宋。華元曰：“楚不假道，鄙我也。”乃殺之。楚子聞之，遂圍宋。宋人懼，使華元夜入楚師，告子反曰“寡君使元以病告，弊邑易子而食，析骸以爨”也。

［24］【今注】萬乘：古代一輛兵車由四馬一車組成，稱爲一乘。戰國時，大諸侯國稱爲“萬乘之國”，小諸侯國稱爲“千乘之國”。據周制，天子地方千里可以出兵車萬乘，故萬乘亦是天子的代稱。千乘則代指割據一方的諸侯。

八年春，歙與征虜將軍祭遵襲略陽，［1］遵道病還，分遣精兵隨歙，［2］合二千餘人，伐山開道，從番須、回中［3］徑至略陽，［4］斬囂守將金梁，因保其城。囂大驚曰：“何其神也！”［5］乃悉兵數萬人圍略陽，斬山築堤，激水灌城。歙與將士固死堅守，矢盡，乃發屋斷木以爲兵。囂盡鋭攻之，自春至秋，其士卒疲弊。帝乃大發關東兵，自將上隴，囂衆潰走，圍解。於是置酒高會，勞賜歙，班坐絶席，［6］在諸將之右，［7］賜歙妻縑千匹。詔使留屯長安，悉監護諸將。

［1］【今注】祭遵：字弟孫，潁川潁陽（今河南許昌市建安區西南）人。傳見本書卷二〇。　略陽：縣名。治所在今甘肅秦安縣東北。

［2］【今注】案，紹興本、大德本、殿本無“遣”字。

［3］【李賢注】番須、回中，並地名也。番音盤。武帝元封四年幸雍，通回中道。《前書音義》曰回中在汧。汧今隴州汧源縣也。【今注】番須：番須口，溝通隴山東西的主要路口之一，在今甘肅華亭市馬峽鎮西，路通莊浪縣韓店鄉的隴山山口（劉滿：《河隴歷史地理研究》，甘肅文化出版社 2009 年版，第 205 頁）。　回中：位於今甘肅華亭市東華鎮（劉滿：《河隴歷史地理研究》，第 228 頁）。中華本校勘記：“《集解》引惠棟説，謂番須、回中皆在安定郡，注引《前書音義》謂‘回中在汧’，非。”曹金華《後漢書稽疑》曰，據《漢書·地理志》《續漢書·郡國志》，汧縣屬右扶風。《郡國志》載汧“有回城，名回中”，劉昭注：“來歙開道處。”《隗囂傳》“乃使王元拒隴坻，行巡守番須口”，章懷注：“番須口與回中相近，並在汧。”據此回中在汧也。本傳來歙“從番須、回中徑至略陽”，章懷注：“武帝元封四年幸雍，通回中道。《前書音義》曰回中在汧。”故惠氏引《漢書·武帝紀》“通回中道”應劭注“回中在安定高平”以證《前書音義》之訛。然據文義，武帝通回中道之“回中”在安定郡，來歙開道之“回中”在右扶風，惠氏謂《前書音義》誤是，謂“章懷、劉昭以爲在汧縣者非也”則非是。本校勘記引之甚略，未明其實也。《郡國志》昭注“來歙開道處”，《集解》引惠棟説，謂“按《來歙傳》，從番須、回中徑襲略陽，應劭以爲回中在安定高平，則非汧縣之回中矣，注吴”。又引馬與龍説，謂“《來歙傳》李注引‘武帝元豐四年幸雍通回中道’，李注蓋誤引。按武帝所通自在安定高平，顏師古云‘回中在汧者，或取安定回中爲名耳，非武帝所通道’，其説甚明。來歙所從則在汧。《隗囂傳》建武六年帝使來歙至汧，明年囂令別將攻祭

遵於汧。《來歙傳》八年春歙與祭遵襲略陽。汧今隴州，略陽今秦陽縣東北，高平今固原州。從汧襲略陽，無迂道高平之理，劉注不誤，惠又誤引邵注也”。（第261—262頁）

［4］【李賢注】徑，直也。

［5］【李賢注】《東觀記》曰：“上聞得略陽，甚悦。左右怪上數破大敵，今得小城，何足以喜？然上以略陽囂所依阻，心腹已壞，則制其支體也（大德本‘也’前有‘易’字）。”

［6］【今注】班坐：座次。

［7］【今注】右：尊位。古人以右爲尊。

歙因上書曰：“公孫述以隴西、天水爲藩蔽，[1]故得延命假息。[2]今二郡平蕩，則述智計窮矣。宜益選兵馬，儲積資糧。昔趙之將帥多賈人，高帝懸之以重賞。[3]今西州新破，兵人疲饉，若招以財穀，則其衆可集。臣知國家所給非一，用度不足，然有不得已也。”帝然之。於是大轉糧運，[4]詔歙率征西大將軍馮異、建威大將軍耿弇、虎牙大將軍蓋延、楊武將軍馬成、武威將軍劉尚入天水，[5]擊破公孫述將田弇、趙匡。[6]明年，攻拔落門，[7]隗囂支黨周宗、趙恢及天水屬縣皆降。[8]

［1］【今注】隴西：郡名。治狄道縣（今甘肅臨洮縣）。 天水：郡名。治平襄縣（今甘肅通渭縣西）。王莽改天水郡爲“填戎郡”，另分天水郡置阿陽郡。

［2］【今注】假息：苟延殘喘。假，暫且。息，生長。

［3］【李賢注】高帝十年，陳豨反於趙、代（豨，殿本作“狶”，本注下同），其將多賈人，帝多以金購，豨將皆降。【今

注】高帝：西漢高祖劉邦，公元前 206 年至前 195 年在位。紀見《史記》卷八、《漢書》卷一。

［4］【李賢注】《東觀記》曰："詔於汧積穀六萬斛，驢四百頭負馱。"

［5］【今注】征西大將軍：將軍號。東漢光武帝始置。光武帝還始設有征南大將軍之職。征西大將軍、征南大將軍爲後世四征將軍制度的源頭。　馮異：字公孫，潁川父城（今河南寶豐縣東）人。傳見本書卷一七。　耿弇：字伯昭，右扶風茂陵（今陝西興平市東北）人。傳見本書卷一九。　蓋延：字巨卿，漁陽要陽（今河北豐寧滿族自治縣東南）人。傳見本書卷一八。　楊武將軍：將軍號。楊，紹興本、大德本、殿本作"揚"。　馬成：字君遷，南陽棘陽（今河南新野縣東北）人。傳見本書卷二二。　劉尚：光武帝武威將軍，常領兵征發，參與討平隗囂、公孫述等。東漢光武帝建武二十三年（47）春正月，南郡蠻叛，劉尚討破之。十二月，武陵蠻叛，劉尚討之，戰於沅水，軍敗歿。中華本校勘記："按：《集解》引惠棟説，謂《東觀記》'劉尚'作'劉禹'。"曹金華《後漢書稽疑》曰："《吴漢傳》作'劉尚'，章懷注：'《東觀記》《續漢書》"尚"字並作"禹"。'然范書《光武帝紀》《來歙傳》《祭遵傳》《馬成傳》《馬援傳》《南蠻傳》等俱作'劉尚'，《續漢書·天文志》《五行志》與《後漢紀》卷六也作'劉尚'。《集解》引惠棟説，謂'禹即尚也'。"（第 247 頁）

［6］【今注】田弇：公孫述部將。隗囂圍來歙於略陽，公孫述遣田弇、李育助之。　趙匡：公孫述部將。隗囂死，子純復立，據冀，公孫述趙匡等救之。東漢光武帝建武十年，被馮異擊斬之。

［7］【李賢注】聚名也。解見《光武紀》。【今注】落門：聚名，即本書《郡國志五》漢陽郡冀縣"雒門聚"。本書卷一七《馮異傳》："明年夏，與諸將攻落門。"李賢注："落門，聚名，在冀縣，有落門山。"本書卷一下《光武帝紀下》載，建武十年，"冬

十月，中郎將來歙等大破隗純於落門，其將王元奔蜀，純與周宗降，隴右平”。李賢注：“《前書》曰天水冀縣有落門聚，在今渭州隴西縣東南；有落門山，落門水出焉。”故址在今甘肅武山縣洛門鎮。

［8］【今注】案，明年攻拔落門隗囂支黨周宗趙恢及天水屬縣皆降，曹金華《後漢書稽疑》謂，前文有“八年春”，此謂“明年”，乃九年也。然據史實，“明年”實爲十年之事。“明年”之前“歙因上書曰……詔歙率征西大將軍馮異、建威大將軍耿弇……入天水，擊破公孫述將田弇、趙匡”一段文字，則是建武九年之事。故云“歙因上書”前當有“九年”二字。（第262頁）周宗，天水冀（今甘肅甘谷縣東）人。隗囂部將。公元23年，與隗義、隗囂、楊廣等起兵反王莽，與隗囂季父隗崔等推隗囂爲上將軍，宗爲雲旗將軍。公元25年，爲大將軍。東漢光武帝建武九年，隗囂病卒，與王元立囂少子純。建武十年，降。事見本書卷一三《隗囂傳》。趙恢，隗囂部將。東漢光武帝建武十年，降漢。

初王莽世，羌虜多背叛，[1]而隗囂招懷其酋豪，[2]遂得爲用。及囂亡後，五谿、先零諸種數爲寇掠，[3]皆營塹自守，州郡不能討。歙乃大修攻具，率蓋延、劉尚及太中大夫馬援等進擊羌於金城，[4]大破之，斬首虜數千人，獲牛羊萬餘頭，穀數十萬斛。又擊破襄武賊傅栗卿等。[5]隴西雖平，而人飢，流者相望。[6]歙乃傾倉廩，轉運諸縣，以賑贍之，於是隴右遂安，而涼州流通焉。[7]

［1］【今注】羌：族名。主要分布於中國的西南、西、西北部，今甘肅、青海、四川、西藏、陝西等地，故被稱爲“西羌”，

其部族或支系部落衆多。東漢時期的西羌，參見本書卷八七《西羌傳》。

［2］【今注】酋豪：部落首領。

［3］【今注】五谿：聚邑名。本書卷一下《光武帝紀下》載，光武帝建武十年（34），“先零羌寇金城、隴西，來歙率諸將擊羌於五谿，大破之”。李賢注：“《續漢志》曰隴西襄武縣有五谿聚。”在今甘肅隴西縣東南。　先零諸種：族名。西羌的一大分支。東漢光武帝建武十一年，隴西太守馬援征服之，遷徙至天水、隴西、扶風一帶。

［4］【今注】金城：郡名。治允吾縣（今甘肅永靖縣西北）。

［5］【李賢注】襄武，縣，屬隴西郡也（也，大德本誤作“邑”）。【今注】襄武：縣名。治所在今甘肅隴西縣東南。

［6］【李賢注】流謂流離以就食也。

［7］【今注】涼州：西漢武帝元封五年（前106）設立的十三刺史部之一，下轄安定郡、隴西郡、天水郡、酒泉郡、張掖郡、敦煌郡等。刺史治隴縣（今甘肅清水縣北）。

十一年，歙與蓋延、馬成進攻公孫述將王元、環安於河池、下辯，[1]陷之，乘勝遂進。蜀人大懼，使刺客刺歙，未殊，[2]馳召蓋延。延見歙，因伏悲哀，不能仰視。歙叱延曰：“虎牙何敢然！今使者中刺客，無以報國，故呼巨卿，欲相屬以軍事，而反效兒女子涕泣乎！刃雖在身，不能勒兵斬公邪！”延收淚强起，受所誡。歙自書表曰：“臣夜人定後，[3]爲何人所賊傷，中臣要害。[4]臣不敢自惜，誠恨奉職不稱，以爲朝廷羞。夫理國以得賢爲本，太中大夫段襄，骨骾可任，[5]願陛下裁察。又臣兄弟不肖，終恐被罪，[6]陛下哀憐，數賜教督。”投筆抽刃而絶。

[1]【今注】環安：公孫述將。東漢光武帝建武九年（33），與王元領兵守河池。　河池：縣名。治所在今甘肅徽縣西北。敦煌漢簡中有“何池”的記載，黄東洋、鄔文玲等認爲《漢書・地理志下》所載“河池”，很可能是“何池”之誤〔參閲黄東洋、鄔文玲《新莽職方補考》，載卜憲群、楊振紅主編《簡帛研究（二〇一二）》，廣西師範大學出版社 2013 年版，第 130 頁〕。　下辯：縣名。治所在今甘肅成縣北。《漢書・地理志下》作“下辨道”，本書《郡國志五》作“下辨”。惠棟《後漢書補注》：“依李龠題名當作辨。”中華本據改。中華本校勘記：“下辨，《前志》‘辨’下有‘道’字。按：《集解》引惠棟説，謂洪适云《李翕碑》題名有下辨道長任詩，則志闕一‘道’字。又按：本書《光武帝紀》作‘下辯’，‘辨’‘辯’古字通。”

[2]【今注】殊：《説文解字・歺部》：“殊，死也。”

[3]【今注】人定：深夜。王先謙《後漢書集解》：“《通鑑》胡注：‘日入而群動息，故中夜謂之人定。’惠棟曰：‘杜預云，人定者，亥也。’”亥時，晚上九點到十一點。

[4]【李賢注】何人謂不知何人也。

[5]【李賢注】骨鯁，喻正直也。《説文》曰：“鯁，魚骨也。”食骨留咽中爲鯁。

[6]【李賢注】肖，似也。不似猶不賢也。

帝聞大驚，省書覽涕，[1]乃賜策曰：[2]“中郎將來歙，攻戰連年，平定羌、隴，憂國忘家，忠孝彰著。遭命遇害，嗚呼哀哉！”使太中大夫贈歙中郎將、征羌侯印綬，謚曰節侯，謁者護喪事。[3]喪還洛陽，乘輿縞素臨弔送葬。[4]以歙有平羌、隴之功，故改汝南之當鄉縣爲征羌國焉。[5]

［1］【今注】覽涕：中華本校勘記："《校補》謂'覽'當作'擥'，屈子《懷沙》'思美人兮擥涕而竚眙'。今據改。按：《通鑑》引作'攬'，'攬'即'擥'字。"擥，持。《說文解字·手部》："擥，撮持也。"擥涕，揩乾眼淚。

［2］【今注】策：策書。漢代皇帝命令文書有策書、制書、詔書、戒敕四種。蔡邕《獨斷》卷上："策書，策者簡也。禮曰：不滿百文，不書於策。其制長二尺，短者半之，其次一長一短。兩編，下附篆書，起年、月、日，稱'皇帝曰'，以命諸侯王、三公。其諸侯王、三公之薨於位者，亦以策書誄謚其行而賜之，如諸侯之策。三公以罪免，亦賜策，文體如上策而隸書，以一尺木兩行，唯此爲異者也。"

［3］【今注】謁者：官名。掌賓讚受事。《漢書·百官公卿表上》謂"秦官"，戰國時已有。西漢，謁者定員七十人，秩比六百石，長官爲謁者僕射，秩比千石。東漢時，謁者臺與尚書臺、御史臺並稱三臺。本書卷七四上《袁紹傳》李賢注："《晉書》：'漢官尚書爲中臺，御史爲憲臺，謁者爲外臺，是謂三臺。'"謁者臺長官亦稱"謁者僕射"，秩比千石，所主謁者分爲常侍謁者和謁者兩類。常侍謁者五人，比六百石。謁者三十人，又分爲給事謁者和灌謁者郎中兩類，前者秩四百石，後者秩比三百石。擔任灌謁者滿一年，轉爲給事謁者。

［4］【今注】縞素：白色的喪服。《禮記·王制》："殷人哻而祭，縞衣而養老。"孔穎達疏："縞，白色生絹，亦名爲素。"《說文解字·素部》："素，白緻繒也。"

［5］【李賢注】征羌故城在今豫州郾城縣東南也。

子襃嗣。十三年，帝嘉歙忠節，復封歙弟由爲宜西侯。[1]襃子棱，[2]尚顯宗女武安公主。[3]棱早歿，襃卒，以棱子歷爲嗣。

[1]【李賢注】《東觀記》曰"宜西鄉侯"。【今注】宜西侯：曹金華《後漢書稽疑》："《後漢紀》卷六也作'宜西侯'，然兩漢無宜西縣，疑作'宜西鄉侯'爲是。"（第262頁）

[2]【今注】棱：曾任黄門侍郎。本書卷一〇下《皇后紀下》作"稜"。

[3]【今注】武安公主：劉惠，東漢明帝永平十七年（74）封武安公主，漢安帝尊爲長公主。武安，縣名。治所在今河北武安市西南。

論曰：世稱來君叔天下信士。夫專使乎二國之間，豈厭詐謀哉？而能獨以信稱者，良其誠心在乎使兩義俱安，而己不私其功也。

歷字伯珍，少襲爵，以公主子，永元中，[1]爲侍中，[2]監羽林右騎。[3]永初三年，[4]遷射聲校尉。[5]永寧元年，[6]代馮石爲執金吾。[7]延光元年，[8]尊歷母爲長公主。二年，遷歷太僕。[9]

[1]【今注】永元：東漢和帝劉肇年號（89—105）。

[2]【今注】侍中：官名。秩比二千石。加官。無員。名義上隸屬於少府。掌侍左右，贊導衆事，顧問應對。

[3]【李賢注】羽林騎，武帝置。宣帝令中郎將騎都尉監羽林，見《前書》。【今注】監羽林右騎：羽林騎，西漢武帝太初元

年（前104）初置，名曰“建章營騎”，後更名爲“羽林騎”。宣帝令中郎將、騎都尉監羽林，秩比二千石。東漢光禄勳屬官羽林中郎將、秩比二千石，主羽林郎。羽林左監，六百石，主羽林左騎。羽林右監，六百石，主羽林右騎。

［4］【今注】永初：東漢安帝劉祜年號（107—113）。

［5］【今注】射聲校尉：官名。西漢武帝所置八校尉之一，掌待詔射省士。東漢沿置，秩比二千石，爲北軍中候所屬五校尉之一。掌宿衛兵。下設司馬一人，秩千石。有員吏一百二十九人，統領士七百人。

［6］【今注】永寧：東漢安帝劉祜年號（120—121）。

［7］【今注】馮石：字次初，南陽湖陽（今河南唐河縣西南）人。事見本書卷三三《馮魴傳》。

［8］【今注】延光：東漢安帝劉祜年號（122—125）。

［9］【今注】太僕：官名。秩中二千石。掌車馬。屬官主要有考工令、車府令、未央厩令等。

明年，中常侍樊豐與大將軍耿寶、侍中周廣、謝惲等共譈陷太尉楊震，[1]震遂自殺。歷謂侍御史虞詡曰：[2]“耿寶託元舅之親，[3]榮寵過厚，不念報國恩，而傾側姦臣，誣奏楊公，傷害忠良，其天禍亦將至矣。”遂絶周廣、謝惲，不與交通。時皇太子驚病不安，[4]避幸安帝乳母野王君王聖舍。[5]太子乳母王男、厨監邴吉等以爲聖舍新繕修，犯土禁，不可久御。聖及其女永與大長秋江京及中常侍樊豐、王男、邴吉等互相是非，[6]聖、永遂誣譖男、吉，皆幽囚死，家屬徙比景。[7]太子思男等，數爲歎息。京、豐懼有後害，妄造虚無，構譈太子及東宫官屬。[8]帝怒，召公卿以下會議廢立。耿寶等承旨，皆以爲太子當廢。歷與太常桓焉、廷尉張皓議曰：[9]“經説，年未滿十五，過惡不在其身。且男、吉之謀，皇太子容有不知，宜選忠良保傅，輔以禮義。廢置事重，此誠聖恩所宜宿留。”帝不從，[10]是日遂廢太子爲濟陰王。[11]時監太子家小黄門籍建、中傅高梵等[12]皆以無罪徙朔方。[13]歷乃要結光禄勳祋諷，[14]宗正劉瑋，[15]將作大匠薛皓，[16]侍中閭丘弘、陳光、趙代、施延，[17]太中大夫朱倀、[18]弟五頡，[19]中散大夫曹成，[20]諫議大夫李尤，[21]符節令張敬，[22]持書侍御史龔調，[23]羽林右監孔顯，[24]城門司馬徐崇，[25]衛尉守丞樂闈，[26]長樂、未央厩令鄭安世等十餘人，[27]俱詣鴻都門證太子無過。[28]龔調據法律明之，以爲男、吉犯罪，皇太子不當坐。帝與左右患之，乃使中常侍奉詔脅群臣曰：“父子一體，天性自然。以義割恩，爲天下也。歷、諷等不識大典，而與群小共爲讙譁，外見忠直而内希後福，飾邪違義，豈事君之禮？朝廷廣開言事之路，故且一切假貸；[29]若懷迷不反，當顯明刑書。”諫者莫不失色。薛皓先頓首曰：[30]“固宜如明詔。”歷怫然，[31]廷詰皓曰：[32]“屬通諫何言，而今復背之？[33]大臣乘朝車，[34]處國事，固得輾轉若此乎！”[35]乃各稍自引起，歷獨守闕，連日不肯去。帝大怒，乃免歷兄弟官，削國租，[36]黜公主不得會見。歷遂杜門不與親戚通，時人爲之震慄。

[1]【今注】中常侍：官名。無定員。千石，後增秩比二千石。掌侍左右，從入内宫，贊導内衆事，顧問應對給事。中常侍本

秦官，漢因之，人選參用士人與閹人。本書卷七八《宦者傳》：“漢興，仍襲秦制，置中常侍官。然亦引用士人，以參其選，皆銀璫左貂，給事殿省。”和熹鄧太后臨朝，始純用閹人。本書卷四三《朱穆傳》：“臣聞漢家舊典，置侍中、中常侍各一人，省尚書事，黃門侍郎一人，傳發書奏，皆用姓族。自和熹太后以女主稱制，不接公卿，乃以閹人爲常侍，小黃門通命兩宮。”　樊豐：宦者。東漢安帝延光三年（124），與大將軍耿寶一起陷害太尉楊震，震飲鴆死。延光四年，北鄉侯即皇帝位後，又伙同耿寶等人與車騎將軍閻顯爭權。閻顯諷有司奏樊豐、耿寶等阿黨，豐下獄死，耿寶自殺。　耿寶：扶風茂陵（今陝西興平市東北）人。牟平侯耿舒孫、耿襲子，母爲東漢明帝女隆慮公主劉迎。耿寶妹耿姬爲清河孝王劉慶妃。殤帝延平元年（106）漢殤帝崩，鄧太后與其兄鄧騭定策立清河孝王與左姬所生子劉祜爲帝，是爲安帝。建光元年（121），鄧太后崩，漢安帝追尊清河孝王爲孝德皇，生母左姬爲孝德皇后，清河孝王元妃耿姬爲甘陵大貴人。耿寶以帝之元舅而被授予重任，位至大將軍。曾與樊豐等一起讒陷太尉楊震，又譖廢漢安帝太子劉保爲濟陰王。安帝延光四年，漢安帝南巡途中病，任命耿寶行太尉事。漢安帝崩，北鄉侯即位，耿寶爲閻太后策免，貶爵爲亭侯，遣就國，於道中自殺。　周廣：東漢安帝時爲侍中。延光四年，安帝崩，北鄉侯立，坐與耿寶、樊豐、謝惲、王聖阿黨，周廣、樊豐、謝惲下獄死，耿寶自殺，王聖徙雁門。　謝惲：字伯周。錢大昕《廿二史考異》卷一〇《後漢書一》：“據《后妃傳》，惲爲虎賁中郎將，非侍中也，侍中當是加官。”此外，本書卷一五《來歷傳》、卷五四《楊震傳》亦作“侍中”。　太尉：官名。三公之一。掌四方兵事功課等。東漢光武帝建武元年（25），爲大司馬。建武二十七年，改爲太尉。　楊震：字伯起，弘農華陰（今陝西華陰市東）人。傳見本書卷五四。

［2］【今注】侍御史：官名。秩六百石。御史中丞屬官。員十五人，掌監察。　虞詡：字升卿，陳國武平（今河南鹿邑縣西北）

人。始辟太尉李脩府，拜郎中。曾任朝歌長、懷令、武都太守、司隸校尉、議郎、尚書僕射、尚書令等職。傳見本書卷五八。

［3］【李賢注】寶女弟爲清河王慶姬，即安帝嫡母也，故寶於帝爲元舅焉。

［4］【今注】皇太子：劉保。安帝子。母李氏，爲閻皇后所害。延光三年，廢爲濟陰王。延光四年，中黄門孫程等十九人迎立劉保爲皇帝，是爲順帝。建康元年（144）八月，崩。紀見本書卷六。

［5］【今注】安帝：東漢安帝劉祜，公元106年至125年在位。紀見本書卷五。　乳母：阿母。《史記》卷一〇五《扁鵲倉公列傳》："故濟北王阿母自言足熱而懣。"《索隱》："是王之嬭母也。"《正義》："服虔云：'乳母也。'鄭云：'慈已者。'"本書卷六一《左雄傳》："初，帝廢爲濟陰王，乳母宋娥與黄門孫程等共議立帝，帝後以娥前有謀，遂封爲山陽君，邑五千户……雄復諫曰：'……臣附見詔書顧念阿母舊德宿恩，欲特加顯賞。案尚書故事，無乳母爵邑之制，唯先帝時阿母王聖爲野王君。'"　野王：縣名。治所在今河南沁陽市。　王聖：安帝乳母，封野王君。安帝延光三年，與江京、樊豐等構陷太子劉保乳母王男、厨監邴吉，殺之。後又構陷太子劉保，劉保被廢爲濟陰王。延光四年，北鄉侯立，閻顯諷有司奏王聖與耿寶、樊豐等阿黨，王聖母子徙雁門。

［6］【今注】聖及其女永：曹金華《後漢書稽疑》："李景星《四史評議》：'據《順帝紀》及《泗水王傳》、《宦者傳》並作"伯榮"，此獨作"永"，亦疑誤也。'《集解》引錢大昭説，謂'此獨作"永"，與彼不同'。又李裕民編《後漢書人名索引》，將'伯榮''王永'視作一人，編爲一目，其實皆誤。伯榮與永實爲二人，皆王聖女，永見《皇后紀》《楊震傳》《天文志》也。伯榮爲朝陽侯劉環妻，永爲黄門侍郎樊嚴妻。《校補》謂'所難索解者，傳言王聖事前皆僅及伯榮，不及永，逮後聖下獄，則又僅及永，不

及伯榮。《袁紀》《通鑑》亦然。斯則書闕有間矣’。其説甚是。《御覽》卷九二引《續漢書》作‘聖二女永等’，明矣。”（第263頁）　大長秋：官名。秩二千石。皇后卿。秦時官名爲將行，以宦者擔任。西漢景帝中元六年（前144）更名爲“大長秋”，或用士人擔任。東漢常例用宦者擔任，主要負責奉宣皇后命令，以及給賜宗親、爲宗親謁者關通、皇后出宫隨行等事務。　江京：宦者，以小黄門迎漢安帝於清河邸，功封都鄉侯，遷中常侍兼大長秋。又遷爲中常侍、長樂太僕。北鄉侯薨後，在宫廷政變中爲孫程等人誅殺。　王男：東漢順帝乳母。東漢安帝延光三年被安帝乳母王聖、江京、樊豐等構陷，幽囚死。　邴吉：東漢順帝爲太子時的厨監。東漢安帝延光三年被安帝乳母王聖、江京、樊豐等構陷，幽囚死。

［7］【今注】比景：縣名。治所在今越南廣平省争江口。

［8］【今注】東宫：太子所居宫的代稱，亦代指太子。東漢以後，太子宫始固定爲東宫。《文選》陸厥《奉答内兄希叔一首》李善注：“卞壼議曰‘太子所居宫，稱東宫，不言太子宫者，二宫以東西爲稱，明是天子之離宫，使太子居之也’。”

［9］【今注】太常：官名。秩中二千石。主宗廟禮儀及博士弟子的選拔、教育及補吏等，屬官有太史令、博士祭酒、太祝令、太宰令、太予樂令、高廟令、世祖廟令、園令、食官令等。　桓焉：字叔元，沛郡龍亢（今安徽懷遠縣西北）人。傳見本書卷三七。張皓：字叔明，犍爲武陽（今四川眉山市彭山區）人。傳見本書卷五六。

［10］【李賢注】宿留猶停留也。宿留音秀溜。

［11］【今注】濟陰王：劉保。東漢安帝永寧元年（120）立爲皇太子，延光三年廢爲濟陰王。延光四年，被擁立爲帝，是爲漢順帝。順帝即位後，即收還廢皇太子爲濟陰王的詔書。本書卷六《順帝紀》載，延光四年十一月，“癸卯，尚書奏請下有司，收還延光三年九月丁酉以皇太子爲濟陰王詔書。奏可”。濟陰，郡國名，治定陶縣（今山東菏澤市定陶區西北）。

［12］【李賢注】梵音扶汎反。【今注】小黄門：官名。名義上隸屬於少府。秩六百石。宦者，無員。掌侍左右，受尚書事。上在内宫，關通中外，及中宫以下衆事，諸公主及王大妃等疾苦，則使問之。

［13］【今注】朔方：郡名。治臨戎縣（今内蒙古磴口縣北）。

［14］【李賢注】祋音丁外反。

［15］【今注】宗正：官名。秩中二千石。掌皇族和外戚事務。

［16］【今注】將作大匠：官名。二千石。主皇室土木工程建設。原名將作少府，秦官。西漢景帝中元六年更名"將作大匠"。東漢時，屬官有左校令、右校令等。

［17］【今注】案，侍中閭丘弘，曹金華《後漢書稽疑》："今本《袁紀》卷一七作'中郎將閭丘弘'。"（第263頁）

［18］【李賢注】倀音丑羊反。

［19］【李賢注】頡音下結反。

［20］【今注】中散大夫：官名。秩六百石。名義上隸屬於光禄勳。無固定員數。無常事，主顧問應對，承擔皇帝詔令派遣的特定職事。　曹成：曹壽、班昭子。爵關内侯。本書卷八四《列女傳》李賢注："《三輔決録》曰：'齊相子穀，頗隨時俗。'注云：'曹成，壽之子也。司徒掾察孝廉，爲長垣長。母爲太后師，徵拜中散大夫。'子穀即成之字也。"

［21］【今注】李尤：字伯仁，廣漢雒（今四川廣漢市）人。傳見本書卷八〇上。

［22］【李賢注】《續漢書》曰（中華本校勘記："'書'當作'志'"）："符節令，秩百石（沈欽韓《後漢書疏證》曰：'按文當云"六百石"。'）。"【今注】符節令：官名。秩六百石。名義上隸屬於少府。符節臺長官，主符節事。

［23］【李賢注】《續漢志》曰"持書侍御史，秩六百石"也。【今注】持書侍御史：即"治書侍御史"，唐人避唐高宗李治諱改。

御史中丞屬官，二人，秩六百石。選御史高第者、明習法律者補之，根據法律審理全國上奏的疑獄等事。案，持書侍御史龔調，《後漢紀》卷一七《安帝紀》作“治書侍御史龍調”。

［24］【李賢注】《漢官儀》“羽林左、右監，屬光禄”也。

［25］【今注】城門司馬：官名。秩一千石。屬城門校尉，主兵。

［26］【李賢注】守丞，兼守之丞也。【今注】案，衛尉守丞，《後漢紀》卷一七《安帝紀》作“衛尉丞”。

［27］【李賢注】《續漢志》曰“未央廄令一人，長樂廄令一人，主乘輿馬”也。【今注】長樂未央廄令：並官名。本書《百官志二》：“未央廄令一人，六百石。本注曰：‘主乘輿及廄中諸馬。長樂廄丞一人。’”本書卷三六《鄭興傳》：“（鄭安世）亦傳家業，爲長樂、未央廄令。”李賢注：“《續漢書》曰：‘廄令一人，秩六百石。’”曹金華《後漢書稽疑》：“《校補》謂‘今詳《續志》，則未央爲廄令，長樂爲廄丞，蓋是時安世實兼兩官，故通稱令，而章懷兩注皆言之未審也’。”（第264頁）　鄭安世：河南開封（今河南開封市祥符區西南）人。鄭興孫、鄭衆子。東漢順帝即位時，鄭安世已經去世。事見本書卷三六《鄭衆傳》。

［28］【今注】鴻都門：東漢洛陽南宫宫門。顧祖禹《讀史方輿紀要》卷四〇八《河南三》：“南宫正門即端門，旁有鴻都、盛德、九龍及金商、青瑣諸門。”

［29］【今注】一切：暫且，臨時。《漢書》卷一二《平帝紀》：“一切滿秩如真。”顔師古注：“一切者，權時之事，非經常也。猶如以刀切物，苟取整齊，不顧長短縱横，故言一切。”　假貸：寬容。

［30］【今注】頓首：以頭叩地而拜，但不停留，旋即抬起。

［31］【李賢注】《字林》曰：“怫，鬱也。”怫音扶勿反。

［32］【今注】廷詰：當廷質問。

［33］【李賢注】屬，近也。通猶共也。近言共諫，何乃相背也。【今注】屬：剛剛，剛才。

［34］【今注】朝車：百官朝會所乘之車，根據官位秩級不同所乘之車的裝飾不同，以彰顯尊卑貴賤。

［35］【李賢注】《周禮》曰："卿乘夏縵，大夫乘墨車。"輾轉，不定也。《詩》曰："展轉反側。"【今注】案，得，紹興本、殿本作"復"。

［36］【今注】案，乃免歷兄弟官削國租，曹金華《後漢書稽疑》謂《後漢紀》卷一七作"上乃免歷官，削國土"（第264頁）。

及帝崩，閻太后起歷爲將作大匠。[1]順帝即位，[2]朝廷咸稱社稷臣，於是遷爲衛尉。祋諷、劉瑋、閭丘弘等先卒，皆拜其子爲郎；[3]朱倀、[4]施延、陳光、趙代等並爲公卿，任職；徵王男、邴吉家屬還京師，厚加賞賜；籍建、高梵等悉蒙顯擢。永建元年，[5]拜歷車騎將軍，[6]弟祉爲步兵校尉，[7]超爲黄門侍郎。[8]三年，母長公主薨，歷稱病歸弟；[9]服闋，復爲大鴻臚。[10]陽嘉二年，[11]卒官。

［1］【今注】閻太后：閻姬。河南滎陽（今河南滎陽市東北）人。紀見本書卷一〇下。

［2］【今注】順帝：東漢順帝劉保，公元125年至144年在位。紀見本書卷六。

［3］【今注】郎：官名。光禄勳屬官有五官中郎將、左中郎將、右中郎將，三將所統領郎官，稱"三署郎"，其中中郎秩比六百石，侍郎比四百石，郎中比三百石。光禄勳屬官虎賁中郎將和羽林中郎將領有郎官，其中虎賁中郎秩比六百石，虎賁侍郎秩比四百

石，虎賁郎中秩比三百石，羽林郎秩比三百石。

［4］【李賢注】倀音丑良反。

［5］【今注】永建：東漢順帝劉保年號（126—132）。

［6］【今注】車騎將軍：官名。金印紫綬。位比三公或次上卿，在大將軍、驃騎將軍後，衞將軍前。本書《百官志一》："將軍，不常置。本注曰：'掌征伐背叛。比公者四：第一大將軍，次驃騎將軍，次車騎將軍，次衞將軍。又有前、後、左、右將軍。'"劉昭注："蔡質《漢儀》曰：'漢興，置大將軍、驃騎，位次丞相，車騎、衞將軍、左、右、前、後，皆金紫，位次上卿。典京師兵衞，四夷屯警。'"東漢末，置左、右車騎將軍。

［7］【今注】步兵校尉：官名。西漢武帝所置八校尉之一，掌上林苑門屯兵。東漢沿置，秩比二千石，爲北軍中候所屬五校尉之一。掌宿衞兵。下置司馬一人，秩千石。有員吏七十三人，統領士七百人。

［8］【今注】黄門侍郎：官名。秩六百石。無員。名義上隸屬於少府。掌侍從左右，給事中，關通中外。諸王朝見，於殿上引王就坐。

［9］【今注】案，弟，紹興本、殿本作"第"，二字同。

［10］【今注】大鴻臚：官名。秩中二千石。掌諸侯及四方歸義蠻夷。

［11］【今注】陽嘉：東漢順帝劉保年號（132—135）。

子定嗣。定尚安帝妹平氏長公主，[1]順帝時，爲虎賁中郎將。[2]定卒，子虎嗣，桓帝時，[3]爲屯騎校尉。[4]弟豔，字季德，少好學下士，開館養徒，少歷顯位，靈帝時，[5]再遷司空。[6]

［1］【今注】平氏長公主：劉直得，清河孝王劉慶女，東漢安

帝妹。安帝建光元年（121）封爲平氏長公主。

［2］【今注】虎賁中郎將：官名。秩比二千石。屬光禄勳。西漢武帝建元三年（前138）置期門，掌執兵送從，秩比郎，無員，多至千人，置僕射，秩比千石。平帝元始元年（1）更名爲虎賁郎，置中郎將。本書《百官志二》劉昭注："虎賁舊作'虎奔'，言如虎之奔也，王莽以古有勇士孟賁，故名焉。孔安國曰：'若虎賁獸'，言其甚猛。"

［3］【今注】桓帝：東漢桓帝劉志，公元146年至167年在位。紀見本書卷七。

［4］【今注】屯騎校尉：官名。西漢武帝所置八校尉之一，掌騎士。東漢沿置，秩比二千石，爲北軍中候所屬五校尉之一。下置司馬一人，秩千石。有員吏百二十八人，統領士七百人。

［5］【今注】靈帝：東漢靈帝劉宏，公元168年至189年在位。紀見本書卷八。

［6］【今注】司空：官名。三公之一。掌水土之事等。西漢成帝綏和元年（前8），改御史大夫爲大司空。東漢光武帝建武二十七年（51），去"大司空"之"大"字，爲"司空"。

贊曰：李、鄧豪贍，舍家從讖。[1]少公雖孚，宗卿未驗。[2]王常知命，功惟帝念。[3]款款君叔，斯言無玷。[4]方獻三捷，永墜一劍。[5]

［1］【李賢注】鄧晨代以吏二千石爲豪，李通家富爲贍也。

［2］【李賢注】孚，信也。言蔡少公論讖，其事雖信，而李守被誅，是未驗也。【今注】宗卿：李守，曾任王莽宗卿師。蔡少公言劉秀當爲天子成爲現實，李守被王莽誅殺，他所言"李氏爲輔"並未應驗，故《贊》云："少公雖孚，宗卿未驗。"

［3］【李賢注】王常，更始中爲知命侯，後歸朝，上録其功，

封爲列侯，故曰帝念。

［4］【李賢注】玷，缺也。【今注】款款：誠懇，忠實。《楚辭·卜居》："吾寧悃悃欵欵。"漢王逸注："志純一也。欵，一作款。"

［5］【李賢注】《小雅·采薇》詩曰："豈敢定居，一月三捷。"

後漢書　卷一六

列傳第六

鄧禹 子訓 孫騭　寇恂 曾孫榮

鄧禹字仲華，南陽新野人也。[1]年十三，能誦《詩》，[2]受業長安。[3]時光武亦游學京師，[4]禹年雖幼，而見光武知非常人，遂相親附。數年歸家。

[1]【今注】南陽：郡名。治宛縣（今河南南陽市卧龍區）。新野：縣名。治所在今河南新野縣。

[2]【今注】詩：五經之一，一百零五篇，傳爲孔子删定。《詩》博士有齊、魯、韓三家。《史記》卷一二一《儒林列傳》："言《詩》於魯則申培公，於齊則袁固生，於燕則韓太傅。"《索隱》："韓嬰也。爲常山王太傅也。"東漢時未有增損。除立爲博士官的齊、魯、韓三家今文《詩》外，還有古文經學派的《毛詩》，《漢書·藝文志》著録有《毛詩故訓傳》三十卷，並曰："又有毛公之學，自謂子夏所傳，而河間獻王好之，未得立。"西漢《毛詩》，傳爲魯國人毛亨所傳（一説毛萇，本書卷七九下《儒林傳下》："趙人毛萇傳《詩》，是爲《毛詩》，未得立。"）考古出土了不少戰

國、西漢時期的《詩經》，如安徽阜陽雙古堆西漢汝陰侯墓西漢早期《詩經》殘簡、湖北荆州夏家臺墓地戰國楚簡《詩經·邶風》、安徽大學藏戰國竹簡《詩經》、江西南昌西漢海昏侯劉賀墓《詩經》等（安徽省文物工作隊等：《阜陽雙古堆西漢汝陰侯墓發掘簡報》，《文物》1978 年第 8 期；田勇、王明欽：《湖北荆州劉家臺與夏家臺墓地發現大批戰國墓葬》，《中國文物報》2016 年 4 月 8 日；黄德寬：《安徽大學藏戰國竹簡概述》，《文物》2017 年第 9 期；徐在國：《安徽大學藏戰國竹簡〈詩經〉詩序與異文》，《文物》2017 年第 9 期；江西省文物考古研究院等：《江西南昌西漢海昏侯劉賀墓出土簡牘》，《文物》2018 年第 11 期；朱鳳瀚主編：《海昏簡牘初論》，北京大學出版社 2020 年版）。

［3］【今注】長安：縣名。西漢、新莽都城。故城位於今陝西西安市西北。漢長安城考古發掘概況，參閱劉振東《漢長安城綜論——紀念漢長安城遺址考古六十年》（《考古》2017 年第 1 期）。

［4］【今注】光武：東漢皇帝劉秀謚號。本書卷一上《光武帝紀上》李賢注："《謚法》：'能紹前業曰光，克定禍亂曰武。'"京師：長安。

及漢兵起，更始立，[1]豪桀多薦舉禹，[2]禹不肯從。及聞光武安集河北，[3]即杖策北渡，[4]追及於鄴。[5]光武見之甚歡，謂曰："我得專封拜，生遠來，寧欲仕乎？"禹曰："不願也。"光武曰："即如是，何欲爲？"[6]禹曰："但願明公威德加於四海，[7]禹得效其尺寸，垂功名於竹帛耳。"[8]光武笑，因留宿間語。[9]禹進説曰："更始雖都關西，[10]今山東未安，[11]赤眉、青犢之屬，[12]動以萬數，三輔假號，[13]往往群聚。更始既未有所挫，而不自聽斷，諸將皆庸人屈起，[14]志在財幣，争用威力，朝夕自快而已，非有忠良明智，深慮遠圖，欲尊主安民者也。四方分崩離析，[15]形埶可見。[16]明公雖建藩輔之功，猶恐無所成立。於今之計，莫如延攬英雄，務悦民心，立高祖之業，[17]救萬民之命。以公而慮天下，不足定也。"光武大悦，因令左右號禹曰鄧將軍。常宿止於中，與定計議。

[1]【今注】更始：劉玄即漢皇帝位後的年號（23—25）。亦代指劉玄。

[2]【今注】案，桀，大德本、殿本作"傑"，二字通。

[3]【今注】河北：指黄河以北、太行山以東地區。

[4]【今注】杖策：原指拄杖或手執馬鞭，引申爲追隨。

[5]【今注】鄴：縣名。治所在今河北臨漳縣西南。

[6]【今注】何欲爲：《後漢紀》卷一《光武帝紀》作"欲何爲"。案，大德本、殿本"何欲爲"後有劉攽注，作"劉攽曰，案，文多一'爲'字，不然，當云'欲何爲'"。

[7]【今注】明公：尊稱。

[8]【今注】竹帛：簡牘與絲帛，用以書寫，這裏指史書。

[9]【李賢注】間，私也。

[10]【今注】關西：函谷關以西地區。函谷關，原位於今河南靈寶市函谷關鎮，西漢武帝元鼎三年（前114）"廣關"，將函谷關遷至今河南新安縣城關鎮。新安縣函谷關遺址情況，可參見洛陽市文物考古研究院、新安縣文物管理局《河南新安縣漢函谷關遺址2012—2013年考古調查與發掘》（《考古》2014年第11期）。

[11]【今注】山東：區域名稱，一指崤山或華山以東地區；二指太行山以東地區；三指泰山以東地區，泛稱指齊魯大地。這裏是第一義。

[12]【今注】赤眉：新莽天鳳五年（18），樊崇率領百餘人在

莒縣起義，後轉入泰山。隨着其他起義軍的加入，隊伍越來越大，爲了在作戰時與敵人相互區别，起義軍將眉毛染成赤色，故曰赤眉軍。　青犢：新莽末年農民起義軍之一。本書卷一上《光武帝紀上》："又别號諸賊銅馬、大肜、高湖、重連、鐵脛、大搶、尤來、上江、青犢、五校、檀鄉、五幡、五樓、富平、獲索等，各領部曲，衆合數百萬人，所在寇掠。"李賢注："諸賊或以山川土地爲名，或以軍容彊盛爲號。銅馬賊帥東山荒秃、上淮況等，大肜渠帥樊重，尤來渠帥樊崇，五校賊帥高扈，檀鄉賊帥董次仲，五樓賊帥張文，富平賊帥徐少，獲索賊帥古師郎等，並見《東觀記》。"東漢光武帝建武三年（27），赤眉失敗，吴漢在軹（今河南濟源市東南）西，大破降之。

［13］【今注】三輔：京兆尹、左馮翊和右扶風三個郡級行政區，因治所同在長安城中，所轄皆京畿之地，故稱三輔。東漢初年，京兆尹治長安縣（今陝西西安市西北），左馮翊治遷至高陵（今陝西西安市高陵區），右扶風治遷至槐里（今陝西興平市東南）。本書《郡國志一》"左馮翊"條劉昭注引潘岳《關中記》曰："三輔舊治長安城中，長吏各在其縣治民。光武東都之後，扶風出治槐里，馮翊出治高陵。"　假號：起事者往往自立名號，這裏指起事者。

［14］【李賢注】屈音求勿反。【今注】屈起：崛起。

［15］【李賢注】《論語》曰："邦分崩離析（析，大德本誤作'折'。殿本無此注）。"

［16］【今注】案，埶，大德本、殿本作"勢"，二字同。本卷"埶"字，他本作"勢"者，不再出注。

［17］【今注】高祖：西漢高祖劉邦，公元前206年至前195年在位。紀見《史記》卷八、《漢書》卷一。

及王郎起兵，[1]光武自薊至信都，[2]使禹發奔命，得數千人，令自將之，别攻拔欒陽。[3]從至廣阿，[4]光武舍城樓上，披輿地圖，指示禹曰："天下郡國如是，今始乃得其一。子前言以吾慮天下不足定，何也？"禹曰："方今海内殽亂，人思明君，猶赤子之慕慈母。古之興者，在德薄厚，不以大小。"[5]光武悦。時任使諸將，多訪於禹，禹每有所舉者，皆當其才，光武以爲知人。使别將騎，與蓋延等擊銅馬於清陽。[6]延等先至，戰不利，還保城，爲賊所圍。禹遂進與戰，破之，生獲其大將。從光武追賊至滿陽，[7]連大克獲，北州略定。[8]

[1]【今注】王郎：一名昌，趙國邯鄲（今河北邯鄲市）人。詐稱是西漢成帝子子輿。更始帝更始元年（23），被趙繆王子林等立爲天子。更始二年，爲劉秀擊敗，斬之。傳見本書卷一二。

[2]【今注】薊：縣名。治所在今北京市。王莽更廣陽國爲廣有郡，薊更名爲伐戎。　信都：縣名。治所在今河北衡水市冀州區。王莽時，更信都國爲新博郡，信都縣更名爲新博亭。

[3]【李賢注】欒陽，縣名，屬常山郡。【今注】欒陽：縣名。治所在今河北石家莊市鹿泉區東北。

[4]【李賢注】《東觀記》曰："上率禹等擊王郎横野將軍劉發（發，紹興本、大德本、殿本作'奉'），大破之。上過禹營，禹進炙魚，上餐啗，勞勉吏士，威嚴甚厲。衆皆竊言'劉公真天人也'。"【今注】廣阿：縣名。治所在今河北隆堯縣東。

[5]【李賢注】《史記》蘇秦説趙王曰："堯無三夫之分，舜無咫尺之地，禹無百人之聚，湯、武之士不過三千，立爲天子，誠得其道也。"

[6]【今注】蓋延：字巨卿，漁陽要陽（今河北豐寧滿族自治

縣東南）人。傳見本書卷一八。　銅馬：新莽末年農民起義軍之一。銅馬實力較强，大部被劉秀擊敗收編，本書卷一上《光武帝紀上》載："衆遂數十萬，故關西號光武爲'銅馬帝'。"　清陽：縣名。治所在今河北清河縣東南。

[7]【今注】滿陽：應作"蒲陽"。清沈欽韓《後漢書疏證》曰："'滿'乃'蒲'之誤。《一統志》：'蒲陽山，在保定府完縣西北。'章帝改曲逆曰蒲陰，故城在完縣東南。"蒲陽，山名。在今河北順平縣西北。本書《光武帝紀上》："受降未盡，而高湖、重連從東南來，與銅馬餘衆合，光武復與大戰於蒲陽，悉破降之，封其渠帥爲列侯。"李賢注："《前書音義》曰'蒲陽山，蒲水所出'，在今定州北平縣西北。"

[8]【今注】北州：幽州與并州。本書卷一二《彭寵傳》："更始立，使謁者韓鴻持節徇北州，承制得專拜二千石已下。"李賢注："謂幽、并也。"

及赤眉西入關，更始使定國上公王匡、襄邑王成丹、抗威將軍劉均及諸將，[1]分據河東、弘農以拒之。[2]赤眉衆大集，王匡等莫能當。光武籌赤眉必破長安，欲乘釁并關中，[3]而方自事山東，未知所寄，以禹沈深有大度，故授以西討之略。乃拜爲前將軍持節，[4]中分麾下精兵二萬人，遣西入關，令自選偏裨以下可與俱者。[5]於是以韓歆爲軍師，[6]李文、李春、程慮爲祭酒，[7]馮愔爲積弩將軍，[8]樊崇爲驍騎將軍，[9]宗歆爲車騎將軍，[10]鄧尋爲建威將軍，耿訢爲赤眉將軍，[11]左于爲軍師將軍，引而西。

[1]【今注】王匡：新市（今湖北京山市）人，新莽天鳳四年

(17) 在綠林山起義。與王鳳、馬武等率軍北入南陽郡，號新市兵。更始元年（23），封爲定國上公，率軍攻拔洛陽，更始遷都之。更始二年，遷都長安，被封爲比陽王。遭更始猜忌，懼，投降赤眉軍。東漢光武帝建武元年（25），與胡殷一起降於劉秀使者尚書宗廣，東歸洛陽途中，在安邑欲亡，爲宗廣所殺。　襄邑：縣名。治所在今河南睢縣。王莽時，陳留郡仍沿用漢舊名，襄邑更名爲襄平。　成丹：綠林軍將領。王鳳、王匡於綠林山中起兵，成丹往從之。新莽地皇三年（22），與王常領兵入南郡，號下江兵。帝更始元年，封水衡大將軍。二年，更始遷都長安，封襄邑王。三年，劉玄疑王匡、陳牧、成丹與張卬等造反，召入，斬之。　抗威將軍：將軍號。兩漢之際，天下戰亂，各割據勢力紛紛設置將軍號，下文積弩將軍、驍騎將軍、建威將軍、赤眉將軍、軍師將軍等，皆與此類似。曹金華《後漢書稽疑》：《後漢紀》卷二作"更始定國上公王匡、襄邑王成丹、抗威王劉均據河東，丞相李松、大司馬朱鮪據弘農拒之"。又王先謙《後漢書集解》引沈欽韓説，謂《袁山松書》作"抗威王"。（曹金華：《後漢書稽疑》，中華書局 2014 年版，第 265 頁）

［2］【今注】河東：郡名。治安邑縣（今山西夏縣西北）。　弘農：郡名。治弘農縣（今河南靈寶市北）。

［3］【今注】璺：同"釁"。裂痕，嫌隙。　關中：地域名。秦、西漢都長安，四面皆置關以防衛之，南武關、北蕭關、東函谷關、西散關，故曰關中。或指函谷關以西地區，與關東相對而言。

［4］【今注】前將軍：將軍號。金印紫綬，位次上卿。典京師兵衛及征伐，常事訖則罷。　節：符節。古代使者所持的憑證。《史記》卷八《高祖本紀》《索隱》引《釋名》："節爲號令賞罰之節也。又節毛上下相重，取象竹節。"《漢書》卷一上《高帝紀上》顔師古注："節以毛爲之，上下相重，取象竹節，因以爲名，將命者持之以爲信。"本書卷一上《光武帝紀上》李賢注："節，所以爲信也，以竹爲之，柄長八尺，以旄牛尾爲其毦三重。"

［5］【今注】偏裨：偏將軍、裨將軍。《漢書》卷九九下《王莽傳下》載，王莽曾“置前後左右中大司馬之位，賜諸州牧號爲大將軍，郡卒正、連帥、大尹爲偏將軍，屬令長裨將軍，縣宰爲校尉”。

［6］【今注】韓歆：字翁君，南陽（今河南南陽市卧龍區）人。更始河内太守。後降光武帝，爲鄧禹軍師，以功封扶陽侯。東漢光武帝建武十三年，由沛郡太守遷大司徒。建武十五年，免，自殺。事迹見本書卷二六《侯霸傳》。　軍師：官名。軍隊中的參謀官。

［7］【李賢注】“慮”字或爲“憲”字。【今注】李文：劉秀部將。隨鄧禹入關中，爲祭酒。鄧禹定河東，承制拜爲河東太守。　案，程慮，《後漢紀》卷二《光武帝紀》作“程憲”。　祭酒：官名。擔任祭酒者必長者，故祭酒成爲長者、尊者的代稱。漢代有博士祭酒。

［8］【今注】馮愔：劉秀部將。隨鄧禹入關中，爲積弩將軍。與車騎將軍宗歆守栒邑，争權，殺歆，並反鄧禹，引兵向天水，在高平被隗囂擊破。光武帝遣尚書宗廣持節招降馮愔。護軍黄防執馮愔，率部降。馮愔至洛陽，被光武帝赦免。

［9］【今注】樊崇：劉秀部將，爲驍騎將軍。東漢光武帝建武元年，進圍安邑，與更始諸將交戰，戰死。

［10］【今注】宗歆：劉秀部將，隨鄧禹入關中，爲車騎將軍，後與馮愔争權，爲愔所殺。本書卷七〇《孔融傳》：“鄧禹威損，失於宗、馮。”李賢注：“鄧禹征赤眉，令宗歆、馮愔守栒邑。二人争權相攻，遂殺歆，因反擊禹。今流俗本‘宗’誤作‘宋’也。”　車騎將軍：官名。金印紫綬。位比三公或次上卿，在大將軍、驃騎將軍後，衛將軍前。本書《百官志一》：“將軍，不常置。本注曰：‘掌征伐背叛。比公者四：第一大將軍，次驃騎將軍，次車騎將軍，次衛將軍。又有前、後、左、右將軍。’”劉昭注：“蔡質《漢儀》曰：‘漢興，置大將軍、驃騎，位次丞相，車騎、衛將軍、左、右、

前、後，皆金紫，位次上卿。典京師兵衛，四夷屯警。’”東漢末，置左、右車騎將軍。

［11］【今注】耿訢：鉅鹿宋子（今河北趙縣）人。劉秀略地河北，耿純、耿訢、耿宿、耿植兄弟共率宗族賓客相從。拜耿訢爲偏將軍。隨鄧禹入關中，爲赤眉將軍。封著武侯。東漢光武帝建武二年，戰死雲陽。事迹見本書卷二一《耿純傳》。

建武元年正月，[1]禹自箕關將入河東，[2]河東都尉守關不開，[3]禹攻十日，破之，獲輜重千餘乘。進圍安邑，[4]數月未能下。更始大將軍樊参將數萬人，[5]度大陽欲攻禹，[6]禹遣諸將逆擊於解南，[7]大破之，斬参首。[8]於是王匡、成丹、劉均等合軍十餘萬，復共擊禹，禹軍不利，樊崇戰死。會日暮，戰罷，軍師韓歆及諸將見兵埶已摧，皆勸禹夜去，禹不聽。明日癸亥，匡等以六甲窮日不出，[9]禹因得更理兵勒衆。明旦，匡悉軍出攻禹，禹令軍中無得妄動；既至營下，因傳發諸將鼓而並進，大破之。匡等皆棄軍亡走，禹率輕騎急追，獲劉均及河東太守楊寶、持節中郎將弭彊，[10]皆斬之，收得節六，印綬五百，兵器不可勝數，遂定河東。承制拜李文爲河東太守，悉更置屬縣令長以鎮撫之。[11]是月，光武即位於鄗，[12]使使者持節拜禹爲大司徒。[13]策曰：[14]“制詔前將軍禹：[15]深執忠孝，與朕謀謨帷幄，決勝千里。[16]孔子曰：‘自吾有回，門人日親。’[17]斬將破軍，平定山西，[18]功效尤著。百姓不親，五品不訓，汝作司徒，敬敷五教，五教在寬。[19]今遣奉車都尉授印綬，[20]封爲酇侯，食邑萬户。

敬之哉！”[21]禹時年二十四。

［1］【今注】建武：東漢光武帝劉秀年號（25—56）。

［2］【李賢注】箕關在今王屋縣東。【今注】箕關：古代太行八陘之一軹關陘上一處著名關隘。兩漢前後稱箕關；北朝時期稱濝關；隋唐時期因濝水改稱淇水，故此關也曾稱爲淇關；明清時期稱邵原關。位於今河南濟源市邵原鎮東側（羅火金：《古濝關考》，《中原文物》2006年第5期）。

［3］【今注】都尉：官名。秩比二千石。掌郡之軍事與治安等。《漢書·百官公卿表上》：“郡尉，秦官，掌佐守典武職甲卒，秩比二千石。有丞，秩皆六百石。景帝中二年更名都尉。”《漢官儀》：“秦郡有尉一人，典兵禁，補盜賊。景帝更名都尉，建武六年省，惟邊郡往往置都尉及屬國都尉。”

［4］【今注】安邑：縣名。治所在今山西夏縣西北。

［5］【今注】大將軍：官名。位或在公上，或在公下，因任職者地位而定。外主征伐，内掌國政。東漢專政之外戚，多任此職。樊參：更始帝部將，爲大將軍。更始三年（25），鄧禹圍安邑，率部欲攻禹，爲禹遣將於解擊敗，被斬首。

［6］【李賢注】大陽，縣，屬河東郡。《前書音義》曰：“大河之陽。”《春秋》：“秦伯伐晉，自茅津濟。”杜預云：“河東大陽縣也。”【今注】大陽：縣名。治所在今山西平陸縣西南。

［7］【今注】解：縣名。治所在今山西臨猗縣西南。

［8］【李賢注】解，縣，屬河東郡，故城在今蒲州桑泉縣東南也。

［9］【今注】六甲窮日：干支紀日，六十天爲一個週期，從甲子開始，致癸亥結束。古人認爲癸亥是一個甲子紀日中的最後一天，即窮日，不吉利。

［10］【今注】中郎將：官名。漢制，光禄勳屬官有五官中郎

將、左中郎將、右中郎將、虎賁中郎將、羽林中郎將等，秩皆比二千石，分領中郎、郎中、侍郎等，負責皇帝宫殿門户的保衛工作。案，彊，紹興本、大德本作“疆”。

[11]【今注】縣令長：官名。縣級政府的長官。萬户以上縣設縣令，不足萬户設縣長。縣令秩千石至六百石。縣長秩五百石或三百石。

[12]【今注】鄗：縣名。治所在今河北柏鄉縣北。

[13]【今注】大司徒：官名。三公之一，主教化，掌民事等。西漢成帝綏和元年（前8），改御史大夫爲大司空，大司馬驃騎大將軍爲大司馬。哀帝元壽二年（前1），改丞相爲大司徒，三公制度正式形成。三公制爲王莽和光武帝繼承，並有所發展。東漢光武帝建武二十七年（51），改大司馬爲太尉，去大司徒、大司空“大”字，爲司徒、司空。

[14]【今注】策：策書。漢代皇帝的詔令種類之一。蔡邕《獨斷》卷上：“策書，策者簡也。《禮》曰：不滿百文，不書於策。其制長二尺，短者半之，其次一長一短。兩編，下附篆書，起年、月、日，稱‘皇帝曰’，以命諸侯王、三公。其諸侯王、三公之薨於位者，亦以策書誄謚其行而賜之，如諸侯之策。三公以罪免，亦賜策，文體如上策而隸書，以一尺木兩行，唯此以爲異者也。”

[15]【今注】案，紹興本、大德本、殿本“禹”前有“鄧”字。

[16]【李賢注】高祖曰：“運策帷幄之中（策，紹興本、大德本、殿本作‘籌’），決勝千里之外，吾不如子房。”【今注】謀謨：謀略、謀劃。

[17]【李賢注】《史記》曰，顏回年二十九，髮白，早死，孔子哭之慟，曰“自吾有回，門人益親”也。【今注】回：顏回，孔子弟子。顏回是孔子最得意的學生。《論語·雍也》：“子曰：‘賢哉，回也！一簞食，一瓢飲，在陋巷，人不堪其憂，回也不改其

樂。賢哉，回也！’”

［18］【今注】山西：崤山以東地區。河東郡從地理位置看，整體位於黄河以北太行山以西。

［19］【李賢注】五品，五常也：父義，母慈，兄友，弟恭，子孝。言五常之教務在寬也。【今注】五教：父義、母慈、兄友、弟恭、子孝等五種倫理教育。《尚書·舜典》：“契，百姓不親，五品不遜，汝作司徒，敬敷五教，在寬。”《國語·鄭語》：“商契能和五教；以保於百姓者也。”衞昭注：“五教，謂父義、母慈、兄友、弟恭、子孝也。”

［20］【今注】奉車都尉：官名。秩比二千石。名義上隸屬於光禄勳。無固定員數。掌御乘輿車。

［21］【李賢注】酇，縣，今屬南陽郡，故城在襄州穀城縣東北（王先謙《後漢書集解》曰：“酇，前漢國，後漢縣。《前續志》均屬南陽，在今襄陽光化縣北。注‘今’字亦應移‘在’字下”）。【今注】酇：縣名。治所在今湖北老河口市西北。

遂渡汾陰河，[1]入夏陽。[2]更始中郎將左輔都尉公乘歙，[3]引其衆十萬，與左馮翊兵共拒禹於衙，[4]禹復破走之，而赤眉遂入長安。是時三輔連覆敗，赤眉所過殘賊，百姓不知所歸。聞禹乘勝獨剋而師行有紀，[5]皆望風相攜負以迎軍，降者日以千數，衆號百萬。禹所止輒停車住節，[6]以勞來之，父老童穉，垂髮戴白，[7]滿其車下，莫不感悦，於是名震關西。帝嘉之，數賜書褒美。

［1］【今注】汾陰河：汾陰，縣名。治所在今山西萬榮縣西南。汾陰因位於汾水之南而得名，汾水在這裏注入黄河。這裏是黄

河上著名的渡口，與夏陽隔黄河相望。曹金華《後漢書稽疑》引《後漢紀》卷三《光武帝紀》："遂渡汾陰，入夏陽。"又引周天游《後漢紀校注》："自汾陰渡黄河也。《范書》作'汾陰河'，誤。"（第266頁）

[2]【今注】夏陽：縣名。治所在今陝西韓城市南。

[3]【李賢注】左輔即左馮翊也。三輔皆有都尉。【今注】左輔都尉：官名。三輔都尉之一，治左馮翊高陵縣（今陝西西安市高陵區）。

[4]【李賢注】衙，縣名，屬左馮翊，解見《安紀》。【今注】衙：縣名。治所在今陝西白水縣東北。

[5]【李賢注】紀，綱紀也。言有條貫而不殘暴。

[6]【李賢注】住或作柱（柱，紹興本作"拄"）。

[7]【李賢注】垂髮，童幼也。戴白，父老也。

諸將豪傑皆勸禹徑攻長安。禹曰："不然。今吾衆雖多，能戰者少，前無可仰之積，[1]後無轉饋之資。赤眉新拔長安，財富充實，鋒鋭未可當也。夫盜賊群居，無終日之計，財穀雖多，變故萬端，寧能堅守者也？上郡、北地、安定三郡，[2]土廣人稀，饒穀多畜，吾且休兵北道，就糧養士，以觀其斃，乃可圖也。"於是引軍北至栒邑。[3]禹所到，擊破赤眉别將諸營保，郡邑皆開門歸附。西河太守宗育遣子奉檄降，[4]禹遣詣京師。[5]

[1]【李賢注】仰猶恃也，音魚向反。

[2]【今注】上郡：郡名。治膚施縣（今陝西榆林市東南）。北地：郡名。治馬領縣（今甘肅慶陽市西北）。　安定：郡名。

治高平縣（今寧夏固原市）。

［3］【李賢注】栒邑，縣，屬右扶風，故城在今豳州三水縣東北。栒音荀。【今注】栒邑：縣名。治所在今陝西旬邑縣東北。

［4］【今注】西河：郡名。治平定縣（今内蒙古准格爾旗西南）。　檄：通行文種之一，文氣急切，説理透徹，具有較强的勸説、訓誡與警示作用。檄的功用，徐望之《公牘通論》總結爲討敵、威敵、徵召、曉諭、辟吏、激迎等六種（參見李均明、劉軍《簡牘文書學》，廣西教育出版社 1999 年版，第 260—265 頁）。《文心雕龍》卷四《檄移》："暨乎戰國，始稱爲檄。檄者，皦也，宣露於外，皦然明白也……又州郡徵吏，亦稱爲檄，固明舉之義也。"《漢書》卷一下《高帝紀下》："吾以羽檄徵天下兵。"顔師古注："檄者，以木簡爲書，長尺二寸，用徵召也。其有急事，則加鳥羽插之，示速疾也。《魏武奏事》云：'今邊有警，輒露檄插羽也。'"亦用於上行文書。《釋名·釋書契》："檄，激也，下官所以激迎其上之書文也。"

［5］【李賢注】京師謂洛陽也。《公羊傳》曰："天子所居曰京師。"

帝以關中未定，而禹久不進兵，下勑曰：[1]"司徒，堯也；[2]亡賊，桀也。[3]長安吏人，遑遑無所依歸。宜以時進討，鎮慰西京，[4]繫百姓之心。"禹猶執前意，乃分遣將軍别攻上郡諸縣，更徵兵引穀，歸至大要。[5]遣馮愔、宗歆守栒邑。二人争權相攻，愔遂殺歆，因反擊禹，禹遣使以聞帝。[6]帝問使人："愔所親愛爲誰"，對曰："護軍黄防。"[7]帝度愔、防不能久和，埶必相忤，因報禹曰："縛馮愔者，必黄防也。"乃遣尚書宗廣持節降之。[8]後月餘，防果執愔，將其衆歸罪。

更始諸將王匡、胡殷、成丹等皆詣廣降,[9]與共東歸。至安邑，道欲亡，廣悉斬之。愔至洛陽，赦不誅。[10]

[1]【今注】勑：皇帝頒布命令文書的形式之一。本書卷一上《光武帝紀上》李賢注："《漢制度》曰：'帝之下書有四：一曰策書，二曰制書，三曰詔書，四曰誡敕。策書者，編簡也，其制長二尺，短者半之，篆書，起年月日，稱皇帝，以命諸侯王。三公以罪免亦賜策，而以隸書，用尺一木，兩行，唯此爲異也。制書者，帝者制度之命，其文曰制詔三公，皆璽封，尚書令印重封，露布州郡也。詔書者，詔，告也，其文曰告某官云云，如故事。誡敕者，謂敕刺史、太守，其文曰有詔敕某官。它皆倣此。'"

[2]【今注】堯：傳説中的聖王之一，司馬遷將其視爲五帝之一。詳見《史記》卷一《五帝本紀》。

[3]【今注】桀：夏朝末代君主。湯在鳴條（今河南封丘縣東）擊敗桀，桀南逃，死於南巢（今安徽壽縣東南），夏亡。

[4]【今注】西京：西漢都城長安，故城位於今陝西西安市西北。亦用以代指西漢王朝。

[5]【李賢注】大要，縣名，屬北地郡。【今注】大要：縣名。治所在今甘肅寧縣東南。

[6]【今注】案，大德本、殿本"禹遣使以聞帝"後有劉攽注："劉攽曰，案，文'遣使以聞'，即是白天子矣，不須用'帝'字明，衍。"

[7]【今注】護軍：官名。《漢書·百官公卿表上》："護軍都尉，秦官，武帝元狩四年屬大司馬，成帝綏和元年居大司馬府比司直，哀帝元壽元年更名司寇，平帝元始元年更名護軍。"本書《百官志一》"將軍"條載"長史、司馬皆一人，千石。本注曰：司馬主兵，如太尉。從事中郎二人，六百石。本注曰：職參謀議"，李賢注："《東觀書》曰：'大將軍出征，置中護軍一人。'"本書卷五

八《傅燮傳》：傅燮“後爲護軍司馬，與左中郎將皇甫嵩俱討賊張角”。

［8］【今注】尚書：官名。秩六百石。其執掌主要有三：臣民給君主的章奏由尚書平處呈上；君主給臣民的詔令由尚書製作發下；所有呈上發下文件之應歸檔者均由尚書保存（參閲楊鴻年《漢魏制度叢考》，武漢大學出版社1985年版，第74頁）。東漢有尚書六人，分曹治事。尚書職能原爲掌管文書，西漢中後期以後，無論職能還是機構都有較大發展，由純粹保管、傳遞文書的小吏，發展爲擁有議政、行政權的顯要人物，擁有公文轉呈權、責事權、劾奏權、選舉和考績權、監察和諫諍權等（參見卜憲群《秦漢官僚制度》，社會科學文獻出版社2002年版，第185—186頁）。　宗廣：南陽（今河南南陽市卧龍區）人，曾任領信都太守、尚書等職。

［9］【今注】胡殷：更始部將，初爲尚書，更始二年（24），立爲隨王。三年，與張卬、申屠建、廖湛、隗囂等合謀劫持更始東歸南陽。謀洩，叛更始。東漢光武帝建武元年（25），與王匡詣光武使臣尚書宗廣降，歸洛陽途中，在安邑欲亡，爲宗廣所斬。案，中華本校勘記：“沈家本《後漢書瑣言》謂按《聖公傳》，更始復疑王匡、陳牧、成丹與張卬等同謀，乃並召入，牧、丹先至，即斬之。是爾時已無成丹，成丹二字衍。今據删。”

［10］【今注】愔至洛陽赦不誅：曹金華《後漢書稽疑》：本傳謂馮愔被執，與更始降將王匡、胡殷等共東歸，至安邑道欲亡，宗廣悉斬之，愔至洛陽，赦不誅。而《後漢紀》卷三作“至安邑，盡誅之”，與此不同。又馮愔事此後不見記載，亦疑之也。（第266頁）洛陽，即雒陽。東漢都城，屬河南尹，故城在今河南洛陽市東。

二年春，遣使者更封禹爲梁侯，[1]食四縣。時赤眉西走扶風，[2]禹乃南至長安，軍昆明池，[3]大饗士卒。

率諸將齋戒，擇吉日，修禮謁祠高廟，[4]收十一帝神主，[5]遣使奉詣洛陽，因循行園陵，爲置吏士奉守焉。[6]

[1]【今注】梁：縣名。治所在今河南汝州市西南。

[2]【今注】扶風：右扶風，西漢治長安城内，東漢遷至槐里縣（今陝西興平市東南）。

[3]【今注】昆明池：始建於西漢武帝元狩三年（前120），元鼎元年（前116）擴建。昆明池遺址位於今陝西西安市長安區斗門鎮、細柳鎮一帶。考古發掘情況，參見中國社會科學院考古研究所漢長安城工作隊《西安市漢唐昆明池遺址的鑽探與試掘簡報》（《考古》2006年第10期）。

[4]【今注】高廟：西漢高祖劉邦廟。西漢高祖十二年（前195），劉邦崩，漢惠帝即位，"令郡國諸侯各立高祖廟，以歲時祠"（《史記》卷八《高祖本紀》）。

[5]【今注】神主：供奉亡者的靈位。

[6]【今注】吏士：官吏與士兵。

禹引兵與延岑戰於藍田，[1]不克，復就穀雲陽。[2]漢中王劉嘉詣禹降。[3]嘉相李寶倨慢無禮，[4]禹斬之。寶弟收寶部曲擊禹，[5]殺將軍耿訢。自馮愔反後，禹威稍損，又乏食，歸附者離散。而赤眉復還入長安，禹與戰，敗走，至高陵，[6]軍士飢餓者，皆食棗菜。[7]帝乃徵禹還，勑曰："赤眉無穀，自當來東，吾折捶笞之，非諸將憂也。無得復妄進兵。"禹慙於受任而功不遂，數以飢卒徼戰，輒不利。三年春，與車騎將軍鄧弘擊赤眉，[8]遂爲所敗，衆皆死散。事在《馮異傳》。[9]獨與二十四騎還詣宜陽，[10]謝上大司徒、梁侯印綬。有詔歸侯印綬。數月，拜右將軍。[11]

[1]【今注】延岑：字叔牙，南陽築陽（今湖北穀城縣東北）人。新莽末起兵，後爲更始大將軍興德侯劉嘉擊破於冠軍，降。更始都長安，劉嘉爲漢中王，都南鄭。更始帝更始二年（24），延岑反。東漢光武帝建武二年（26），延岑在漢中自稱武安王。後爲劉秀擊敗，投降於公孫述，被封爲汝寧王，授大司馬。建武十二年，公孫述敗，以兵屬延岑，延岑向吴漢投降。吴漢盡滅公孫氏，并族延岑。　藍田：縣名。治所在今陝西藍田縣西。

[2]【今注】雲陽：縣名。治所在今陝西淳化縣西北。

[3]【今注】漢中：郡名。治南鄭縣（今陝西漢中市）。　劉嘉：字孝孫，南陽蔡陽（今湖北棗陽市西南）人。光武帝族兄。傳見本書卷一四。

[4]【今注】相：王國官名，秩二千石。初名相國，西漢惠帝元年（前194）更名爲丞相，景帝中元五年（前145）更名爲相。王國内的最高行政長官。　李寶：更始部將，爲柱天將軍，封柱功侯。東漢光武帝建武二年，爲更始漢中王劉嘉相。隨劉嘉降光武大司徒鄧禹，因倨慢無禮，爲鄧禹所斬。

[5]【今注】部曲：軍隊編制單位。本書《百官志一》："其領軍皆有部曲。大將軍營五部，部校尉一人，比二千石；軍司馬一人，比千石。部下有曲，曲有軍候一人，比六百石。曲下有屯，屯長一人，比二百石。其不置校尉部，但軍司馬一人。又有軍假司馬、假候，皆爲副貳。"

[6]【今注】高陵：縣名。治所在今陝西西安市高陵區。王莽天鳳元年（14），分三輔爲六尉郡，高陵更名爲千秋，屬師尉郡。

[7]【今注】棗菜：曹金華《後漢書稽疑》：《御覽》卷三五引《東觀記》作"藻菜"，《書鈔》卷一五六引作"桑葉"，《御覽》

卷九六五、《事類賦》卷二六引作“棗葉”（第266—267頁）。案，大德本、殿本“皆食棗菜”後有劉攽注：“劉攽曰，案，文多一‘者’字，軍既飢餓，例皆食棗菜，若書‘者’字，則似有不餓者矣。”

[8]【今注】鄧弘：東漢初將領。光武帝建武三年，爲車騎將軍，與鄧禹、馮異等擊赤眉於華陰，爲赤眉所敗，鄧弘軍潰亂。

[9]【今注】馮異傳：見本書卷一七。

[10]【今注】宜陽：縣名。治所在今河南宜陽縣西。

[11]【今注】右將軍：官名。金印紫綬。主征伐。

延岑自敗於東陽，[1]遂與秦豐合。[2]四年春，復寇順陽間。[3]遣禹護復漢將軍鄧曄、輔漢將軍于匡，[4]擊破岑於鄧；[5]追至武當，[6]復破之。岑奔漢中，餘黨悉降。

[1]【今注】東陽：聚名。在今河南新野縣東。屬南陽郡育陽縣。本書卷一上《光武帝紀上》：“建義大將軍朱佑率祭遵與延岑戰於東陽，斬其將張成。”李賢注：“東陽，聚名也，故城在今鄧州南。臨淮郡復有東陽縣，非此地也。”本書《郡國志四》南陽郡育陽縣有東陽聚，劉昭注：“朱祐破張成處。”

[2]【今注】秦豐：南郡（今湖北荆州市荆州城西北）人，更始帝更始二年（24），以南郡黎丘爲據點，自號楚黎王。經多次征討，建武五年（29），建義大將軍朱祐圍秦豐於黎丘，拔之，秦豐將妻子降，檻車送洛陽，斬之。

[3]【今注】順陽：縣名。治所在今河南淅川縣南。

[4]【今注】鄧曄：南陽（今河南南陽市卧龍區）南鄉人，緑林軍下江兵將領，與于匡攻占武關。任更始執金吾、復漢將軍等職。東漢光武帝建武二年，與于匡一起降光武帝，任復漢將軍。

于匡：緑林軍下江兵將領，與鄧曅攻占武關。任更始輔漢將軍等職。建武二年，與鄧曅一起降光武帝。任輔漢將軍。

［5］【今注】鄧：縣名。治所在今湖北襄陽市襄州區西北。王莽時，南陽郡更名前隊郡，鄧仍沿用漢舊名。

［6］【今注】武當：縣名。治所在今湖北丹江口市西北。

十三年，天下平定，諸功臣皆增户邑，定封禹爲高密侯，[1]食高密、昌安、夷安、淳于四縣。[2]帝以禹功高，封弟寬爲明親侯。其後左右將軍官罷，[3]以特進奉朝請。[4]禹内文明，篤行淳備，事母至孝。天下既定，常欲遠名埶。有子十三人，各使守一蓺。修整閨門，教養子孫，皆可以爲後世法。資用國邑，不修産利。帝益重之。中元元年，[5]復行司徒事。[6]從東巡狩，[7]封岱宗。[8]

［1］【今注】高密：縣名。治所在今山東高密市西南。

［2］【李賢注】高密，國名，今密州縣也。昌安、夷安並屬高密國。昌安故城在今密州安丘縣外城也。夷安故城在今密州高密縣外城也。淳于，縣名，屬北海郡，故城在今密州安丘縣東北也。【今注】昌安：縣名。治所在今山東安丘市東南。　夷安：縣名。治所在今山東高密市。　淳于：縣名。治所在今山東安丘市東北。

［3］【李賢注】《續漢志》曰“前後左右將軍皆主征伐，事訖皆罷”也。【今注】左右將軍：官名。左將軍職同右將軍。金印紫綬。主征伐。

［4］【今注】特進：官名。位在三公下，二千石上。多授予功德俱重的大臣，以示恩寵。　奉朝請：對閑散官的政治優待，擁有

参加朝會的資格。本書卷四《和帝紀》李賢注："奉朝請，無員，三公、外戚、宗室、諸侯多奉朝請。《漢律》：'春曰朝，秋曰請。'"

［5］【今注】中元：亦稱建武中元，東漢光武帝劉秀年號（56—57）。

［6］【今注】行司徒事：兼攝司徒事。行，漢代官吏任用方式，本官缺，由他官代理、兼理。

［7］【今注】巡狩：天子巡行諸侯郡國的行爲。《孟子·梁惠王下》："天子適諸侯曰巡狩。巡狩者，巡所守也。"《白虎通·巡狩》："王者所以巡狩者何？巡者，循也。狩者，牧也。爲天下巡行狩牧民也。"

［8］【今注】岱宗：泰山。位於今山東中部，主峰玉皇頂位於泰安市。案，曹金華《後漢書稽疑》以爲：《光武帝紀》，劉秀東巡狩、封岱宗在建武中元元年二至四月，是年六月司徒馮勤薨，十月李訢爲司徒，鄧禹行司徒事當在二者之間，而"從東巡狩，封岱宗"時未行司徒事也，故疑叙事有誤。又《光武帝紀》"中元元年"，中華本校勘記按："中元非年號，《刊誤》及《補注》並謂應冠'建武'二字。"（第267頁）

顯宗即位，[1]以禹先帝元功，[2]拜爲太傅，[3]進見東向，甚見尊寵。[4]居歲餘，寢疾。帝數自臨問，以子男二人爲郎。[5]永平元年，[6]年五十七薨，謚曰元侯。

［1］【今注】顯宗：東漢明帝劉莊廟號，代指漢明帝。

［2］【今注】元功：功臣。

［3］【今注】太傅：官名。上公。無常職，以善導爲務。《漢書·百官公卿表上》："太傅，古官，高后元年初置，金印紫綬。後省，八年復置。後省，哀帝元壽二年復置。位在三公上。"本書

《百官志一》："世祖以卓茂爲太傅，薨，因省。其後每帝初即位，輒置太傅録尚書事，薨，輒省。"劉昭注："靈帝之初，以陳蕃爲太傅，蕃誅，以胡廣代，始不止一人也。"

［4］【李賢注】臣當北面，尊如賓，故令東向。【今注】東向：面向東方。王鳴盛《十七史商榷》卷三五《後漢書七》："室中以東向爲尊，其在堂上，則君南面以臨，臣北面拜。後分侍兩傍，固以在左而西向者爲尊，在右而東向者爲卑也。三代以上，君燕其臣皆在室中，則臣固有居賓位而東向者矣，或君東向，臣南北向，其賤者西向立侍亦可，如鴻門之會是。明章之際，敬大臣，禮師傅，禹進見東向，蓋在室中，待以賓禮，帝蓋南向也。"

［5］【今注】郎：皇帝侍從官員，主要職責爲宿衞、顧問、出充車騎等。其中議郎、中郎秩比六百石，侍郎秩比四百石，郎中秩比三百石。秦、西漢初年，隸屬於郎中令，西漢武帝太初元年（前104）郎中令更名爲光禄勳，屬之。

［6］【今注】永平：東漢明帝劉莊年號（58—75）。

帝分禹封爲三國：長子震爲高密侯，襲爲昌安侯，珍爲夷安侯。

禹少子鴻，好籌策。[1]永平中，以爲小侯。[2]引入與議邊事，帝以爲能，拜將兵長史，[3]率五營士屯鴈門。[4]肅宗時，[5]爲度遼將軍。[6]永元中，[7]與大將軍竇憲俱出擊匈奴，[8]有功，徵行車騎將軍。[9]出塞追畔胡逢侯，[10]坐逗留，[11]下獄死。

［1］【今注】籌策：籌劃計策。

［2］【今注】小侯：東漢時期特封給外戚子弟的爵位。本書卷二《明帝紀》：永平九年（66），"爲四姓小侯開立學校，置五經

師。”李賢注：“袁宏《漢紀》曰，永平中崇尚儒學，自皇太子、諸王侯及功臣子弟，莫不受經。又爲外戚樊氏、郭氏、陰氏、馬氏諸子弟立學，號四姓小侯，置五經師。以非列侯，故曰小侯，《禮記》曰‘庶方小侯’，亦其義也。”《顏氏家訓》卷六《書證》云：“明帝時，外戚有樊氏、郭氏、陰氏、馬氏爲四姓。謂之小侯者，或以年小獲封，故須立學耳。或以侍祠猥朝，侯非列侯，故曰小侯。《禮》云：‘庶方小侯。’則其義也。”

[3]【今注】將兵長史：官名。設置於邊疆少數民族聚居地區。本書卷四《和帝紀》：永元十四年（102），“五月丁未，初置象林將兵長史官。”李賢注引闞駰《十三州志》：“將兵長史居在日南郡，又有將兵司馬，去雒陽九千六百三十里。”邊郡太守屬官亦有長史一人，主兵馬。

[4]【今注】五營士：東漢北軍設置有屯騎校尉、越騎校尉、步兵校尉、長水校尉、射聲校尉等五營，置北軍中候統領。五營所屬士卒，稱“五營士”“北軍五校士”。 鴈門：郡名。治陰館縣（今山西朔州市東南）。

[5]【今注】肅宗：東漢章帝劉炟廟號。

[6]【今注】度遼將軍：官名。秩二千石，銀印青綬。置於北部邊疆地區，掌征伐背叛（參見李炳泉《兩漢度遼將軍新考》，《中國邊疆史地研究》2018年第4期）。

[7]【今注】永元：東漢和帝劉肇年號（89—105）。

[8]【今注】竇憲：字伯度，扶風平陵（今陝西咸陽市西北）人。東漢和帝即位，竇太后臨朝，竇憲以太后兄操縱朝政。永元元年，以車騎將軍率軍出塞，擊破北匈奴，因功拜大將軍，封武陽侯，權傾朝野。永元四年，和帝與宦官鄭衆利用竇憲班師回朝之際，誅殺其黨羽，收其大將軍印綬，更封爲冠軍侯，遣就國。竇憲自殺。傳見本書卷二三。

[9]【今注】案，大德本、殿本“徵行車騎將軍”後有劉攽注“劉攽曰，檢《和帝紀》有‘事’字，明此少一‘事’字也”。

[10]【今注】逢侯：南匈奴單于屯屠何子。東漢和帝永元六年，被右薁鞬日逐王等諸降胡脅立爲單于。安帝元初四年（117），爲鮮卑所破。五年，降漢，徙於潁川郡。事迹見本書卷八九《南匈奴傳》。

[11]【今注】逗留：漢軍法名。指作戰時畏首畏尾、逗留不進。《漢書》卷六《武帝紀》：天漢三年（前98），"秋，匈奴入鴈門，太守坐畏愞棄世。"顏師古注引如淳曰："軍法，行逗留畏懦者要斬。"參見郭永秉《秦"僵乏不鬬律"與漢代的兩種軍法——附談"僯"字的理解》（《中國古代法律文獻研究》第13輯，社會科學文獻出版社2019年版，第119—137頁）。

高密侯震卒，子乾嗣。乾尚顯宗女沁水公主。[1]永元十四年，陰皇后巫蠱事發，[2]乾從兄奉以后舅被誅，[3]乾從坐，國除。元興元年，[4]和帝復封乾本國，拜侍中。[5]乾卒，子成嗣。成卒，子褒嗣。褒尚安帝妹舞陰長公主，[6]桓帝時爲少府。[7]褒卒，長子某嗣。少子昌襲母爵爲舞陰侯，[8]拜黄門侍郎。[9]

[1]【今注】沁水公主：劉致。東漢明帝永平三年（60）封。沁水，縣名。治所在今河南濟源市東北。

[2]【今注】陰皇后：南陽新野（今河南新野縣）人。光烈皇后陰麗華前母兄陰識曾孫，父陰綱。和帝永元四年（92），選入掖庭，爲貴人。八年，立爲皇后。十四年，因巫蠱事發，被廢，以憂死。紀見本書卷一〇上。

[3]【今注】從兄：堂兄。

[4]【今注】元興：東漢和帝劉肇年號（105）。

[5]【今注】侍中：官名。秩比二千石。加官。無員。名義上隸屬於少府。掌侍左右，贊導衆事，顧問應對。

[6]【今注】安帝：東漢安帝劉祜，公元106年至125年在位。紀見本書卷五。 舞陰長公主：劉别得。東漢安帝建光元年（121），封舞陰長公主。公主中尊崇者，號長公主。本書卷一〇下《皇后紀下》："漢制，皇女皆封縣公主，儀服同列侯。其尊崇者，加號長公主，儀服同蕃王。諸王女皆封鄉、亭公主，儀服同鄉、亭侯。肅宗唯特封東平憲王蒼、琅邪孝王京女爲縣公主。其後安帝、桓帝妹亦封長公主，同之皇女。"

[7]【今注】桓帝：東漢桓帝劉志，公元146年至167年在位。紀見本書卷七。 少府：官名。秩中二千石。少府機構龐雜，職屬者有太醫令、太官令、守宫令、上林苑令等；名義上隸屬者有侍中、中常侍、黄門侍郎、小黄門、黄門令、黄門署長、畫室署長、玉堂署長、丙署長、中黄門冗從僕射、中黄門、掖庭令、永巷令、御府令、祠祀令、鉤盾令、中藏府令、内者令、尚方令、尚書令、尚書僕射、尚書、符節令、御史中丞、蘭臺令史等。

[8]【今注】案，皇女封公主者，其子可以襲母所封爲列侯。本書卷一〇下《皇后紀下》："其皇女封公主者，所生之子襲母封爲列侯，皆傳國於後。"這裏劉别得原不是皇帝之女，但封號、爵位繼承均與皇女相同。

[9]【今注】黄門侍郎：官名。秩六百石。無員。名義上隸屬於少府。掌侍從左右，給事中，關通中外。諸王朝見，於殿上引王就坐。

昌安侯襲嗣子藩，[1]亦尚顯宗女平皋長公主，[2]和帝時爲侍中。[3]

[1]【今注】嗣子：帝王、諸侯、列侯等繼承爵位的兒子，多爲嫡長子。 藩：鄧藩。本書卷一〇下《皇后紀下》作"鄧蕃"。

[2]【李賢注】平皋，縣名，屬河内郡，故城在今懷州武德

縣西。【今注】平皋長公主：劉小姬。東漢明帝女，以明帝永平十二年（69）封。本書《皇后紀下》作“平皋公主”。平皋，縣名。治所在今河南温縣東。

［3］【今注】和帝：東漢和帝劉肇，公元 88 年至 105 年在位。紀見本書卷四。

夷安侯珍子康，少有操行。兄良襲封，無後，永初六年，[1]紹封康爲夷安侯。[2]時諸紹封者皆食故國半租，康以皇太后戚屬，[3]獨三分食二，以侍祠侯[4]爲越騎校尉。[5]康以太后久臨朝政，宗門盛滿，數上書長樂宫諫争，[6]宜崇公室，[7]自損私權，言甚切至。太后不從。康心懷畏懼，永寧元年，[8]遂謝病不朝。太后使内侍者問之。時宫人出入，多能有所毁譽，其中耆宿皆稱中大人。[9]所使者乃康家先婢，亦自通中大人。康聞，詬之[10]曰：“汝我家出，亦敢爾邪！”婢怨恚，還説康詐疾而言不遜。太后大怒，遂免康官，遣歸國，絶屬籍。[11]及從兄騭誅，[12]安帝徵康爲侍中。順帝立，[13]爲大僕，[14]有方正稱，名重朝廷。以病免，加位特進。陽嘉三年卒，[15]謚曰義侯。

［1］【今注】永初：東漢安帝劉祜年號（107—113）。

［2］【今注】紹封：襲封。紹，繼承。

［3］【今注】皇太后：皇帝宗法關係上的母親。這裏指東漢和帝皇后鄧綏。紀見本書卷一〇上。

［4］【李賢注】《漢官儀》曰：“諸侯功德優盛，朝廷所敬者，位特進，在三公下；其次朝侯，在九卿下；其次侍祠侯；其次下士小國侯，以肺腑親公主子孫，奉墳墓於京師，亦隨時朝見，是

爲限諸侯也。”康，太后從兄，以親侍祀得紹封也。【今注】侍祠侯：列侯類別名。本書《百官志五》：“列侯，所食縣爲侯國。本注曰：承秦爵二十等，爲徹侯，金印紫綬，以賞有功。功大者食縣，小者食鄉、亭，得臣其所食吏民。後避武帝諱，爲列侯。武帝元朔二年，令諸王得推恩分衆子土，國家爲封，亦爲列侯。舊列侯奉朝請在長安者，位次三公。中興以來，唯以功德賜位特進者，次車騎將軍；賜位朝侯，次五校尉；賜位侍祠侯，次大夫。其餘以胏附及公主子孫奉墳墓於京都者，亦隨時見會，位在博士、議郎下。”案，大德本、殿本李賢注後有劉攽注“劉攽曰，注‘限諸侯’，案，‘限’當作‘假’，事在《獨斷》也”。

［5］【今注】越騎校尉：官名。西漢武帝所置八校尉之一，掌越騎。東漢沿置，秩比二千石。北軍中候所屬五校尉之一，掌宿衛兵。下置司馬一人，秩千石，有吏員一百二十七人，統領士七百人。

［6］【今注】長樂宫：皇太后所居宫名。

［7］【今注】公室：王室，皇室。這裏指皇帝家的劉氏宗親。

［8］【今注】永寧：東漢安帝劉祜年號（120—121）。

［9］【今注】耆宿：年齡較大、資歷較深者。

［10］【李賢注】詬，駡也，音許遘反。

［11］【今注】屬籍：宗室譜籍。《史記》卷一〇七《魏其侯列傳》：“舉適諸竇宗室毋節行者，除其屬籍。”

［12］【李賢注】騭音質。【今注】騭：鄧騭，字昭伯。鄧訓長子。傳見本書卷一六。

［13］【今注】順帝：東漢順帝劉保，公元125年至144年在位。紀見本書卷六。

［14］【今注】大僕：即太僕。官名。秩中二千石。掌車馬。屬官主要有考工令、車府令、未央厩令等。紹興本、大德本、殿本作“太僕”。

［15］【今注】陽嘉：東漢順帝劉保年號（132—135）。

論曰：夫變通之世，[1]君臣相擇，[2]斯最作事謀始之幾也。[3]鄧公嬴糧徒步，觸紛亂而赴光武，[4]可謂識所從會矣。於是中分麾下之軍，以臨山西之隙，至使關河響動，[5]懷赴如歸。功雖不遂，而道亦弘矣！及其威損栒邑，兵散宜陽，褫龍章於終朝，[6]就侯服以卒歲，[7]榮悴交而下無二色，進退用而上無猜情，[8]使君臣之美，後世莫闕其間，不亦君子之致爲乎！[9]

［1］【今注】變通之世：須順應歷史發展趨勢變化的時代。這裏指兩漢之際。

［2］【李賢注】《家語》孔子曰："君擇臣而任之，臣亦擇君而事之。"

［3］【李賢注】幾者（幾者，底本模糊不可識，據紹興本、大德本、殿本補），事之微也。《易·訟卦》曰"君子以作事謀始"也（曰君，底本模糊不清，據紹興本、大德本、殿本補；紹興本、殿本無"也"字）。

［4］【李賢注】《方言》曰："嬴，檐。"（此注底本殘，據大德本補。殿本"檐"作"擔"）【今注】嬴：擔負、承擔。　觸紛亂：排除軍閥割據的混亂局面。觸，抵。

［5］【今注】關河：函谷關與黄河。

［6］【今注】褫：剥奪。　龍章：帶有龍形圖案的禮服。　終朝：一整天。

［7］【李賢注】褫音直紙反，又敕紙反。龍章，衮龍之服也。謂禹爲赤眉所敗，上司徒印綬也。《易·訟卦》曰："或錫之鞶帶，終朝三褫之。"【今注】卒歲：一整年。與前文"終朝"相對而言。

[8]【今注】猜情：猜忌之心。

[9]【今注】致爲：極其美好的行爲。

訓字平叔，禹第六子也。少有大志，不好文學，[1]禹常非之。顯宗即位，初以爲郎中。[2]訓樂施下士，士大夫多歸之。[3]

[1]【今注】文學：儒學。

[2]【今注】郎中：官名。光禄勳屬官。秩比三百石。分屬於五官中郎將、左中郎將、右中郎將、虎賁中郎將等。

[3]【李賢注】《東觀記》曰："訓謙恕下士，無貴賤，見之如舊，朋友子往來門内，視之如子，有過加鞭扑之教。大醫皮巡從獵上林還，暮宿殿門下，寒疝病發。時訓直事，聞巡聲，起往問之，巡曰：'冀得火以熨背。'訓身至太官門爲求火（太，大德本作'大'，二字通；紹興本'門'後多一'下'字），不得，乃以口噓其背，復呼同廬郎共更噓，至朝遂愈也。"

永平中，理虖沱、石臼河，[1]從都慮至羊腸倉，[2]欲令通漕。[3]太原吏人苦役，[4]連年無成，轉運所經三百八十九隘，[5]前後没溺死者不可勝筭。建初三年，[6]拜訓謁者，[7]使監領其事。訓考量隱括，[8]知大功難立，具以上言。肅宗從之，遂罷其役，[9]更用驢輦，[10]歲省費億萬計，全活徒士數千人。[11]

[1]【今注】虖沱：滹沱河。發源於今山西繁峙縣泰戲山。今滹沱河向東流至河北獻縣與滏陽河匯合後，入海河的支流子牙河。石臼：本書卷三《章帝紀》：建初三年（78），"夏四月己巳，罷

常山呼沲石臼河漕。”李賢注：“石臼，河名也，在今定州唐縣東北。時鄧訓上言此漕難成，遂罷之。”本書《郡國志二》：常山國，“南行唐，有石臼谷。”《水經注・汾水》：“按司馬彪《後漢郡國志》，常山南行唐縣有石臼谷，蓋資承呼沱之水，轉山東之漕，自都慮至羊腸倉，將憑汾水以漕太原，用實秦、晉。”楊守敬、熊會貞《水經注疏》卷六：“《寰宇記》平山縣下云，《隋圖經》，房山，滋水出焉，亦謂之石臼河，又謂之鹿水，出行唐入博陵，謂之木刀溝，一謂之袈裟水，南流入虖沱。”《太平寰宇記》卷六一《河北道十・鎮州・平山縣》：“房山，《隋圖經》云：‘嶺上有王母祠，甚靈，俗號爲王母山。後漢章帝元和三年幸趙，祠房山，即謂此也。在縣西北五十里，滋水出焉。亦謂石臼水，又謂之鹿水，出行唐，東入博陵，謂之木刀溝，一謂袈裟水。又從此過石幢山，南流入滹沱河。’”石臼河應位於今河北靈壽縣、平山縣間，石臼河的疏通，主要是溝通今磁河與滹沱河之間的漕運。

［2］【李賢注】酈元《水經注》云，汾陽故城，積粟所在，謂之羊腸倉，在晉陽西北，石隥縈委，若羊腸焉，故以爲名。今嵐州界羊腸阪是也。石臼河解見《明紀》（張熷《讀史舉正》卷二《後漢書》曰：“《明紀》無，見《章紀》”）。【今注】都慮：惠棟《後漢書補注》卷六：“‘都慮’，《水經注》作‘都盧’。”曹金華《後漢書稽疑》：“《御覽》卷三九六引《東觀記》也作‘盧’。”（第268頁）　羊腸倉：倉名。因羊腸坂得名。故址位於今山西太原市區、汾水東側（參見黄學超《漢唐汾陽縣城及漢羊腸倉址考述——對〈水經・汾水注〉一段記載的解讀》，《晉陽學刊》2012年第6期）。

［3］【李賢注】水運曰漕。

［4］【今注】太原：郡名。治晉陽縣（今山西太原市西南）。

［5］【李賢注】隘音乙賣反（隘音，底本殘，據紹興本、大德本、殿本補）。【今注】隘：隘口。兩山之間的險要通道。

[6]【今注】建初：東漢章帝劉炟年號（76—84）。

[7]【今注】謁者：官名。掌賓贊受事。《漢書·百官公卿表上》説"秦官"，戰國時已有。西漢，謁者定員七十人，秩比六百石，長官爲謁者僕射，秩比千石。東漢時，謁者臺與尚書臺、御史臺並稱三臺。本書卷七四上《袁紹傳》李賢注："《晉書》：'漢官尚書爲中臺，御史爲憲臺，謁者爲外臺，是謂三臺。'"謁者臺長官亦稱謁者僕射，秩比千石，所主謁者分爲常侍謁者和謁者兩類。常侍謁者五人，比六百石。謁者三十人，又分爲給事謁者和灌謁者郎中兩類，前者秩四百石，後者秩比三百石。擔任灌謁者滿一年，轉爲給事謁者。

[8]【李賢注】隱審量括之也。《孫卿子》曰（孫，大德本誤作"系"）："拘木必待隱括蒸揉然後直"也（揉，大德本誤作"操"；拘、待、隱，底本模糊不可識，據紹興本、大德本、殿本補；後、直，底本殘，據紹興本、大德本、殿本補）。拘音鉤（拘，底本殘，據紹興本、大德本、殿本補），謂曲者也（謂、也，底本模糊不可識，據紹興本、大德本、殿本補）。【今注】隱括：亦作"隱栝"。審度、查核。

[9]【今注】案，遂，底本殘，據紹興本、大德本、殿本補。

[10]【今注】驢輦：驢車。案，驢，底本模糊不可識，據紹興本、大德本、殿本補。

[11]【今注】全活：保全、救活。　徒士：刑徒與士卒。這裏指服勞役的人。

會上谷太守任興欲誅赤沙烏桓，[1]怨恨謀反，詔訓將黎陽營兵屯狐奴，[2]以防其變。[3]訓撫接邊民，爲幽部所歸。[4]六年，遷護烏桓校尉，[5]黎陽故人多攜將老幼，[6]樂隨訓徙邊。[7]鮮卑聞其威恩，[8]皆不敢南近塞下。[9]八年，舞陰公主子梁扈有罪，[10]訓坐私與扈通書，[11]徵免歸閭里。[12]

［1］【今注】上谷：郡名。治沮陽縣（今河北懷來縣東南）。　太守：官名。秦時，郡長官稱郡守，西漢景帝中元二年（前148）更名太守。秩一般爲二千石，因此文獻多以二千石代稱。　赤沙烏桓：案，沈欽韓《後漢書疏證》曰："《烏桓傳》言'烏桓死者神靈歸赤山'，《祭肜傳》作'赤山烏桓'，明此誤。"王先謙《後漢書集解》曰："如沈説，'烏桓'下似當重'烏桓'二字。"中華本校勘記："沈家本亦謂當重'烏桓'二字。今據補。"

［2］【今注】黎陽營：東漢光武帝所置軍營。《漢官儀》："監察黎陽謁者，世祖以幽、并州兵騎定天下，故於黎陽立營，以謁者監之，兵騎千人，復除甚重。謁者任輕，多放情態，順帝改用公解府掾有清名威重者，遷超牧守焉。"案，紹興本、大德本無"營"字。黎陽，縣名。治所在今河南浚縣東。　狐奴：縣名。治所在今北京市順義區東北。

［3］【李賢注】《漢官儀》曰："中興以幽、冀、并州兵克定天下，故於黎陽立營，以謁者監之。"狐奴，縣，屬漁陽郡也。（此注底本多模糊不可識，據紹興本、大德本、殿本補）

［4］【今注】幽部：幽州刺史部。西漢武帝元封五年（前106）所設十三刺史部之一，下轄渤海郡、燕國、涿郡、上谷郡、漁陽郡、右北平郡、遼西郡、遼東郡、樂浪郡、真番郡、玄菟郡、臨屯郡（周振鶴、李曉傑、張莉：《中國行政區劃通史·秦漢卷》，復旦大學出版社2017年版，第113頁）。刺史治薊縣（今北京市西城區西南）。

［5］【今注】護烏桓校尉：官名。秩比二千石。主烏桓、鮮卑事。擁節。置長史一人，司馬二人，秩皆六百石。護，底本模糊不可識，據紹興本、大德本、殿本補。

［6］【今注】故人：門生故吏。《資治通鑑》卷五三《漢紀》

孝桓皇帝建和元年胡三省注："漢人於門生故吏之前，率自稱故人。"

[7]【李賢注】《東觀記》曰："訓故吏最貧羸者舉國，念訓常所服藥北州少乏，又知訓好青泥封書，從黎陽步推鹿車於洛陽市藥，還過趙國易陽，并載青泥一襆，至上谷遺訓。其得人心如是。"（此注底本多模糊不可識，據紹興本、大德本、殿本補）

[8]【今注】鮮卑：部族名，東胡的一支。傳因起源地爲鮮卑山而得名。鮮卑初依附於匈奴，東漢和帝永元三年（91），東漢擊破北匈奴，迫其西遷，故地爲鮮卑佔據，匈奴餘種十餘萬落皆自號鮮卑，鮮卑由此逐漸强盛起來。桓帝時，檀石槐統一各部，在高柳（代郡屬縣，今山西陽高縣）以北三百餘里的彈汗山歠仇水上立庭，將其地分爲三部，從右北平（郡名，治土垠縣，今河北唐山市豐潤區東）以東到遼東（郡名，治襄平縣，今遼寧遼陽市白塔區）爲東部，從右北平以西到上谷（郡名，治沮陽縣，今河北懷來縣東南）爲中部，從上谷至敦煌（郡名，治敦煌縣，今甘肅敦煌市西）、烏孫爲西部，各部設大人統領。檀石槐死，再度陷入分裂。

[9]【李賢注】《東觀記》曰："吏士常大病瘧，轉易至數十人，訓身爲煑湯藥，咸得平愈。其無妻者，爲適配偶。"

[10]【今注】舞陰公主：劉義王，東漢光武帝劉秀長女，建武十五年（39）封。梁松妻。　梁扈：梁統孫，梁松子。東漢和帝永元年間，曾任黄門侍郎、卿、校尉等職。安帝永初年間，曾任長樂少府。事迹見本書卷三四《梁統傳》。

[11]【今注】通書：互通書信。

[12]【李賢注】《東觀記》曰："燕人思慕，爲之作歌也。"

元和三年，[1]盧水胡反畔，[2]以訓爲謁者，乘傳到武威，[3]拜張掖太守。[4]

［1］【今注】元和：東漢章帝劉炟年號（84—87）。

［2］【今注】盧水胡：部族名。小月支的一種。以所居地盧水得名，在今青海西寧市西南部。本書卷二三《竇固傳》："固與忠率酒泉、敦煌、張掖甲卒及盧水羌胡萬二千騎出酒泉塞。"李賢注："湟水東經臨羌縣故城北，又東盧溪水注之，水出西南盧川，即其地也。"盧水胡的詳細情況，參閲周一良《北朝的民族問題與民族政策》（載周一良《魏晉南北朝史論集》，北京大學出版社 2010 年版，第 101—151 頁）和唐長孺《魏晉雜胡考》（載唐長孺《魏晉南北朝史論叢》，中華書局 2009 年版，第 369—437 頁）。

［3］【今注】乘傳：漢代傳車規格之一。"四馬下足"規格的傳車。《漢書》卷一下《高帝紀下》："横懼，乘傳詣洛陽。"顔師古注引如淳曰："律，四馬高足爲置傳，四馬中足爲馳傳，四馬下足爲乘傳，一馬二馬爲軺傳。急者乘一乘傳。"漢代傳車規格和傳信制度，可參閲曾磊《懸泉漢簡"傳信"簡釋文校補》（載中國文化遺産研究院編《出土文獻研究》第 18 輯，中西書局 2020 年版，第 257—278 頁）和《劉賀"乘七乘傳詣長安邸"考議》（《石家莊學院學報》2019 年第 2 期）等文。　武威：郡名。治姑臧縣（今甘肅武威市西北）。

［4］【今注】張掖：郡名。治觻得（今甘肅張掖市甘州區西北）。

章和二年，[1]護羌校尉張紆誘誅燒當種羌迷吾等，[2]由是諸羌大怒，謀欲報怨，朝廷憂之。公卿舉訓代紆爲校尉。[3]諸羌激忿，遂相與解仇結婚，交質盟詛，[4]衆四萬餘人，期冰合度河攻訓。先是小月氏胡分居塞内，[5]勝兵者二三千騎，[6]皆勇健富彊，每與羌戰，常以少制多。雖首施兩端，[7]漢亦時收其用。時迷吾子迷唐，[8]別與武威種羌合兵萬騎，[9]來至塞下，未敢攻訓，[10]先欲脅月氏胡。訓擁衛稽故，令不得戰。[11]議者咸以羌胡相攻，縣官之利，[12]以夷伐夷，[13]不宜禁護。訓曰："不然。今張紆失信，衆羌大動，[14]經常屯兵，[15]不下二萬，轉運之費，空竭府帑，[16]涼州吏人，[17]命縣絲髮。原諸胡所以難得意者，皆恩信不厚耳。今因其迫急，以德懷之，庶能有用。"遂令開城及所居園門，悉驅群胡妻子内之，嚴兵守衛。[18]羌掠無所得，[19]又不敢逼諸胡，因即解去。由是湟中諸胡[20]皆言"漢家常欲鬭我曹，今鄧使君待我以恩信，開門内我妻子，乃得父母"。咸歡喜叩頭曰："唯使君所命。"訓遂撫養其中少年勇者數百人，以爲義從。[21]

［1］【今注】章和二年：中華本校勘記："'二年'疑'元年'之誤。沈家本謂按《西羌傳》，事在章和元年，《章帝紀》亦在元年書護羌校尉劉盱，劉盱蓋即張紆之譌。"章和，東漢章帝劉炟年號（87—88）。

［2］【今注】護羌校尉：官名。比二千石。主西羌。本書卷一下《光武帝紀下》：建武九年（33），"省關都尉，復置護羌校尉"。李賢注："《漢官儀》：'武帝置，秩比二千石，持節，以護西羌。王莽亂，遂罷。'時班彪議，宜復其官，以理冤結。帝從之，以牛邯爲護羌校尉，都於隴西令居縣。"本書《百官志五》李賢注："應劭《漢官》曰：'擁節。長史一人、司馬二人，皆六百石。'"案，羌，大德本作"降"。　張紆：東漢章帝元和三年（86），任隴西太守。章帝章和元年（87）護羌校尉傅育戰死，張紆代爲校尉。和帝永元元年（89）免。事迹見本書卷八七《西羌傳》。　燒當種羌：部族名。諸羌之一。居於今青海貴德縣一帶。本書《西羌傳》："從爰劍種五世至研，研最豪健，自後以研爲種號。十三世至燒當，復豪

健，其子孫更以燒當爲種號。”　迷吾：燒當羌首領東吾弟。屢降屢叛。東漢皇帝章和元年，伏殺護羌校尉傅育。後敗於張紆，欲降，爲張紆誘斬。事迹見本書《西羌傳》。

［3］【今注】公卿舉訓代紆爲校尉：曹金華《後漢書稽疑》以爲，鄧訓代張紆爲護羌校尉，《西羌傳》載於永元元年，此前當有“永元元年”四字，否則下文“其春”便無所屬也（第268頁）。

［4］【李賢注】鄭玄注《周禮》云：“大事曰盟，小事曰詛。”

［5］【今注】小月氏胡：族名。西漢時，月氏人迫於匈奴的壓力，大部西遷，稱爲大月氏。少數没有西遷的月氏人，遷入祁連山，與羌人雜居，史稱小月氏。本書《西羌傳》：“湟中月氏胡，其先大月氏之别也，舊在張掖、酒泉地。月氏王爲匈奴冒頓所殺，餘種分散，西踰葱領。其羸弱者南入山阻，依諸羌居止，遂與共婚姻。及驃騎將軍霍去病破匈奴，取西河地，開湟中，於是月氏來降，與漢人錯居。雖依附縣官，而首施兩端。其從漢兵戰鬬，隨埶强弱。被服飲食言語略與羌同，亦以父名母姓爲種。”

［6］【今注】案，大德本、殿本“勝兵者二三千騎”後有劉攽注。殿本作“劉攽曰：案，《前書》皆但言勝兵若干，此誤出‘者’字”。大德本劉攽注無“兵”字。

［7］【李賢注】首施猶首鼠也。【今注】首施：亦作“首鼠”。觀望、遲疑不決。

［8］【今注】迷唐：迷吾子。爲了替父報仇，屢屢攻漢。東漢和帝永元十年，降。十二年，又反叛。安帝元初間病卒。事迹見本書《西羌傳》。

［9］【今注】武威種羌：部族名。羌人的一支，以居住地在武威郡境内而名。

［10］【今注】案，未敢，底本模糊不可識，據紹興本、大德本、殿本補。

［11］【李賢注】稽故謂稽留事故也。《東觀記》“稽故”字作

"諸故"也。(此注，底本模糊不可識，據紹興本、大德本、殿本補)【今注】擁衛：擁護，保衛。稽故：阻礙。案，戰，底本模糊不可識，據紹興本、大德本、殿本補。

[12]【今注】案，利，底本模糊不可識，據紹興本、大德本、殿本補。

[13]【今注】案，以夷，底本模糊不可識，據紹興本、大德本、殿本補。

[14]【今注】案，衆羌大動，底本模糊不可識，據紹興本、大德本、殿本補。

[15]【今注】案，經常、兵，底本模糊不可識，據紹興本、大德本、殿本補。

[16]【李賢注】《説文》曰："帑，金帛所藏。"音它莽反。(此注，底本模糊不可識，據紹興本、大德本、殿本補)【今注】案，竭，底本殘，據紹興本、大德本、殿本補。府帑，底本模糊不可識，據紹興本、大德本、殿本補。

[17]【今注】涼州吏人：涼州，西漢武帝元封五年（前106）設立的十三刺史部之一，下轄安定郡、隴西郡、天水郡、酒泉郡、張掖郡、敦煌郡等。刺史治隴縣（今甘肅清水縣北）。吏人，吏民。官吏與庶民。案，涼州吏，底本殘，據紹興本、大德本、殿本補。

[18]【今注】案，"難得意者"至"嚴兵守衛"，底本多模糊不可識，據紹興本、大德本、殿本補。

[19]【李賢注】掠，劫奪也。

[20]【李賢注】湟中，月氏胡所居，今鄯州湟水縣也。【今注】湟中：地區名。今青海湟水兩岸地區，漢代羌、胡、漢等族雜居地。

[21]【今注】義從：漢魏時期，由歸附中原王朝的胡、羌等民族丁壯組成的軍隊。

羌胡俗恥病死，每病臨困，[1]輒以刀自刺。訓聞有困疾者，輒拘持縛束，不與兵刃，使醫藥療之，愈者非一，小大莫不感悦。於是賞賂諸羌種，使相招誘。迷唐伯父號吾乃將其母及種人八百户，[2]自塞外來降。訓因發湟中秦、胡、羌兵四千人，[3]出塞掩擊迷唐於寫谷，[4]斬首虜六百餘人，得馬牛羊萬餘頭。迷唐乃去大、小榆，[5]居頗巖谷，[6]衆悉破散。其春，復欲歸故地就田業，訓乃發湟中六千人，令長史任尚將之，[7]縫革爲船，置於箄上以度河，[8]掩擊迷唐廬落大豪，[9]多所斬獲。復追逐奔北，會尚等夜爲羌所攻，於是義從羌胡并力破之，斬首前後一千八百餘級，獲生口二千人，馬牛羊三萬餘頭，一種殆盡。[10]迷唐遂收其餘部，遠徙廬落，西行千餘里，諸附落小種皆背畔之。[11]燒當豪帥東號稽顙歸死，[12]餘皆款塞納質。於是綏接歸附，威信大行。遂罷屯兵，各令歸郡。唯置弛刑徒二千餘人，[13]分以屯田，[14]爲貧人耕種，修理城郭塢壁而已。

［1］【今注】臨困：臨近死亡。

［2］【今注】號吾：迷吾的弟弟。東漢章帝元和三年（86），進犯隴西郡，被郡督烽掾李章活捉。時任郡守張紆將其放歸。後降。事迹見本書卷八七《西羌傳》。案，吾，紹興本、大德本、殿本作“迷吾”。　種人：同種族的人。

［3］【今注】秦：漢族人的泛稱。　胡：當時對西北地區少數民族的統稱。　羌：族名。主要分布於中國的西南、西、西北部，今甘肅、青海、四川、西藏、陝西等地，故被稱爲西羌，其部族或

支系部落衆多，東漢時期的西羌，參見本書《西羌傳》。

［4］【李賢注】《東觀記》曰“寫”作“鴈”。

［5］【李賢注】兩谷名也，見《西羌傳》。【今注】大小榆：即大榆谷和小榆谷，在今青海貴德縣、尖扎縣黄河南岸一帶。曹金華《後漢書稽疑》：“大、小榆”之下疑奪“谷”字。《西羌傳》作“迷唐去大、小榆谷”“使還居大、小榆谷”“攻迷唐於大、小榆谷”等，皆有“谷”字。（第269頁）

［6］【今注】頗巖谷：谷名。顧祖禹《讀史方輿紀要》卷六四《陝西十三》：“頗嚴谷又在榆谷西。”

［7］【今注】長史：官名。護羌校尉屬官。秩六百石。　任尚：東漢將領。曾任護羌校尉長史、大將軍司馬、中郎將、護烏桓校尉、戊己校尉、西域都護、征西校尉等職。東漢安帝永初二年（108），封樂亭侯。元初五年（118），與度遼將軍鄧遵争功，詐增斬敵首級，棄市。事迹見本書《西羌傳》

［8］【李賢注】箄，木筏也，音步佳反。

［9］【今注】廬落：廬帳，指居住地。

［10］【李賢注】一種謂迷唐也（此注底本模糊不可識，據紹興本、大德本、殿本補）。【今注】一種：整個部族。

［11］【今注】附落：依附部落。　小種：實力弱小的部落。

［12］【李賢注】東號，羌名（底本模糊不清，據紹興本、大德本、殿本校）。【今注】案，號稽顙歸死，底本模糊不可識，據紹興本、大德本、殿本校。

［13］【今注】弛刑徒：亦稱爲“弛刑士”“施刑徒”“弛刑募士”等，省稱爲“弛刑”“施刑”等。指去掉枷鎖等刑具的犯人。本書卷一下《光武帝紀下》：“遣驃騎大將軍杜茂將衆郡施刑屯北邊。”李賢注：“‘施’，讀曰弛。弛，解也。《前書音義》曰：‘謂有赦令去其鉗鈦赭衣，謂之弛刑。’”相關研究，參閱張鶴泉《略論漢代的弛刑徒》（《東北師大學報》1984年第4期）。

［14］【今注】屯田：國家利用軍隊、民衆有組織地開墾土地。士卒在駐地，一面駐守，一面開墾荒地。此爲軍屯。又有民屯、商屯。

永元二年，大將軍竇憲將兵鎮武威，憲以訓曉羌胡方略，上求俱行。訓初厚於馬氏，[1]不爲諸竇所親，及憲誅，故不離其禍。[2]

［1］【今注】馬氏：明德馬皇后。十三歲入太子宫。東漢明帝永平三年（60），封爲皇后。章帝建初四年（79），卒。紀見本書卷一〇下。

［2］【李賢注】離，遭也。【今注】離：通"罹"。遭受。

訓雖寬中容衆，而於閨門甚嚴，[1]兄弟莫不敬憚，諸子進見，未嘗賜席接以温色。四年冬，病卒官，時年五十三。吏人羌胡愛惜，旦夕臨者日數千人。戎俗父母死，恥悲泣，皆騎馬歌呼。至聞訓卒，莫不吼號，或以刀自割，又刺殺其犬馬牛羊，曰"鄧使君已死，我曹亦俱死耳"。前烏桓吏士皆奔走道路，[2]至空城郭。吏執不聽，以狀白校尉徐傿。傿歎息曰："此義也。"[3]乃釋之。遂家家爲訓立祠，每有疾病，輒此請禱求福。[4]

［1］【今注】閨門：内室之門。這裏代指家庭。《禮記·樂記》："在閨門之内，父子兄弟同聽之，則莫不和親。"

［2］【李賢注】訓前任烏桓校尉時吏士也。

[3]【李賢注】傿音於建反。

[4]【今注】輒此請禱求福：王先謙《後漢書集解》："'此'字疑衍，或'此'上奪'於'字。"中華本校勘記："《御覽》二七八引無'此'字。"曹金華《後漢書稽疑》："《書鈔》卷六一引《東觀記》作'輒禱求福'，尤爲簡潔。"（第269頁）

元興元年，和帝以訓皇后之父，使謁者持節至訓墓，賜策追封，謚曰平壽敬侯。[1]中宮自臨，[2]百官大會。

[1]【李賢注】平壽，縣，屬北海郡，故城在今青州北海縣。【今注】平壽：縣名。治所在今山東昌樂縣東南。

[2]【今注】中宮：皇后宮，亦代指皇后。《漢書》卷九七下《外戚傳下》："常紿我言從中宮來，即從中宮來，許美人兒何從生中？"顔師古注："中宮，皇后所居。"《周禮·天官·内宰》："以陰禮教六宮。"鄭玄注："六宮謂后也。若今稱皇后爲中宮矣。"

訓五子：騭，京，悝，弘，閶。[1]

[1]【李賢注】悝音口回反。【今注】閶：中華本校勘記："《袁紀》'閶'作'閭'。"曹金華《後漢書稽疑》：作"閭"誤。《通鑑考異》曰："《袁紀》前作'閶'，後作'閭'。"《御覽》卷一三七引《續漢書》，《初學記》卷一二、《御覽》卷二二一、《書鈔》卷五八、《文選》卷二一曹植《三良詩》李善注引《東觀記》皆作"閶"。（第269頁）

騭字昭伯，[1]少辟大將軍竇憲府。[2]及女弟爲貴人,[3]騭兄弟皆除郎中。及貴人立,[4]是爲和熹皇后。[5]騭三遷虎賁中郎將,[6]京、悝、弘、閶皆黄門侍郎。[7]京卒於官。延平元年,[8]拜騭車騎將軍、儀同三司。[9]始自騭也。悝虎賁中郎將,弘、閶皆侍中。

[1]【李賢注】《東觀記》"騭"作"陟"(此注底本模糊不可識,據紹興本、大德本、殿本補)。

[2]【今注】辟:辟除。漢代選官制度之一。亦稱"辟舉""辟署""辟召"等。主要分爲中央長官辟除和地方州郡辟除兩大類。本書《百官志一》"太尉"條:"或曰,漢初掾史辟,皆上言之,故有秩比命士。其所不言,則爲百石屬。其後皆自辟除,故通爲百石云。"漢代辟除制度的研究,可參閱黄留珠《秦漢仕進制度》(西北大學出版社1985年版)、黄留珠《中國古代選官制度述略》(陝西人民出版社1989年版)、張欣《論漢代辟除制與察舉制之關係》(《河南師範大學學報》2018年第4期)等論著。案,少辟大將軍竇憲,底本模糊不可識,據紹興本、大德本、殿本補。

[3]【今注】貴人:東漢後宫女官稱號。本書卷一〇上《皇后紀上》:"及光武中興,斲彫爲朴,六宫稱號,唯皇后、貴人。貴人金印紫綬,奉不過粟數十斛。又置美人、宫人、采女三等,並無爵秩,歲時賞賜充給而已。"

[4]【今注】案,皆除郎中、及貴,底本模糊不可識,據紹興本、大德本、殿本補。

[5]【今注】和熹皇后:鄧綏。東漢和帝皇后。紀見本書卷一〇上。

[6]【今注】虎賁中郎將:官名。秩比二千石。屬光禄勳。西漢武帝建元三年(前138)置期門,掌執兵送從,秩比郎,無員,多至千人,置僕射,秩比千石。平帝元始元年(1)更名爲虎賁郎,置中郎將。本書《百官志二》劉昭注:"虎賁舊作'虎奔',言如虎

之奔也，王莽以古有勇士孟賁，故名焉。孔安國曰：‘若虎賁獸’，言其甚猛。”案，中郎將，底本模糊不可識，據紹興本、大德本、殿本補。

[7]【今注】案，京悝弘閶皆黄，底本模糊不可識，據紹興本、大德本、殿本補。

[8]【今注】延平：東漢殤帝劉隆年號（106）。

[9]【今注】儀同三司：儀制同於三司。三司，太尉、司空、司徒。本書卷六《順帝紀》：“今刺史、二千石之選，歸任三司。”李賢注：“三司，三公也，即太尉、司空、司徒也。”案，騭車騎將軍儀，底本模糊不可識，據紹興本、大德本、殿本補。王先謙《後漢書集解》曰：“《東觀記》複出‘儀同三司’四字爲是。”中華本據改。

殤帝崩，[1]太后與騭等定策立安帝，[2]悝還城門校尉，[3]弘虎賁中郎將。自和帝崩後，騭兄弟常居禁中。[4]騭謙遜不欲久在内，連求還弟，[5]歲餘，太后乃許之。

[1]【今注】殤帝：東漢殤帝劉隆，公元105年至106年在位。紀見本書卷四。案，崩，底本模糊不可識，據紹興本、大德本、殿本補。

[2]【今注】定策：策，一定規格的簡册，用來書寫立天子之事以告宗廟，故稱立天子爲“定策”。

[3]【今注】城門校尉：官名。秩比二千石。負責雒陽十二城門的守衛。

[4]【今注】禁中：宫中或臨時居址中帝、后起居坐卧的地方。《漢書》卷七《昭帝紀》：“共養省中。”顔師古注引伏嚴曰：“蔡邕云本爲禁中，門閤有禁，非侍御之臣不得妄入。行道豹尾中

亦爲禁中。孝元皇后父名禁，避之，故曰省中。”顔師古曰：“省，察也，言入此中皆當察視，不可亡也。”所謂“行道豹尾中亦爲禁中”，指皇帝車駕中殿後的豹尾車之前也被稱爲“禁中”。《太平御覽》卷六八〇《儀式部一·豹尾》引《獨斷》曰：“大駕屬車八十一乘，最後一車懸豹尾，豹尾已前皆省中。”根據皇帝處理政務和生活起居地以及相應的宿衛制度，可將整個皇宫區分爲“宫中”“殿中”“省中”“禁中”等區域。

[5]【今注】案，弟，紹興本、大德本、殿本作“第”。

永初元年，封騭上蔡侯，[1]悝葉侯，[2]弘西平侯，[3]閶西華侯，[4]食邑各萬户。騭以定策功，增邑三千户。騭等辭讓不獲，遂逃避使者，間關詣闕，[5]上疏自陳曰：“臣兄弟汙穢，[6]無分可採，[7]過以外戚，遭值明時，[8]託日月之末光，被雲雨之渥澤，[9]並統列位，光昭當世。不能宣贊風美，補助清化，誠慙誠懼，無以處心。陛下躬天然之姿，[10]體仁聖之德，遭國不造，仍離大憂，[11]開日月之明，運獨斷之慮，[12]援立皇統，[13]奉承大宗。[14]聖策定於神心，休烈垂於不朽，本非臣等所能萬一，而猥推嘉美，並享大封，[15]伏聞詔書，驚惶慙怖。追觀前世傾覆之誡，[16]退自惟念，不寒而慄。[17]臣等雖無逮及遠見之慮，[18]猶有庶幾戒懼之情。[19]常母子兄弟，内相勑厲，[20]冀以端慤畏慎，一心奉戴，上全天恩，下完性命。刻骨定分，有死無二。終不敢横受爵土，以增罪累。惶窘征營，[21]昧死陳乞。”太后不聽。騭頻上疏，至於五六，乃許之。

［1］【今注】上蔡：縣名。治所在今河南上蔡縣西南。

［2］【今注】葉：縣名。治所在今河南葉縣西南。

［3］【李賢注】西平，縣，屬汝南郡，故城在今豫州郾城縣南。【今注】西平：縣名。治所在今河南西平縣西。

［4］【李賢注】西華，縣，屬汝南郡也。【今注】西華：縣名。治所在今河南西華縣南。

［5］【李賢注】間關猶崎嶇也。【今注】間關：輾轉、曲折。闕：宮門、城門外兩側修築高臺，臺上建樓觀。《三輔黄圖》卷六《雜録·闕觀》："闕，觀也。周置兩觀以表宮門，其上可居，登之可以遠觀，故謂之觀。人臣將朝，至此則思其所闕。"《白虎通》卷一二《雜録》："門必有闕者，闕者所以飾門，别尊卑也。闕者何？闕疑也。"故以闕代指帝王所居之所。

［6］【今注】汙穢：卑下，卑微。

［7］【李賢注】言無分寸可收採也。【今注】無分可採：分，形容少；採，取。没有幾分才能可供采取。

［8］【李賢注】過，誤也。【今注】明時：聖明的時代。

［9］【李賢注】《易》曰："夫聖人者，與天地合其德，日月齊其明。"又云"雲行雨施，天下平"也。

［10］【今注】陛下：君主的尊稱。蔡邕《獨斷》卷上："陛下者：陛，階也，所由升堂也。天子必有近臣執兵陳於陛側，以戒不虞。謂之陛下者，群臣與天子言，不敢指斥天子，故呼在陛下者而告之，因卑達尊之意也。上書亦如之。及群臣庶士相與言殿下、閤下、執事之屬，皆此類也。"

［11］【李賢注】造，成也。仍，頻也。大憂，和帝、殤帝崩。【今注】不造：不幸。

［12］【今注】獨斷：專斷，獨自決斷。

［13］【今注】援立：援引先例確立。　皇統：皇帝世代相傳的世系。

［14］【今注】大宗：古代宗法制中的嫡長子一脈血統。案，大，殿本作“太”。

［15］【李賢注】猥，曲也。【今注】猥推嘉美：謬讚。

［16］【李賢注】前代外戚上官安、霍禹之屬，皆被誅戮也。

［17］【李賢注】惟，思也。不寒而慄，言恐懼也。《前書》曰“義縱爲定襄太守，郡中不寒而慄”也（此注底本多模糊不可識，據紹興本、大德本、殿本補）。

［18］【今注】逮及：達到，至。

［19］【今注】庶幾：差不多。與上文“逮及”相對而言。

［20］【今注】敕厲：亦作“飭厲”。告誡，勉勵。

［21］【今注】征營：惶恐不安的樣子。

其夏，涼部畔羌摇蕩西州，[1]朝廷憂之。於是詔騭將左右羽林、北軍五校士及諸部兵擊之，[2]車駕幸平樂觀餞送。[3]騭西屯漢陽，[4]使征西校尉任尚、從事中郎司馬鈞與羌戰，[5]大敗。時以轉輸疲獘，百姓苦役。冬，徵騭班師。[6]朝廷以太后故，遣五官中郎將迎拜騭爲大將軍。[7]軍到河南，[8]使大鴻臚親迎，[9]中常侍齎牛酒郊勞，[10]王、主以下候望於道。[11]既至，大會群臣，賜束帛乘馬，[12]寵靈顯赫，[13]光震都鄙。[14]

［1］【今注】涼部：涼州刺史部。　西州：指涼州或巴蜀地區。本書卷三一《廉范傳》：“范遂流寓西州。”李賢注：“謂巴蜀也。”這裏指涼州。

［2］【今注】左右羽林：羽林左騎與羽林右騎。羽林騎，西漢武帝太初元年（前104）初置，名曰建章營騎，後更名爲羽林騎。宣帝令中郎將、騎都尉監羽林，秩比二千石。東漢光禄勳屬官羽林

中郎將，秩比二千石，主羽林郎。羽林左監，六百石，主羽林左騎。羽林右監，六百石，主羽林右騎。　北軍：軍隊名。西漢時駐扎於長安城北部，故稱北軍（參閱孫聞博《秦漢軍制演變史稿》，中國社會科學出版社 2016 年版）。東漢沿置。北軍是一支戰鬭甚至是野戰部隊，平時在京掌管君主宿衞，助理首都治安，一旦有警，它是出征部隊的核心，用來討亂伐叛（參閱楊鴻年《漢魏制度叢考》，武漢大學出版社 1985 年版）。　五校士：即"北軍五校士""五營士"。　諸部兵：諸郡兵。曹金華《後漢書稽疑》以爲"部"當作"郡"。《西羌傳》載"遣車騎將軍鄧騭，征西校尉任尚副，將五營及三河、三輔、汝南、南陽、潁川、太原、上黨兵合五萬人，屯漢陽。明年春，諸郡兵未及至……騭使任尚及從事中郎司馬鈞率諸郡兵與滇零等數萬人戰於平襄"可證。(第 269 頁)

［3］【今注】車駕：皇帝所乘之車，代指皇帝。《漢書》卷一下《高帝紀下》："車駕西都長安。"顔師古注："凡言車駕者，謂天子乘車而行，不敢指斥也。"　平樂觀：在雒陽城西，上西門外。本書卷八《孝靈帝紀》：中平五年（188），"帝自稱'無上將軍'，耀兵於平樂觀"。李賢注："平樂觀在洛陽城西。"《漢書》卷六《武帝紀》：元封二年（前 109），"作甘泉通天臺、長安飛廉館"。顔師古注引應劭曰："飛廉，神禽能致風氣者也。明帝永平五年，至長安迎取飛廉並銅馬，置上西門外，名平樂觀。董卓悉銷以爲錢。"

［4］【今注】漢陽：郡名。治冀縣（今甘肅天水市西北）。

［5］【今注】征西校尉：官名。不常置。將軍領兵，下設部曲，部置校尉一人，秩比二千石。北軍五校尉、使匈奴中郎將、護烏桓校尉、護羌校尉皆比二千石。征西校尉，秩當亦爲比二千石。　從事中郎：官名。將軍屬官，一般設置二員。秩六百石。職參謀議。　司馬鈞：東漢將領。曾任車騎將軍鄧騭從事中郎。安帝元初二年（115），由左馮翊遷行征西將軍，率軍擊羌，戰敗，坐徵自殺。事迹見本書卷八七《西羌傳》。

［6］【李賢注】班，還也。【今注】冬徵騭班師：惠棟《後漢書補注》曰："案，《西羌傳》騭於元年冬屯漢陽，二年冬敗於平襄。洪适曰：《帝紀》班師在二年十一月，《傳》有脱字也。"沈欽韓《後漢書疏證》曰："黄伯思《東觀餘論》近歲關右人發地得古甕中有東漢時竹簡，永初二年討羌符，與范《紀》書永初元年夏，羌叛，遣騭討之，二年冬始召還，而《騭傳》云云冬召騭班師。據《紀》討羌在元年夏，召騭在二年冬，漢簡亦有二年之文，正與《紀》合，而《傳》之元年召還班師者，誤也。按此傳乃脱二年字於冬上耳。"曹金華《後漢書稽疑》："據《西羌傳》《光武帝紀》（當爲《安帝紀》）載，本傳前文'使征西校尉任尚、從事中郎將（"將"字繫衍文）司馬鈞與羌戰，大敗'已是永初二年冬事，'二年冬'當在'使征西'前，不當云'冬'上脱'二年'也。"（第270頁）

［7］【今注】五官中郎將：官名。光禄勳屬官。秩比二千石。主五官郎。

［8］【今注】河南：郡名。治雒陽（今河南洛陽市東）。

［9］【今注】大鴻臚：官名。秩中二千石。掌諸侯及四方歸義蠻夷。

［10］【今注】中常侍：官名。無定員。千石，後增秩比二千石。掌侍左右，從入内宫，贊導内衆事，顧問應對給事。中常侍本秦官，漢因之，人選參用士人與閹人。本書卷七八《宦者傳》："漢興，仍襲秦制，置中常侍官。然亦引用士人，以參其選，皆銀璫左貂，給事殿省。"和熹鄧太后臨朝，始純用閹人。本書卷四三《朱穆傳》："臣聞漢家舊典，置侍中、中常侍各一人，省尚書事，黄門侍郎一人，傳發書奏，皆用姓族。自和熹太后以女主稱制，不接公卿，乃以閹人爲常侍，小黄門通命兩宫。"

［11］【今注】王主：諸侯王與公主。

［12］【李賢注】駟馬曰乘。【今注】束帛：五匹帛捆成一束，

稱爲束帛，用作聘問、餽贈的禮物。

［13］【今注】寵靈：恩寵、福澤。

［14］【今注】都鄙：都城京師與邊鄙之地。

時遭元二之災，[1]人士荒飢，死者相望，盜賊群起，四夷侵畔。騭等崇節儉，罷力役，推進天下賢士何熙、祋諷、[2]羊浸、李郃、陶敦等列於朝廷，[3]辟楊震、朱寵、陳禪置之幕府，[4]故天下復安。

［1］【李賢注】臣賢案：元二即元元也，古書字當再讀者，即於上字之下爲小"二"字，言此字當兩度言之。後人不曉，遂讀爲元二，或同之陽九，或附之百六，良由不悟，致斯乖舛。今岐州石鼓銘，凡重言者皆爲"二"字，明驗也。【今注】元二：元年、二年。這裏指東漢安帝永初元年（107）、二年。王充《論衡·恢國》："孝明天崩，今上嗣位，元二之間，嘉德流布。三年，零陵生芝草五本。四年，甘露降五縣。五年，芝復生。六年（本），黄龍現，大小凡八。"黄暉《論衡校釋》指出："元二"謂建初元年、二年。本書卷四六《陳忠傳》："自帝即位以後，頻遭元二之戹。"《楊孟文碑》："中遭元二，西戎虐殘。"《孔耽碑》："遭元二轗軻，人民相食。"並謂元年二年也。《鄧騭傳》注謂"元二即元元"，失之。左暄《三餘偶筆》八曰："元二乃指運數之災戹而言。章懷以爲元元固非，容齋以爲元年二年，亦恐不然。元二謂一元中，次二之戹也。"按此文，從容齋説爲妥（參見黄暉撰《論衡校釋》，中華書局1990年版，第830頁）。本書卷五《安帝紀》永初元年，"三月癸酉，日有食之""是歲，郡國十八地震；四十一雨水，或山水暴至；二十八大風，雨雹"。永初二年，"六月，京師及郡國四十大水，大風，雨雹""是歲，郡國十二地震"。可見永初元年、二年，連續遇到嚴重的災戹。

[2]【李賢注】祋，姓也，音丁外反，又音丁活反。【今注】何熙：字孟孫，陳國（今河南淮陽縣）人。曾擔任謁者、御史中丞、司隸校尉、大司農、行車騎將軍等職。傳見本書卷四七。　祋諷：東漢安帝時曾任光禄勳，與來歷等一起證明太子劉保無罪。至劉保即位時，已卒。事迹見本書卷一五《來歷傳》。

[3]【今注】羊浸：太山平陽（今山東新泰市）人。東漢安帝時曾任司隸校尉。本書卷三一《羊續傳》載："（羊續）祖父侵。"惠棟《後漢書補注》曰："'侵'，一作'祲'。"中華本校勘記："殿本《鄧騭傳》仍作'祲'。"　李郃：字孟節，漢中南鄭（今陝西漢中市）人。游學太學，通五經，善方術。傳見本書卷八二上。　陶敦：字文理，京縣（今河南滎陽市東南）人。東漢安帝延光四年（125），漢順帝即位，由少府遷司空。順帝永建元年（126），免。

[4]【今注】楊震：字伯起，弘農華陰（今陝西華陰市東）人。傳見本書卷五四。　朱寵：字仲威，京兆杜陵（今陝西西安市東南）人。東漢大臣、學者。　幕府：領軍將軍因治事需要，一般開府置僚屬，又因府署設在帳幕内，故稱幕府。

四年，母新野君寢病，騭兄弟並上書求還侍養。太后以閶最少，孝行尤著，特聽之，賜安車駟馬。[1]及新野君薨，騭等復乞身行服，[2]章連上，[3]太后許之。騭等既還里弟，[4]並居冢次。閶至孝骨立，[5]有聞當時。及服闋，[6]詔喻騭還輔朝政，更授前封。騭等叩頭固讓，乃止，於是並奉朝請，位次在三公下，[7]特進、侯上。[8]其有大議，乃詣朝堂，與公卿參謀。

[1]【今注】安車：可坐乘的車。《周禮·春官·巾車》："安

車，雕面鷖總，皆有容蓋。”鄭玄注：“安車，坐乘車。凡婦人車皆坐乘。”本書《輿服志上》：“皇太子、皇子皆安車，朱班輪，青蓋，金華蚤，黑櫖文，畫轓文輈，金塗五末。” 駟馬：四匹馬。

[2]【今注】行服：穿孝服服喪。

[3]【今注】章：漢代章奏文書的主要形式之一。蔡邕《獨斷》卷上：“凡群臣上書于天子者，有四名：一曰章、二曰奏、三曰表、四曰駁議。”章的格式、功能與性質等，參閱代國璽《漢代公文形態新探》（《中國史研究》2015年第2期）。

[4]【今注】案，弟，紹興本、殿本作“第”，二字同。

[5]【今注】骨立：如骨頭般站立，用以形容人消瘦到了極點。

[6]【今注】服闋：服喪期滿。

[7]【今注】三公：太尉、司徒、司空。

[8]【李賢注】在特進及列侯之上（及，底本殘，據紹興本、大德本、殿本補）。【今注】侯：爵位名。秦漢二十等爵的第二十級。原稱徹侯，避漢武帝劉徹諱，改爲列侯。享有食邑户數不等，根據張家山漢簡《二年律令·户律》記載，西漢初，徹侯受一〇五宅。列侯以下的爵位分别是：第十九級關内侯、第十八級大庶長、第十七級駟車庶長、第十六級大上造、第十五級少上造、第十四級右更、第十三級中更、第十二級左更、第十一級右庶長、第十級左庶長、第九級五大夫、第八級公乘、第七級公大夫、第六級官大夫、第五級大夫、第四級不更、第三級簪褭、第二級上造、第一級公士〔參閱張家山二四七號漢墓竹簡整理小組《張家山漢墓竹簡〔二四七號墓〕（釋文修訂本）》，文物出版社2006年版，第52頁〕。

元初二年，[1]弘卒。太后服齊衰，[2]帝絲麻，[3]並宿幸其弟。[4]弘少治歐陽《尚書》，授帝禁中，[5]諸儒多歸附之。初疾病，遺言悉以常服，不得用錦衣玉匣。有司奏贈弘驃騎將軍，[6]位特進，封西平侯。太后追思弘意，不加贈位衣服，但賜錢千萬，布萬匹，騭等復辭不受。詔大鴻臚持節，即弘殯封子廣德爲西平侯。將葬，有司復奏發五營輕車騎士，[7]禮儀如霍光故事，[8]太后皆不聽，但白蓋雙騎，門生輓送。[9]後以帝師之重，分西平之都鄉封廣德弟甫德爲都鄉侯。四年，又封京子黄門侍郎珍爲陽安侯，[10]邑三千五百户。

［1］【今注】元初：東漢安帝劉祜年號（114—120）。

［2］【今注】齊衰：五服之一。根據生者與死者的親屬關係，喪服和喪期各不相同。一般分爲五個等級，稱爲五服，即斬衰、齊衰、大功、小功和緦麻。齊衰的喪服用熟麻布製成，因邊緣剪裁縫紉齊整，故曰齊衰。齊衰喪期分爲三年、一年、三月不等。父卒爲母、母爲長子的喪期爲三年；父在爲母、夫爲妻的喪期爲一年，但喪禮時要執杖，故被稱爲“杖期”；男子爲伯叔父母、兄弟，已嫁女子爲父母，兒媳婦爲公婆，孫和孫女爲祖父母的喪期也是一年，但不執杖，故被稱爲“不杖期”；爲曾祖父母的喪期是三月（參閲王力主編《中國古代文化常識》，世界圖書出版公司 2009 年版，第 157 頁）。

［3］【今注】絲麻：五服之一。亦稱“緦麻”。喪服比斬衰、齊衰、大功、小功均要精細。喪期爲三個月。男子爲族曾祖父母、族祖父母、祖父母、族兄弟，爲外孫、外甥、婿、妻之父母、舅父等都是緦麻。（參閲王力主編《中國古代文化常識》，第 158 頁）

［4］【今注】案，弟，紹興本、殿本作“第”，二字同。

［5］【李賢注】歐陽生字和伯（和伯，紹興本、大德本、殿本誤作“伯和”），千乘人，事伏生，武帝時人。【今注】歐陽尚

書:《尚書》歐陽氏學。歐陽生,字和伯,千乘(今山東高青縣東北)人,《尚書》歐陽氏學的開創者。師事伏生,授倪寬。倪寬授歐陽生子,後世代相傳,至歐陽生曾孫歐陽高,爲博士,故有《尚書》歐陽氏學。本書卷七九上《歐陽歙傳》:"《前書》云:濟南伏生傳《尚書》,授濟南張生及千乘歐陽生,歐陽生授同郡兒寬,寬授歐陽生之子,世世相傳,至曾孫歐陽高,爲《尚書》歐陽氏學。"

[6]【今注】驃騎將軍:官名。金印紫綬。位比三公,在大將軍後,車騎將軍、衛將軍前。

[7]【今注】輕車騎士:輕車與騎士,並軍種名稱。本書卷一下《光武帝紀下》:建武七年(31),詔曰:"今國有衆軍,並多精勇,宜且罷輕車、騎士、材官、樓船士及軍假吏,令還復民伍。"李賢注引《漢官儀》曰:"高祖命天下郡國選能引關蹶張,材力武猛者,以爲輕車、騎士、材官、樓船,常以立秋後講肄課試,各有員數。平地用車、騎,山阻用材官,水泉用樓船。"本書卷一八《吴漢傳》:"發北軍五校、輕車、介士送葬,如大將軍霍光故事。"李賢注:"輕車,兵車也。"輕車,又是戰車的名稱。輕車的具體形制,本書《輿服志上》有詳細記載,曰:"輕車,古之戰車也。洞朱輪輿,不巾不蓋,建矛戟幢麾,輒弩服。藏在武庫。"

[8]【李賢注】霍光薨,宣帝遣太中大夫、侍御史持節護喪事(太,大德本作"大",二字通),中二千石修莫府冢,上賜玉衣、梓宫、便房、黄腸題湊、輼輬車、黄屋左纛,輕車材官五校士以送葬也。

[9]【李賢注】白蓋車也。

[10]【今注】珍爲陽安侯:沈欽韓《後漢書疏證》:"京子于夷安侯珍爲從祖,不應同名。《袁宏紀》又云封京子寶爲安陽侯。"《後漢紀》卷一六《安帝紀》:"封京子寶爲安陽侯。"周天游:"安陽、陽安均屬汝南郡,未知孰是。沈欽韓曰:'京子於夷安侯珍爲從祖,不應同名。'則當以作'寶'爲是。"(周天游:《後漢紀校

注》，天津古籍出版社 1987 年版，第 450 頁）陽安，縣名。屬汝南郡，治所在今河南確山縣北。

五年，悝、閶相繼並卒，皆遺言薄葬，不受爵贈，太后並從之。乃封悝子廣宗爲葉侯，閶子忠爲西華侯。

自祖父禹教訓子孫，皆遵法度，深戒竇氏，[1]檢勑宗族，闔門静居。[2]騭子侍中鳳，嘗與尚書郎張龕書，[3]屬郎中馬融宜在臺閣。[4]又中郎將任尚嘗遺鳳馬，後尚坐斷盜軍糧，檻車徵詣廷尉，[5]鳳懼事泄，先自首於騭。騭畏太后，遂髡妻及鳳以謝，天下稱之。

［1］【李賢注】章帝竇皇后，竇勳女，祖穆及叔父俱尚主。穆交通輕薄，屬託郡縣，干亂政化，後並坐怨望謀不軌被誅（怨望謀，底本模糊不可識，據紹興本、大德本、殿本補），故鄧氏深引爲誡也（也，大德本作“者”）。

［2］【李賢注】闔，閉也。

［3］【今注】尚書郎：官名。秩四百石。主要職責爲起草文書。本書《百官志三》：“（尚書）侍郎三十六人，四百石。本注曰：‘一曹有六人，主作文書起草’。”　張龕：蜀郡（今四川成都市武侯區）人。與兄張俊俱爲尚書郎。張俊事迹見本書卷四五《袁安傳》。

［4］【今注】馬融：字季長，扶風茂陵（今陝西興平市東北）人。馬嚴子。從摯恂游學，博通經籍。傳見本書卷六〇上。　臺閣：漢代尚書稱臺。《漢官儀》卷上：“初秦代少府，遣吏四人在殿中，主發書，故號尚書。尚猶主也。漢因秦置之。故尚書爲中臺，謁者爲外臺，御史爲憲臺，謂之三臺。”

［5］【李賢注】檻車謂以板四周爲檻，無所見。【今注】檻

車：拘束罪犯人身的運輸工具。《釋名》卷七《釋車》："檻車，上施闌檻，以格猛獸，亦因禁罪人之車也。"《漢書》卷三二《張耳陳餘傳》："乃檻車與王詣長安。"顔師古注："檻車者，車而爲檻形，謂以板四周之，無所通見。"可見，檻車的車箱是封閉的。據考證，秦漢時期的檻車種類不一，既有傳統的木籠囚車，也有名曰"檻車"，實際上使用輜車押送罪犯的情況。參見宋傑《漢代的檻車押解制度》（《首都師範大學學報》2012年第2期）。

建光元年，[1]太后崩，未及大斂，[2]帝復申前命，封騭爲上蔡侯，位特進。帝少號聰敏，及長多不德，而乳母王聖見太后久不歸政，[3]慮有廢置，常與中黄門李閏候伺左右。[4]及太后崩，宫人先有受罰者，懷怨恚，因誣告悝、弘、閶先從尚書鄧訪取廢帝故事，[5]謀立平原王得。[6]帝聞，追怒，令有司奏悝等大逆無道，[7]遂廢西平侯廣宗、葉侯廣德、西華侯忠、陽安侯珍、都鄉侯甫德皆爲庶人。[8]騭以不與謀，但免特進，遣就國。宗族皆免官歸故郡，没入騭等貲財田宅，徙鄧訪及家屬於遠郡。[9]郡縣逼迫，廣宗及忠皆自殺。又徙封騭爲羅侯，[10]騭與子鳳並不食而死。騭從弟河南尹豹、度遼將軍舞陽侯遵、將作大匠暢皆自殺，[11]唯廣德兄弟以母閻后戚屬得留京師。[12]

[1]【今注】建光：東漢安帝劉祜年號（121—122）。

[2]【今注】大斂：喪禮之一。把死者放入棺内，釘上棺蓋。

[3]【今注】王聖：東漢安帝乳母，封野王君。安帝延光三年（124），與江京、樊豐等構陷太子劉保乳母王男、厨監邴吉，殺之。後又構陷太子劉保，劉保被廢爲濟陰王。延光四年，北鄉侯立，閻

顯諷有司奏王聖與耿寶、樊豐等阿黨，王聖母子徙雁門。

［4］【今注】中黄門：官名。秩比百石，後增比三百石。名義上隸屬於少府。無員，宦者爲之。掌給事禁中。　李閏：東漢安帝時曾任小黄門、中黄門等職。鄧太后崩，漢安帝以讒言誅鄧氏，封李閏爲雍鄉侯，遷中常侍。事迹見本書卷七八《孫程傳》。

［5］【今注】故事：先例。漢代故事研究，可參閲邢義田《從“如故事”和“便宜從事”看漢代行政中的經常與權變》（載《治國安邦：法制、行政與軍事》，中華書局2011年版，第380—449頁）、閻曉君《兩漢“故事”論考》（《中國史研究》2000年第1期）等文。

［6］【李賢注】和帝長子平原王勝無嗣，鄧太后立樂安王寵子得爲平原王。【今注】平原王：劉得。劉得是樂安王劉寵子。東漢章帝子劉伉爲千乘王，和帝永元五年（93），薨。劉寵嗣。永元七年，改千乘國爲樂安國。殤帝延平元年（106），封漢和帝長子劉勝爲平原王。安帝永初七年（113），薨，無子。鄧太后立劉得爲平原王。安帝元初六年（119），薨，謚哀王，無子。事迹見本書卷五五《平原懷王勝傳》。

［7］【今注】大逆無道：漢代“不道”罪包括大逆、誣罔、罔上、迷國、誹謗、狡猾、惑衆、虧恩、奉使無狀、巫蠱、祝詛上、匿反者、妖言、毆辱鳩杖主、上僭等罪行。其中以大逆不道最嚴重，指具有以下特徵的行爲：取代現在的天子，或加害於天子的身體的企圖及行爲；破壞宗廟及器物；危害天子的後繼者的企圖及行爲。〔參閲［日］大庭脩著，林劍鳴等譯《秦漢法制史研究》，上海人民出版社1991年版，第81—135頁；鄔文玲《漢代赦免制度研究》，博士學位論文，中國社會科學院研究生院，2003年，第77頁〕

［8］【今注】庶人：秦漢社會身份稱謂，有官爵者被削爵罷官、罪犯被赦免或奴婢被放免之後，稱爲庶人。

［9］【今注】鄧訪：曹金華《後漢書稽疑》："《後漢紀》卷十七作'鄧防'。"（第 271 頁）

［10］【李賢注】羅，縣，屬長沙國（王先謙《後漢書集解》曰："張熷曰'國'當作'郡'。案：張説是也。騭徙封在安帝時，自不應仍據《前志》爲説"）。【今注】羅：縣名。治所在今湖南汨羅市西北。

［11］【今注】河南尹：官名。秩中二千石。以今河南洛陽市爲中心的黄河以南地區，古稱河南。秦時因黄河、洛河、伊河流經該地，而置三川郡。西漢高祖二年（前 205）改置河南郡。東漢時，因都城在洛陽，東漢光武帝劉秀於建武元年（25）改名爲河南尹。〔譚其驤：《〈兩漢州制考〉跋》，《長水集（上）》，人民出版社 2001 年版，第 46 頁〕這裏指河南尹的長官。　舞陽侯：曹金華《後漢書稽疑》："《西羌傳》作'武陽侯'。"（第 271 頁）舞陽，縣名。屬潁川郡，治所在今河南葉縣東南。　將作大匠：官名。二千石。主皇室土木工程建設。秦官。原名將作少府。西漢景帝中元六年（前 144）更名將作大匠。東漢時，屬官有左校令、右校令等。

［12］【今注】閻后：閻姬。河南滎陽（今河南滎陽市東北）人。東漢安帝元初元年，選入掖庭，爲貴人。二年，立爲皇后。紀見本書卷一〇下。　戚屬：親屬。曹金華《後漢書稽疑》："《後漢紀》卷十七作'同産'。"（第 272 頁）

大司農朱寵痛騭無罪遇禍，[1]乃肉袒輿櫬，[2]上疏追訟騭曰："伏惟和熹皇后聖善之德，爲漢文母。[3]兄弟忠孝，同心憂國，宗廟有主，王室是賴。[4]功成身退，讓國遜位，[5]歷世外戚，無與爲比。當享積善履謙之祐，[6]而横爲宫人單辭所陷。[7]利口傾險，反亂國家，罪無申證，[8]獄不訊鞫，[9]遂令騭等罹此酷濫。一門七人，並不以命，[10]屍骸流離，怨魂不反，逆天感人，率土喪氣。宜收還冢次，寵樹遺孤，奉承血祀，以謝亡靈。”[11]寵知其言切，自致廷尉，[12]詔免官歸田里。衆庶多爲騭稱枉，帝意頗悟，乃譴讓州郡，[13]還葬洛陽北芒舊塋，[14]公卿皆會喪，莫不悲傷之。詔遣使者祠以中牢，[15]諸從昆弟皆歸京師。及順帝即位，追感太后恩訓，愍騭無辜，乃詔宗正復故大將軍鄧騭宗親内外，[16]朝見皆如故事。除騭兄弟子及門從十二人悉爲郎中，擢朱寵爲太尉，[17]録尚書事。[18]

[1]【今注】大司農：官名。中二千石。掌管國家財政。秦名治粟内史，漢因之。西漢景帝後元元年（前143）更名爲大農令，武帝太初元年（前104）更名爲大司農。

[2]【李賢注】櫬，親身棺也（親、身、也，底本模糊不可識，據紹興本、大德本、殿本補）。【今注】肉袒：脱去上衣，用以表示請罪或投降。　輿櫬：輿，車輿，代指車；櫬，棺也。用車載棺，表必死之心或身犯死罪。

[3]【李賢注】《詩·凱風》曰：“母氏聖善。”文母，文王之母大任也（大，紹興本、大德本、殿本作“太”；任，底本模糊不可識，據紹興本、大德本、殿本補）。言太后有聖智之善，比於文母也。

[4]【李賢注】殤帝崩，太后與騭定立安帝，故曰是賴。

[5]【今注】案，身退讓，底本模糊不清，據紹興本、大德本、殿本補。

[6]【李賢注】《易》曰：“積善之家，必有餘慶。”又云（云，紹興本、大德本、殿本作“曰”）：“鬼神害盈而福謙。”【今注】積善：積累善行。《周易·坤·文言》：“積善之家，必有餘慶；積不善之家，必有餘殃。”　履謙：行爲謙遜。《周易·履》：

“《彖》曰：履，柔履剛也，説而應乎乾，是以‘履虎尾，不咥人，亨’。剛中正，履帝位而不疚，光明也。”《周易·謙》：“《彖》曰：謙，亨。天道下濟而光明，地道卑而上行。天道虧盈而益謙，地道變盈而流謙，鬼神害盈而福謙，人道惡盈而好謙。謙尊而光，卑而不可逾：君子之終也。”

［7］【今注】單辭：這裏指對鄧氏的訴訟是無證據的一面之辭。

［8］【李賢注】申，明白也。【今注】申證：明白、確鑿的證據。

［9］【李賢注】訊，問也。鞠，窮也。【今注】訊鞠：“鞠”同“鞫”。訊鞫是漢代刑事訴訟的程序。《史記》卷一二二《酷吏列傳》：“傳爰書，訊鞫論報。”《集解》：“蘇林曰：‘謂傳囚也。爰，易也。以此書易其辭處。鞫，窮也。’張晏曰：‘傳，考證驗也。爰書，自證不如此言，反受其罪，訊考三日復問之，知與前辭同不也。鞫，一吏爲讀狀，論其報行也。’”秦漢刑事訴訟基本程序包括告劾、訊、鞫、論、報，而訊鞫論是其中的審判程序（參閲張建國《漢簡〈奏讞書〉和秦漢刑事訴訟程序初探》，《中外法學》1997年第2期）。《史記·酷吏列傳》的“訊”指“偵訊”，是庭審前的一個階段。鞫，又稱爲“鞫獄”或“鞫訊”，其程式主要包括廷訊調查取證、刑訊驗問口供、當庭質詢被告人、驗證案件調查階段文書，以及犯罪事實認定等部分〔參閲于洪濤《秦漢法律簡牘中的“鞫”研究——兼論秦漢刑事訴訟中的相關問題》，載鄔文玲、戴衛紅主編《簡帛研究（二〇一八春夏卷）》，廣西師範大學出版社2018年版，第113—129頁〕。

［10］【李賢注】七人謂騭從弟豹、遵、暢，騭子鳳，鳳從弟廣宗、忠也。【今注】並不以命：指鄧氏生命因遭到誣告而被迫中斷了生老病死等自然過程。命，生命的自然法則。

［11］【李賢注】血祀謂祭廟殺牲取血以告神也。

［12］【今注】廷尉：官名。秦官。西漢景帝中元六年（前144），更名爲大理。武帝建元四年（前137），復爲廷尉。宣帝地節三年（前67），初置左右平，秩皆六百石。哀帝元壽二年（前1），復更名爲大理。王莽時，更名爲作士。東漢時，秩中二千石。掌平獄，奏當所應。凡郡國讞疑罪，皆處當以報。屬官有廷尉正、廷尉左監、廷尉平，秩六百石。

［13］【李賢注】以逼迫廣宗等故也。

［14］【今注】北芒：山名。又名北芒山、邙山、郲山、北山等。在今河南洛陽市北。

［15］【今注】中牢：祭祀時用羊、豕作爲犧牲。《漢書》卷七《昭帝紀》："有不幸者賜衣被一襲，祠以中牢。"顔師古注："中牢即少牢，謂羊豕也。"

［16］【今注】宗正：官名。秩中二千石。掌皇族和外戚事務。

［17］【今注】太尉：官名。三公之一。掌四方兵事功課等。東漢光武帝建武元年（25），改爲大司馬。建武二十七年，改爲太尉。

［18］【今注】録尚書事：總領尚書事務。東漢時，多以太傅、太尉、司徒、司空、大將軍等職兼任。

寵字仲威，京兆人，[1]初辟鷩府，稍遷潁川太守，[2]治理有聲。[3]及拜太尉，封安鄉侯，甚加優禮。

［1］【今注】京兆：京兆尹，三輔之一。京兆尹治長安縣，治所在今陝西西安市西北。案，曹金華《後漢書稽疑》："《後漢紀》卷十八謂朱寵'京兆杜陵人'，《順帝紀》注同。"（第272頁）

［2］【今注】潁川：郡名。治陽翟縣（今河南禹州市）。

［3］【今注】案，殿本"治理有聲"後有劉攽注"劉攽曰：案，他處無'治''理'並出者。蓋本以'理'字代治，後人誤兩

存之"。

廣德早卒。甫德更召徵爲開封令。[1]學傳父業。喪母，遂不仕。

[1]【今注】召徵：徵召。皇帝采取特徵與聘召的方式，選拔某些有名望的品學兼優的人士，或備顧問，或委任政事（參閱黄留珠《秦漢仕進制度》，西北大學出版社 1985 年版，第 205—206 頁）。　開封：縣名。治所在今河南開封市祥符區西南。　案，殿本"開封令"後有劉攽注"劉攽曰：案，已言'召'，又云'徵'，文理重疊，蓋多一'召'字"。

闓妻耿氏有節操，痛鄧氏誅廢，子忠早卒，乃養河南尹豹子嗣爲闓後。耿氏教之書學，[1]遂以通博稱。永壽中，[2]與伏無忌、延篤著書東觀，[3]官至屯騎校尉。[4]

[1]【今注】書學：書法的學問。

[2]【今注】永壽：東漢桓帝劉志年號（155—158）。

[3]【今注】伏無忌：琅邪東武（今山東諸城市）人。嗣爵爲不其侯。東漢順帝時爲侍中、屯騎校尉。順帝永和元年（136），與議郎黄景校定宫中所藏五經、諸子百家、藝術等圖書。桓帝元嘉年間，與黄景、崔寔等撰《漢紀》。又著《伏侯注》。事迹見本書卷二六《伏湛傳》。　延篤：字叔堅，南陽犨（今河南魯山縣東南）人。傳見本書卷六四。　東觀：東漢宫中藏書之所，位於南宫。本書卷五《安帝紀》：永初四年（110），二月乙亥"詔謁者劉珍及五經博士，校定東觀五經、諸子、傳記、百家藝術，整齊脱誤，是正

文字”。李賢注：“《洛陽宫殿名》曰：‘南宫有東觀。’”

［4］【今注】屯騎校尉：官名。西漢武帝所置八校尉之一，掌騎士。東漢沿置，秩比二千石，爲北軍中候所屬五校尉之一。下置司馬一人，秩千石。有員吏百二十八人，統領士七百人。

禹曾孫香子女爲桓帝后，[1]帝又紹封度遼將軍遵子萬世爲南鄉侯，拜河南尹。及后廢，萬世下獄死，其餘宗親皆復歸故郡。

［1］【今注】香：鄧香，和熹皇后鄧綏從兄子。東漢桓帝延熹四年（161），追贈車騎將軍、安陽侯印綬。　子女：子，當爲“之”字之譌。王先謙《後漢書集解》引張熷曰：“‘子’字衍。案《前書莽傳》請博採二王後及周公、孔子世列侯在長安者適子女，則泛言女亦可云‘子女’。此傳指香女言，不應著‘子’字。《后紀》‘鄧香之女也’，明此‘子’字亦‘之’字之譌。”　桓帝后：鄧猛，鄧香女。東漢桓帝永興二年（154），入掖庭爲采女。延熹二年，立爲皇后。延熹八年，廢，以憂死。紀見本書卷一〇下。本書卷三四《梁統傳》：“初，掖庭人鄧香妻宣生女猛，香卒，宣更適梁紀。”《東觀漢記》卷六《孝桓鄧皇后傳》：“孝桓帝鄧后，字猛，父香，早死，猛母宣改嫁爲掖庭民梁紀妻。”本書《天文志下》：“元嘉元年二月戊子，太白晝見。永興二年閏月丁酉，太白晝見。時上幸後宫采女鄧猛，明年，封猛兄演爲南頓侯。後四歲，梁皇后崩，梁冀被誅，猛立爲皇后，恩寵甚盛。”《太平御覽》卷一三七《皇親部三·東漢》引《續漢書》曰：“孝桓鄧皇后，字猛女，母宣本微，初適郎中鄧香，生后，後適梁紀。”《太平御覽》所引《續漢書》及本紀所載“猛女”當爲與《梁統傳》“生女猛”相涉而誤。

鄧氏自中興後,[1]累世寵貴,凡侯者二十九人,公二人,大將軍以下十三人,中二千石十四人,[2]列校二十二人,[3]州牧、郡守四十八人,[4]其餘侍中、將、大夫、郎、謁者不可勝數,[5]東京莫與爲比。[6]

[1]【今注】中興:宋陸游《南唐書》卷一五《蕭儼傳》:"儼獨建言:'帝王,己失之,己得之,謂之反正;非己失之,自己復之,謂之中興。'"東漢光武帝劉秀本爲漢宗室,國號仍爲"漢",故曰"中興"。這裏代指東漢。

[2]【今注】中二千石:秩名。月俸百八十斛。此處代指秩中二千石的官員。

[3]【今注】列校:諸校尉。如屯騎校尉、越騎校尉、步兵校尉、長水校尉、射聲校尉等。

[4]【今注】州牧:西漢武帝元封五年(前106),設十三刺史部,作爲監察區,刺史秩六百石。成帝綏和元年(前8),改刺史爲州牧,秩二千石。哀帝建平二年(前5)復爲刺史,元壽二年(前1)復爲牧。新莽和東漢初年,沿用州牧舊稱。東漢光武帝建武十八年(42),罷州牧,復置刺史。東漢刺史,秩亦六百石。靈帝中平元年(184),黄巾起義爆發,復改刺史爲州牧,成爲郡以上的一級行政組織。　郡守:郡的長官太守。

[5]【今注】將:五官中郎將、左中郎將、右中郎將、虎賁中郎將、羽林中郎將等統稱。　大夫:光禄大夫、太中大夫、中散大夫、諫議大夫等的統稱。　郎:中郎、侍郎、郎中等的統稱。

[6]【今注】東京:東漢都城洛陽,故城在今河南洛陽市。這裏代指東漢王朝。

論曰:漢世外戚,自東、西京十有餘族,[1]非徒豪横盈極,[2]自取災故,必於貽釁後主,以至顛敗者,其數有可言焉。[3]何則？恩非己結，而權已先之；[4]情疏禮重，而枉性圖之；[5]來寵方授，地既害之；[6]隙開埶謝，讒亦勝之。[7]悲哉！鷺、悝兄弟，委遠時柄，[8]忠勞王室，[9]而終莫之免，斯樂生所以泣而辭燕也！

[1]【李賢注】高帝吕后、昭帝上官后、宣帝霍后、成帝趙后、平帝王后、章帝竇后、和帝鄧后、安帝閻后、桓帝竇后、順帝梁后、靈帝何后等家，或以貴盛驕奢，或以攝位權重，皆以盈極被誅也。

[2]【今注】非徒：不僅。

[3]【李賢注】後主謂嗣君也。言外戚握權者，當先帝時或容免禍，必貽罪釁於嗣君，以至傾覆。數猶理也，其致敗之理可得言焉。

[4]【李賢注】言外戚之家，承隆寵於先帝，不結恩於後主，故權勢先在其身也（勢，紹興本作“埶”，二字同）。

[5]【李賢注】圖，謀也。其人既居權要，禮數不可不重，故後主枉其本性與之圖謀政事，非心所好也。

[6]【李賢注】後來寵者，方欲授之要職，而先代權臣見居其地，必須除舊方得授新，是地既害之也。【今注】來寵方授地既害之：正要授予趕來的寵幸者具有權勢的職位，這些職位隨即就成了他們的危害。方，正要，將要。地，地位。這裏指具有權勢的職位。既，隨即、就。

[7]【李賢注】君臣有隙，上下離心，則權寵之人形勢漸謝，於是讒人構會，尋亦勝也（此注底本多字模糊不可識，據紹興本、大德本、殿本補）。【今注】勝：克。這裏指讒言得逞。

[8]【今注】委遠時柄：委，捨棄；遠，疏遠；時柄，當世的權柄。

[9]【李賢注】樂毅忠於燕昭王，其子惠王立而疑樂毅，樂

毅懼而奔趙。趙王謂樂毅曰："燕力竭於齊，其主信讒，國人不附，其可圖乎？"毅伏而垂涕曰："臣事昭王，猶事大王也。臣若獲戾於它國，没身不忍謀趙徒隸，况其後嗣乎！"事見《古史考》（古史考，殿本作"史記"；此注底本多字模糊不可識，據紹興本、大德本、殿本補）。

寇恂字子翼，[1]上谷昌平人也，[2]世爲著姓。恂初爲郡功曹，[3]太守耿况甚重之。[4]

［1］【今注】案，大德本"寇恂字子翼"前有"寇恂"二字，且單獨成行。殿本"寇恂字子翼"前有"寇恂傳曾孫榮"六字，且單獨成行。

［2］【今注】上谷：郡名。治沮陽縣（今河北懷來縣東南）。昌平：縣名。治所在今北京市昌平區東南。案，上谷昌平，底本模糊不可識，據紹興本、大德本、殿本補。

［3］【今注】功曹：漢代郡守、縣令長之佐吏。主選舉、考課與賞罰等，可代行郡守、縣令長之職。

［4］【今注】耿况：字俠游，右扶風茂陵（今陝西興平市東北）人。以明經爲郎，後爲朔調連率（上谷太守）。後在其子耿弇的勸説下，歸附劉秀。東漢光武帝建武四年（28），封隃麋侯。十二年，卒，謚烈侯。事迹見本書卷一九《耿弇傳》。案，况甚重，底本模糊不可識，據紹興本、大德本、殿本補。

王莽敗，[1]更始立，使使者徇郡國，曰"先降者復爵位"。恂從耿况迎使者於界上，况上印綬，使者納之，一宿無還意。恂勒兵入見使者，就請之。使者不與，[2]曰："天王使者，[3]功曹欲脅之邪？"恂曰："非敢脅使君，[4]竊傷計之不詳也。今天下初定，國信未宣，使君建節銜命，以臨四方，郡國莫不延頸傾耳，望風歸命。今始至上谷而先墮大信，[5]沮向化之心，生離畔之隙，將復何以號令它郡乎？且耿府君在上谷，[6]久爲吏人所親，今易之，得賢則造次未安，[7]不賢則秖更生亂。[8]爲使君計，莫若復之以安百姓。"使者不應，恂叱左右以使者命召況。況至，恂進取印綬帶況。使者不得已，乃承制詔之，[9]況受而歸。

[1]【今注】王莽：字巨君，魏郡元城（今河北大名縣東北）人。西漢元帝皇后王政君侄子。新莽初始元年（8），代漢，國號爲新。傳見《漢書》卷九九。

[2]【今注】案，不與，底本殘，據紹興本、大德本、殿本補。

[3]【今注】天王：天子。周天子本稱王，因吴、楚等諸侯僭稱王，故加"天"字以尊之。《公羊傳》隱公元年《經》："秋七月，天王使宰咺來歸惠公仲子之賵。"《傳》："言天王者，時吴楚上僭稱王，王者不能正，而上自繫於天也。《春秋》不正者，因以廣是非。"

[4]【李賢注】君者，尊之稱也（稱，底本模糊不清，據紹興本、大德本、殿本補）。

[5]【李賢注】墮，毁也。

[6]【今注】府君：對太守的尊稱。

[7]【今注】造次：倉促。這裏指短期内。

[8]【今注】秖：通"祇"。僅僅，衹。　更：又。案，紹興本、大德本無"更"字；秖，紹興本作"祇"。

[9]【今注】承制：秉承皇帝詔令便宜行事。

及王郎起，遣將徇上谷，急況發兵。恂與門下掾閔業共説況曰：[1]"邯鄲拔起，難可信向。[2]昔王莽時，所難獨有劉伯升耳。[3]今聞大司馬劉公，[4]伯升母弟，尊賢下士，士多歸之，可攀附也。"況曰："邯鄲方盛，力不能獨拒，如何？"恂對曰："今上谷完實，控弦萬騎，舉大郡之資，[5]可以詳擇去就。恂請東約漁陽，[6]齊心合衆，邯鄲不足圖也。"[7]況然之，乃遣恂到漁陽，結謀彭寵。[8]恂還，至昌平，襲擊邯鄲使者，殺之，奪其軍，遂與況子弇等俱南及光武於廣阿。[9]拜恂爲偏將軍，[10]號承義侯，從破群賊。數與鄧禹謀議，禹奇之，因奉牛酒共交歡。[11]

［1］【今注】門下掾：州郡長官所辟僚屬。本書卷一三《公孫述傳》："遣門下掾隨之官。"李賢注："州郡有掾，皆自辟除之，常居門下，故以爲號。"嚴耕望云："郡縣屬曹諸吏，除分職列曹如户、倉、金、尉等曹及司監察之督郵外，其餘似均可冠門下爲稱，此詳碑傳可知也。功曹出入内外總揆衆務，故别爲一類；五官職稍類似，故附功曹之後。他如主簿爲閤下群吏之長，職最親近；主記室掾史及録事職掌文書，門下督盜賊及門下賊曹職主侍衛，門下議曹職主謀議，並門下之職也。"（參閱嚴耕望《中國地方行政制度史：秦漢地方行政制度》，上海古籍出版社 2007 年版，第 124 頁）本書《輿服志上》："公卿以下至縣三百石長導從，置門下五吏，賊曹、督盜賊、功曹，皆帶劍，三車導；主簿、主記，兩車爲從。"可見門下主要五吏爲功曹、主簿、主記、賊曹以及督盜賊。

［2］【李賢注】拔，卒也。【今注】邯鄲：縣名。趙國國都或邯鄲郡郡治，治所在今河北邯鄲市。

［3］【今注】劉伯升：劉縯，字伯升，東漢光武帝劉秀長兄。

傳見本書卷一四。

［4］【今注】大司馬：官名。三公之一。掌四方兵事功課等。西漢成帝綏和元年（前8），改大司馬驃騎大將軍爲大司馬。東漢光武帝建武二十七年（51），改大司馬爲太尉。　劉公：劉秀，時爲破虜將軍、行大司馬事。

［5］【今注】案，大郡之，底本殘，據紹興本、大德本、殿本補。

［6］【今注】漁陽：郡名。治漁陽縣（今北京市懷柔區北房鎮梨園莊東）。

［7］【今注】案，邯鄲不足，底本殘，據紹興本、大德本、殿本補。

［8］【今注】彭寵：字伯通，南陽宛（今河南南陽市卧龍區）人。傳見本書卷一二。案，底本殘，據紹興本、大德本、殿本補。

［9］【今注】弇：耿弇，字伯昭，右扶風茂陵（今陝西興平市東北）人。傳見本書卷一九。案，遂與況子弇等俱，底本殘，據紹興本、大德本、殿本補。

［10］【今注】偏將軍：諸將軍之一。《漢書》卷九九下《王莽傳下》載，王莽曾“置前後左右中大司馬之位，賜諸州牧號爲大將軍，郡卒正、連帥、大尹爲偏將軍，屬令長裨將軍，縣宰爲校尉”。

［11］【今注】案，“承義侯”至“酒共交歡”，底本多字殘，據紹興本、大德本、殿本補。

光武南定河内，[1]而更始大司馬朱鮪等盛兵據洛陽，[2]又并州未安，[3]光武難其守，[4]問於鄧禹曰：“諸將誰可使守河内者？”禹曰：“昔高祖任蕭何於關中，[5]無復西顧之憂，所以得專精山東，終成大業。今河内帶河爲固，户口殷實，北通上黨，[6]南迫洛陽。寇恂文武備足，有牧人御衆之才，非此子莫可使也。”乃拜恂河内太守，行大將軍事。光武謂恂曰："河内完富，吾將因是而起。昔高祖留蕭何鎮關中，吾今委公以河内，堅守轉運，給足軍糧，率厲士馬，[7]防遏它兵，勿令北度而已。"光武於是復北征燕、代。[8]恂移書屬縣，講兵肄射，[9]伐淇園之竹，[10]爲矢百餘萬，[11]養馬二千匹，收租四百萬斛，[12]轉以給軍。

[1]【今注】河内：郡名。治懷縣（今河南武陟縣西南）。

[2]【今注】朱鮪：淮陽（今河南淮陽縣）人。王常與南陽士大夫欲立劉縯，朱鮪與張卬等不聽，遂擁立劉玄爲帝。更始帝更始元年（23）爲大司馬。與李軼勸更始誅殺劉縯。更始二年，徙都長安，封膠東王，以非劉氏，固辭不受，徙爲左大司馬。後與李軼等守洛陽，在岑彭勸說下，東漢光武帝建武元年（25）九月辛卯，朱鮪舉城降，拜爲平狄將軍，封扶溝侯。後爲少府。　案，盛兵據，底本殘，據紹興本、大德本、殿本補。

[3]【今注】并州：西漢武帝元封五年（前106）設立的十三刺史部之一。王莽將十三州制改爲十二州時，曾將西漢朔方刺史部併入并州。劉秀即位後，可能短暫沿用王莽十二州制，但很快又恢復西漢十三州制，將朔方從并州中分離出來。建武十一年，又將朔方併入并州。本書《郡國志五》載有上黨、太原、上郡、西河、五原、雲中、定襄、雁門、朔方九郡國。刺史治晉陽縣（今山西太原市西南）。

[4]【李賢注】非其人不可，故難之。【今注】難其守：爲河内太守人選感到爲難。難，爲難；其，代指河内；守，太守。

[5]【今注】蕭何：沛（今江蘇沛縣）人。世家見《史記》卷五三，傳見《漢書》卷三九。

[6]【今注】上黨：郡名。治長子縣（今山西長子縣西南）。

[7]【今注】率厲：率，率領。厲，同"勵"，振奮。　士馬：

兵馬，代指軍隊。

［8］【今注】燕：戰國燕國疆域範圍的地區。《漢書·地理志》："燕地，尾、箕分壄也。武王定殷，封召公於燕，其後三十六世與六國俱稱王。東有漁陽、右北平、遼西，遼東，西有上谷、代郡、雁門，南得涿郡之易、容城、范陽、北新成、故安、涿縣、良鄉、新昌，及勃海之安次，皆燕分也。樂浪、玄菟，亦宜屬焉。"代：區域名。春秋時期以今河北蔚縣爲中心建立的代國，公元前457年，爲趙襄子所滅。大約在趙惠文王（前298—前266年在位）時期，設置代郡。代地大約相當於今河北西北與山西東北交界處及周邊地區。參閲楊振紅主編《代地歷史文化論集》（廣西師範大學出版社2018年版）。

［9］【李賢注】肄，習也。【今注】講：練習、操練。

［10］【今注】淇園之竹：太行山東南麓淇水兩岸（今河南淇縣）盛産竹，春秋衛國在這裏建有竹園。《詩·衛風·淇奥》："瞻彼淇奥，緑竹猗猗……瞻彼淇奥，緑竹青青……瞻彼淇奥，緑竹如簀。"

［11］【李賢注】《前書音義》曰"淇園，衛之苑，多竹篠"也。

［12］【今注】斛：容量單位。漢代容量主要有龠、合、升、斗、斛五個單位，彼此等量關係，據《漢書·律曆志》記載："量者，龠、合、升、斗、斛也，所以量多少也。本起於黄鐘之龠，用度數審其容，以子穀秬黍中者千有二百實其龠，以井水準其概。合龠爲合，十合爲升，十升爲斗，十斗爲斛，而五量嘉矣。"東漢一斛十斗，一斗十升，一升相當於今天200毫升（參閲丘光明、邱隆、楊平《中國科學技術史·度量衡卷》，科學出版社2001年版，第236頁）。

朱鮪聞光武北而河内孤，使討難將軍蘇茂、副將賈彊將兵三萬餘人，[1]度鞏河攻温。[2]檄書至，恂即勒軍馳出，並移告屬縣，發兵會於温下。軍吏皆諫曰："今洛陽兵度河，前後不絶，宜待衆軍畢集，乃可出也。"恂曰："温，郡之藩蔽，失温則郡不可守。"遂馳赴之。旦日合戰，而偏將軍馮異遣救及諸縣兵適至，士馬四集，幡旗蔽野。恂乃令士卒乘城鼓噪，大呼言曰："劉公兵到！"蘇茂軍聞之，陳動，恂因奔擊，大破之，追至洛陽，遂斬賈彊。茂兵自投河死者數千，生獲萬餘人。恂與馮異過河而還。自是洛陽震恐，城門晝閉。時光武傳聞朱鮪破河内，有頃恂檄至，大喜曰："吾知寇子翼可任也！"諸將軍賀，因上尊號，於是即位。

[1]【今注】蘇茂：陳留（今河南開封市祥符區東南）人，爲更始部將，任討難將軍。與朱鮪等守洛陽，後與朱鮪一起歸附光武帝。東漢光武帝建武二年（26），與蓋延共攻劉永，軍中不和，蘇茂反叛，殺淮陽太守潘蹇，依附劉永。劉永以蘇茂爲大司馬、淮陽王。建武三年，劉永爲其將慶吾所殺。蘇茂等人立劉永子劉紆爲梁王。建武五年，被張布斬殺。

[2]【李賢注】鞏、温並今洛州縣也（並，底本模糊不可識，據紹興本、大德本、殿本補）。臨黄河，故曰鞏河也。【今注】鞏：縣名。治所在今河南鞏義市西北。　温：縣名。治所在今河南温縣西南。

時軍食急乏，恂以輦車驪駕轉輸，前後不絶，[1]尚書升斗以稟百官。[2]帝數策書勞問恂，同門生茂陵董崇説恂曰：[3]“上新即位，[4]四方未定，而君侯以此時據大郡，内得人心，外破蘇茂，威震鄰敵，功名發聞，此讒人側目怨禍之時也。昔蕭何守關中，悟鮑生之言而高祖悦。[5]今君所將，皆宗族昆弟也，[6]無乃當以前人爲鏡戒。”恂然其言，稱疾不視事。帝將攻洛陽，先至河内，恂求從軍。帝曰：“河内未可離也。”數固請，不聽，乃遣兄子寇張、姊子谷崇將突騎願爲軍鋒。[7]帝善之，皆以爲偏將軍。

[1]【李賢注】《前書音義》曰：“驪駕，併駕也。輦車，人挽行也。”【今注】輦車：人力車。《説文·車部》：“輦，輓車也。從車，從扶在車前引之。”《説文·扶部》：“扶，竝行也。從二夫。輦字從此。”《釋名·釋車》：“輦車，人所輦也。”　驪駕：二馬並駕之車。驪，並列。

[2]【今注】升斗：容量單位。十升爲一斗。比喻俸禄微薄。

[3]【今注】同門生：同一個老師門下的學生。　茂陵：縣名。治所在今陝西興平市東北。　董崇：據本書卷三一《杜詩傳》，曾做過魯陽長。

[4]【今注】案，上，大德本誤作“王”。

[5]【李賢注】漢王與項羽相距京、索（距，紹興本、大德本、殿本作“拒”，二字同），蕭何留守關中，上數使使勞苦何。鮑生謂何曰：“今君王暴衣露蓋，數勞苦君者，有疑君心。爲君計者，遣君子孫昆弟能勝兵者悉詣軍。”何從其計，高祖大悦。

[6]【今注】昆弟：兄弟。

[7]【今注】突騎：用作突擊敵軍陣營的騎兵。　軍鋒：軍隊的先鋒。

建武二年，恂坐繫考上書者免。[1]是時潁川人嚴終、趙敦聚衆萬餘，[2]與密人賈期連兵爲寇。[3]恂免數月，復拜潁川太守，與破姦將軍侯進俱擊之。[4]數月，斬期首，郡中悉平定。封恂雍奴侯，[5]邑萬户。

[1]【今注】繫考：拘繫拷打。

[2]【今注】嚴終趙敦：本書卷一七《馮異傳》："建武二年春，定封異陽夏侯。引擊陽翟賊嚴終、趙根，破之。"

[3]【今注】密：縣名。治所在今河南新密市東南。

[4]【今注】侯進：東漢初年將領。光武帝時曾任積射將軍、破姦將軍等職。

[5]【今注】雍奴：縣名。治所在今天津市武清區西北。

執金吾賈復在汝南，[1]部將殺人於潁川，[2]恂捕得繫獄。[3]時尚草創，軍營犯法，率多相容，恂乃戮之於市。復以爲恥，歎。還過潁川，謂左右曰："吾與寇恂並列將帥，而今爲其所陷，大丈夫豈有懷侵怨而不決之者乎？今見恂，必手劍之！"恂知其謀，不欲與相見。谷崇曰："崇，將也，得帶劍侍側。卒有變，[4]足以相當。"恂曰："不然。昔藺相如不畏秦王而屈於廉頗者，爲國也。[5]區區之趙，尚有此義，[6]吾安可以忘之乎？"乃勑屬縣盛供具，[7]儲酒醪，[8]執金吾軍入界，一人皆兼二人之饌。[9]恂乃出迎於道，稱疾而還。賈復勒兵欲追之，而吏士皆醉，遂過去。[10]恂遣谷崇以狀聞，帝乃徵恂。恂至引見，時復先在坐，欲起相避。帝曰："天下未定，兩虎安得私鬬？今日朕分之。"[11]

於是並坐極歡，遂共車同出，結友而去。

［1］【今注】執金吾：官名。秩中二千石。主要負責京師内皇宫外的保衛及武庫兵器管理等工作，皇帝出行時還要擔任護衛和負責儀仗隊。此官承秦而設，原名中尉，西漢武帝太初元年（前104）更名執金吾。王莽時更名奮武。東漢復名執金吾。西漢時，執金吾屬官有中壘令、寺互令、武庫令、都船令、式道左右中候、左右京輔都尉等。東漢僅保留武庫令，其他皆省。　賈復：字君文，南陽冠軍（今河南鄧州市西北）人。傳見本書卷一七。　汝南：郡名。治平輿縣（今河南平輿縣北）。

［2］【李賢注】部將謂軍部之下小將也。

［3］【今注】繫獄：拘繫於監獄。

［4］【今注】卒：同“猝”。突然。

［5］【李賢注】《史記》曰，秦王與趙王飲於澠池，秦王請趙王鼓瑟，秦御史書曰“某年某月趙王爲秦王鼓瑟”。藺相如前請秦王擊缶，秦王怒，不許。相如曰：“五步之内，相如請得以頸血濺大王矣！”秦王不懌，爲擊缶。相如顧趙御史書曰“某年某月秦王爲趙王擊缶”。秦群臣曰：“請以趙十五城爲秦王壽。”相如曰：“請以秦咸陽爲趙王壽。”竟酒不能相加。既罷歸國，趙拜相如爲上卿，位在廉頗之上。頗曰：“我有攻城野戰之功，相如徒以口舌爲勞，而位居我上，我見必厚辱之。”相如出，望見廉頗，輒引車避之。舍人諫。相如曰：“夫以秦王，相如能廷叱之，何畏廉將軍哉！吾念彊秦不敢加兵於趙者，蓋以吾兩人也。今兩虎鬭，必不俱全，吾所以先公家之急而後私讎也。”

［6］【今注】尚有此義：曹金華《後漢書稽疑》：“據文義，‘尚有此義’當據《後漢紀》卷四作‘尚有此義士’。”（第273頁）

［7］【今注】供具：盛裝酒食的器具。

［8］【李賢注】《説文》曰：“醪，兼汁滓酒。”

[9]【李賢注】饌，具也。

[10]【今注】過去：指通過潁川境而離去。

[11]【李賢注】分猶解也。【今注】分：調解矛盾，使之和解。

恂歸潁川。[1]三年，遣使者即拜爲汝南太守，[2]又使驃騎將軍杜茂將兵助恂討盜賊。[3]盜賊清静，郡中無事。恂素好學，乃修鄉校，教生徒，聘能爲《左氏春秋》者，[4]親受學焉。七年，代朱浮爲執金吾。[5]明年，從車駕擊隗囂，[6]而潁川盜賊群起，帝乃引軍還，謂恂曰："潁川迫近京師，當以時定。[7]惟念獨卿能平之耳，從九卿復出，[8]以憂國可知也。"[9]恂對曰："潁川剽輕，聞陛下遠踰阻險，有事隴、蜀，[10]故狂狡乘間相詿誤耳。[11]如聞乘輿南向，[12]賊必惶怖歸死，臣願執鋭前驅。"即日車駕南征，恂從至潁川，盜賊悉降，而竟不拜郡。[13]百姓遮道曰："願從陛下復借寇君一年。"[14]乃留恂長社，[15]鎮撫吏人，受納餘降。

[1]【李賢注】《東觀記》曰："郡中政理，盜賊不入。"

[2]【李賢注】即，就也。【今注】即拜：就地授拜官職。

[3]【今注】驃騎將軍：曹金華《後漢書稽疑》以爲"驃騎將軍"脱"大"字，《光武帝紀》《杜茂傳》《後漢紀》卷四皆作"驃騎大將軍"（第273頁）。　杜茂：字諸公，南陽冠軍（今河南鄧州市西北）人。傳見本書卷二二。

[4]【今注】左氏春秋：亦稱《春秋左氏傳》《左傳》。《春秋三傳》之一，其他兩部爲《春秋公羊傳》《春秋穀梁傳》。作者傳爲春秋魯國史官左丘明。記述了上起魯隱公元年（前722）、下至

魯悼公十四年（前 454）之間的重大事件。

［5］【今注】朱浮：字叔元，沛國蕭（今安徽蕭縣西北）人。傳見本書卷三三。

［6］【今注】隗囂：字季孟，天水成紀（今甘肅静寧縣西南）人。傳見本書卷一三。

［7］【今注】當以時定：應當按時平定，即需要及時平定。

［8］【今注】九卿：東漢時指太常、光禄勳、衛尉、太僕、廷尉、大鴻臚、宗正、大司農、少府等九種職官。本書《百官志》在這九種職官後皆云“卿一人”。關於秦漢時期的九卿，卜憲群指出，秦及西漢初年既無九卿制，也無將中央部分官僚視爲九卿的説法，九卿祇作爲儒家學説的理論存在於思想之中。文景以後始將中央部分高級官吏泛稱爲九卿，非特指九人，其秩次既有中二千石也有二千石。西漢末年在儒家思想影響下九卿有向實際政制轉變之趨勢。至王莽時確定了九卿九職的制度，此制被東漢所繼承。東漢的九卿是專稱而非泛稱，秩次爲中二千石（參閲卜憲群《秦漢九卿源流及其性質問題》，《南都學壇》2002 年第 6 期；卜憲群《秦漢官僚制度》，社會科學文獻出版社 2002 年版，第 129 頁）。

［9］【今注】以憂國可知也：王先謙《後漢書集解》曰：“‘知’字衍。《通鑑》引傳文無‘知’字。《袁紀》作‘從九卿復爲二千石，以憂國可也’，亦無‘知’字。”

［10］【今注】隴：隴山，代指隗囂政權。　蜀：蜀地，代指公孫述政權。

［11］【李賢注】狡，猾也。《説文》曰：“詿亦誤也。”音挂。

［12］【今注】乘輿：天子乘坐的車輿。這裏代指天子。

［13］【今注】拜郡：拜爲郡守。

［14］【李賢注】恂前爲潁川太守，故曰“復借”也。

［15］【今注】長社：縣名。治所在今河南長葛市東北。

初，隗囂將安定高峻，擁兵萬人，據高平弟一，[1]帝使待詔馬援招降峻，[2]由是河西道開。[3]中郎將來歙承制拜峻通路將軍，[4]封關内侯，[5]後屬大司馬吴漢，[6]共圍囂於冀。[7]及漢軍退，峻亡歸故營，復助囂拒隴阺。[8]及囂死，峻據高平，畏誅堅守。建威大將軍耿弇率太中大夫竇士、武威太守梁統等圍之，[9]一歲不拔。十年，帝入關，將自征之，恂時從駕，諫曰："長安道里居中，應接近便，[10]安定、隴西必懷震懼，[11]此從容一處可以制四方也。今士馬疲倦，方履險阻，非萬乘之固，前年潁川，可爲至戒。"帝不從。進軍及汧，[12]峻猶不下，帝議遣使降之，乃謂恂曰："卿前止吾此舉，今爲吾行也。若峻不即降，引耿弇等五營擊之。"恂奉璽書至第一，[13]峻遣軍師皇甫文出謁，辭禮不屈。恂怒，將誅文。諸將諫曰："高峻精兵萬人，率多彊弩，西遮隴道，連年不下。今欲降之而反戮其使，無乃不可乎？"恂不應，遂斬之。遣其副歸告峻曰："軍師無禮，已戮之矣。欲降，急降；不欲，固守。"峻惶恐，即日開城門降。諸將皆賀，因曰："敢問殺其使而降其城，何也？"恂曰："皇甫文，峻之腹心，其所取計者也。今來，辭意不屈，必無降心。全之則文得其計，殺之則峻亡其膽，是以降耳。"諸將皆曰："非所及也。"遂傳峻還洛陽。

[1]【李賢注】高平，縣，屬安定郡。《續漢志》曰高平有弟一城也（弟，紹興本、大德本、殿本作"第"，二字同）。【今注】高平：縣名。治所在今寧夏固原市。　弟一：城名。案，弟，紹興

本、大德本、殿本作“第”。

［2］【今注】待詔：等待詔命。這裏指被皇帝徵召但尚未授予正式官職的人。《漢書》卷一一《哀帝紀》：“待詔夏賀良等言赤精子之讖。”顔師古注引應劭曰：“諸以材技徵召，未有正官，故曰待詔。”　馬援：字文淵，扶風茂陵（今陝西興平市東北）人。王莽時曾任新成大尹（漢中太守）。傳見本書卷二四。

［3］【今注】河西：就自然地理而言，指今甘肅、寧夏黄河以西地區；就行政區劃而言，以西漢武帝開河西地後，所置武威、張掖、酒泉、敦煌四郡之地代之。關於河西四郡始置時間，學界頗多争議，周振鶴認爲西漢武帝元狩二年（前121）置酒泉郡，元鼎六年（前111）析酒泉郡新置張掖、敦煌二郡，宣帝地節三年（前67）置武威郡。另，昭帝始元六年（前81）置金城郡。（周振鶴、李曉傑、張莉：《中國行政區劃通史・秦漢卷》，第478頁）

［4］【今注】來歙：字君叔，南陽新野（今河南新野縣）人。傳見本書卷一五。

［5］【今注】關内侯：秦漢二十等爵的第十九級，僅次於列侯。除一般被封予的食邑户數外，據張家山漢簡《二年律令・户律》載，西漢初年關内侯還受田九十五頃，受宅九十五宅〔張家山二四七號漢墓竹簡整理小組：《張家山漢墓竹簡［二四七號墓］（釋文修訂本）》，第25頁〕。

［6］【今注】吴漢：字子顔，南陽宛（今河南南陽市卧龍區）人。傳見本書卷一八。

［7］【今注】共圍囂於冀：沈家本認爲，是時圍隗囂於西城，非冀也，“冀”字誤（徐世虹主編：《沈家本全集》第六卷《諸史瑣言》，中國政法大學出版社2010年版，第206頁）。冀，縣名。天水郡治，治所在今甘肅天水市西北。

［8］【今注】隴阺：古隴山一段的名稱。《漢書・地理志下》“隴西郡”條，顔師古注：“應劭曰：‘有隴坻，在其西也。’師古曰：‘隴坻謂隴阪，即今之隴山也。此郡在隴之西，故曰隴西。’”

古隴山南起渭水之濱，北抵沙漠，包括今天的隴山和六盤山兩座大山，古人將今天的隴山稱爲小隴山，將六盤山稱爲大隴山。古隴山各段都有别稱、異名，如隴坻、隴阪、隴頭、雞頭山、崆峒山、笄頭山等。翻越隴山的隴坻道，春秋時期已經開通。王元控制的隴坻的具體位置，應位於今陝西隴縣固關鎮西，是路通張家川回族自治縣和清水縣的隴山道口。（劉滿：《河隴歷史地理研究》，甘肅文化出版社 2009 年版，第 205 頁）

［9］【今注】太中大夫：官名。名義上隸屬於光禄勳。秩千石，無員。掌顧問應對，無常事，唯詔令所使。　梁統：字仲寧，安定烏氏（今寧夏固原市東南）人。傳見本書卷三四。

［10］【李賢注】從洛陽至高平，長安爲中。

［11］【今注】隴西：郡名。治狄道縣（今甘肅臨洮縣）。

［12］【李賢注】汧，縣，屬扶風，故城在今隴州汧源縣南也（州，大德本誤作“川”）。【今注】汧：縣名。治所在今陝西隴縣南。

［13］【今注】璽書：詔書。璽，璽印。文書一般均封以璽印，作爲憑信，故璽書指加封了璽印的文書，後專指皇帝的詔書。

恂經明行修，名重朝廷，所得秩奉，厚施朋友、故人及從吏士。常曰：“吾因士大夫以致此，其可獨享之乎！”時人歸其長者，[1]以爲有宰相器。十二年卒，謚曰威侯。子損嗣。恂同産弟及兄子、姊子以軍功封列侯者凡八人，終其身，不傳於後。初所與謀閔業者，恂數爲帝言其忠，賜爵關内侯，官至遼西太守。[2]

［1］【今注】時人歸其長者：中華本校勘記：“‘歸’疑‘稱’字之譌。”曹金華《後漢書稽疑》：“歸”“稱”二字可以通用，詳

參國務院古籍整理出版規劃小組編《古籍點校疑誤匯録》（四）吕名中文。如《吴漢傳》“爲郡縣所歸”，《後漢紀》卷二作“爲郡縣所稱”也。（第274頁）

［2］【今注】遼西：郡名。治陽樂縣（今遼寧義縣北）。

十三年，復封損庶兄壽爲洨侯。[1]後徙封損扶柳侯。[2]損卒，子釐嗣，徙封商鄉侯。釐卒，子襲嗣。

［1］【李賢注】洨，縣，屬沛郡。洨音胡交反（胡，紹興本、大德本、殿本作“故”）。【今注】庶兄：父親妾所生之兄。　洨：縣名。治所在今安徽固鎮縣東。

［2］【李賢注】扶柳，縣，屬信都郡，故城在今冀州信都縣西也。【今注】扶柳：縣名。治所在今河北衡水市冀州區西北。惠棟《後漢書補注》：“建武三十年，襲封也。”

恂女孫爲大將軍鄧騭夫人，由是寇氏得志於永初間。[1]

［1］【李賢注】安帝永初年（紹興本、大德本、殿本“年”前有“元”字，是），鄧太后臨朝，故得志也。

恂曾孫榮。

論曰：《傳》稱“喜怒以類者鮮矣”。[1]夫喜而不比，怒而思難者，[2]其唯君子乎！子曰：“伯夷、叔齊，[3]不念舊惡，怨是用希。”於寇公而見之矣。[4]

［1］【李賢注】《左傳》曰，晉范武子燮將老（燮，紹興本、

大德本、殿本作“會”，底本誤），召其子文子曰：“吾聞之，喜怒以類者鮮矣，而易者實多也。”【今注】喜怒以類者鮮矣：語出《左傳》宣公十七年。意爲喜怒合乎禮法的人很少。

［2］【今注】喜而不比怒而思難：喜歡却不與之結黨，怨恨却考慮這可能會帶來災難。比，勾結，結黨。

［3］【今注】伯夷叔齊：孤竹君的兩個兒子。父死之後，互相推讓君主之位，而逃離孤竹。後不食周粟而餓死在首陽山。傳見《史記》卷六一。

［4］【李賢注】《論語》孔子之言。

榮少知名，桓帝時爲侍中。性矜絜自貴，於人少所與，[1]以此見害於權寵。而從兄子尚帝妹益陽長公主，[2]帝又娉其從孫女於後宮，左右益惡之。延熹中，[3]遂陷以罪辟，[4]與宗族免歸故郡，吏承望風旨，[5]持之浸急，榮恐不免，奔闕自訟。未至，刺史張敬追劾榮以擅去邊，[6]有詔捕之。榮逃竄數年，會赦令，不得除，積窮困，乃自亡命中上書曰：[7]

［1］【李賢注】與，黨與也。

［2］【今注】益陽：縣名。治所在今湖南益陽市東。

［3］【今注】延熹：東漢桓帝劉志年號（158—167）。

［4］【今注】罪辟：罪行。

［5］【今注】風旨：意圖、企圖。

［6］【今注】刺史：西漢武帝元封五年（前106）設十三刺史部，作爲監察區，刺史秩六百石。成帝綏和元年（前8），改刺史爲州牧，秩二千石。哀帝建平二年（前5）復爲刺史，元壽二年（前1）復爲牧。新莽和東漢初年，沿用州牧舊稱。東漢光武帝建

武十八年（42），罷州牧，復置刺史。東漢刺史，秩亦六百石。靈帝中平元年（184），黄巾起義爆發，復改刺史爲州牧，成爲郡以上的一級行政組織。 張敬：東漢桓帝延熹時曾爲幽州刺史，後遷尚書，以誅梁冀功，封亭侯。

[7]【李賢注】自，從也。

臣聞天地之於萬物也好生，帝王之於萬人也慈愛。陛下統天理物，爲萬國覆，作人父母，先慈愛，後威武，先寬容，後刑辟，自生齒以上，咸蒙德澤。[1]而臣兄弟獨以無辜爲專權之臣所見批抵，[2]青蠅之人所共構會。[3]以臣婚姻王室，謂臣將撫其背，[4]奪其位，退其身，受其埶。於是遂作飛章以被於臣，[5]欲使墜萬仞之阬，踐必死之地，令陛下忽慈母之仁，發投杼之怒。[6]尚書背繩墨，案空劾，[7]不復質确其過，寘於嚴棘之下，[8]便奏正臣罪。[9]司隸校尉馮羨佞邪承旨，[10]廢於王命，驅逐臣等，不得旋踵。臣奔走還郡，没齒無怨。臣誠恐卒爲豺狼横見噬食，故冒死欲詣闕，披肝膽，布腹心。

[1]【李賢注】《大戴禮》曰“男子八月生齒，女子七月生齒”也。

[2]【李賢注】《説文》曰：“抵，側擊也。”批音片兮反（兮，紹興本、大德本、殿本作“支”）。抵音之氏反。【今注】批抵：排擠打擊。批，排擠。抵，打擊。《説文解字·手部》：“抵，側擊也。從手，氏聲。”

[3]【李賢注】青蠅，《詩·小雅》曰：“營營青蠅，止于樊，

愷悌君子，無信讒言。”青蠅能汚白使黑，汚黑使白，喻佞人變亂善惡。【今注】構會：亦作“搆會”。設計陷害。案，構，紹興本、大德本、殿本作“搆”。

［4］【今注】撫：通“拊”。拍，輕擊。

［5］【今注】飛章：報告急變的奏章，但可能屬於誣告性質的文書。趙凱指出：東漢時期的“飛章”，要麽形同西漢時期的“急變”“飛變”，即告發急變的奏章，要麽就是没有事實根據的誣告文書，而不是匿名文書。參閲趙凱《漢代匿名文書犯罪諸問題再探討》（《河北學刊》2009年第3期）。

［6］【李賢注】《史記》曰，昔曾參之處費，魯人又有與曾參同姓名（又，殿本無“又”字），殺人。人告其母曰“曾參殺人”，其母織自若也。又一人告之曰“曾參殺人”，其母尚織自若也（大德本無“其母”二字）。又一人告之（紹興本、大德本、殿本“告之”後有“曰曾參殺人”五字），其母乃投杼下機，踰牆而走。夫以曾參之賢，其母猶生疑於三告。【今注】案，慈，殿本作“參”。

［7］【李賢注】繩墨謂法律也。【今注】繩墨：木工打直綫的工具——染了黑墨的綫，比喻法度、規矩。這裏指法律。 案：案驗、審問。 空劾：憑空捏造的彈劾，即誣告。

［8］【李賢注】質，正也。确，實也。《説文》云，确音胡角反，此苦角反。叢棘謂獄也，《易·坎》上六曰“繫用徽墨（用，大德本誤作‘于’），寘于叢棘”也。【今注】質确：驗證核實。 叢棘：古代牢獄四周布棘，故用叢棘代稱牢獄。

［9］【今注】奏正：奏請治罪。

［10］【今注】司隸校尉：官名。秩比二千石。西漢武帝征和四年（前89）初置，持節，領兵一千二百人，負責糾察京師百官及京師近郡犯法者。元帝初元四年（前45）去節。成帝元延四年（前9）省。綏和二年（前7），漢哀帝復置，稱司隸，屬大司空。

東漢光武帝建武中復置。與御史中丞、尚書令號稱“三獨坐”。　馮羨：曾任青州刺史，東漢順帝漢安元年（142），授守光禄大夫，與侍中杜喬、光禄大夫周舉、守光禄大夫郭遵、欒巴、張綱、周栩、劉班等八人分行州郡。桓帝時曾任司隸校尉。

刺史張敬好爲諂諛，張設機網，復令陛下興靁電之怒。[1]司隸校尉應奉、河南尹何豹、洛陽令袁騰並驅争先，[2]若赴仇敵，罰及死没，髠剔墳墓，但未掘壙出尸，剖棺露胔耳。[3]昔文王葬枯骨，[4]公劉敦行葦，世稱其仁。[5]今殘酷容媚之吏，無折中處平之心，不顧無辜之害，而興虚誣之誹，欲使嚴朝必加濫罰。[6]是以不敢觸突天威，[7]而自竄山林，以俟陛下發神聖之聽，啟獨覩之明，[8]拒讒慝之謗，絶邪巧之言，救可濟之人，援没溺之命。不意滯怒不爲春夏息，[9]淹恚不爲順時怠，[10]遂馳使郵驛，布告遠近，嚴文剋剥，痛於霜雪，張羅海内，設置萬里，逐臣者窮人迹，追臣者極車軌，雖楚購伍員，[11]漢求季布，無以過也。[12]

[1]【今注】靁電之怒：大怒，盛怒。《戰國策》卷八《齊策一·蘇秦爲趙合從説齊王》：“五家之兵，疾如錐矢，戰如雷電，解如風雨。”高誘注：“雷電，喻威大也。”

[2]【今注】應奉：字世叔，汝南南頓（今河南項城市西）人。傳見本書卷四八。　洛陽令：官名。秩千石。本書《百官志五》劉昭注引《漢官》曰：“雒陽令秩千石，丞三人四百石，孝廉左尉四百石，孝廉右尉四百石。員吏七百九十六人，十三人四百石。鄉有秩、獄史五十六人，佐史、鄉佐七十七人，斗食、令史、

嗇夫、假五十人，官掾史、幹小史二百五十人，書佐九十人，脩行二百六十人。”

［3］【李賢注】胔謂骨之尚有肉者也。《月令》曰：“掩骼埋胔”。音才賜反，又在移反（移，紹興本、大德本、殿本作“侈”，可從）。

［4］【李賢注】解見《順紀》也。【今注】昔文王葬枯骨：關於周文王掩埋枯骨的傳説，《吕氏春秋·異用》載：“周文王使人扣池，得死人之骸，吏以聞於文王。文王曰：‘更葬之。’吏曰：‘此無主矣。’文王曰：‘有天下者，天下之主也。有一國者，一國之主也。今我非其主也？’遂令吏以衣棺更葬之。天下聞之曰：‘文王賢矣，澤及髊骨，又況於人乎！’或得寶以危其國，文王得朽骨以喻其意，故聖人於物也無不材。”

［5］【李賢注】《大雅·行葦之詩》曰：“敦彼行葦，牛羊勿踐履。”言公劉之時，仁及草木，敦然道傍之葦，牧牛羊者無使踐履折傷之，況於人乎？故榮以自喻焉。

［6］【今注】嚴朝：威嚴的朝廷。《後漢紀》卷二一《桓帝紀》作“聖朝”。

［7］【今注】天威：朝廷的威嚴。

［8］【今注】獨覩之明：指能發現不同尋常之處的眼睛。

［9］【李賢注】春夏長養萬物（養，大德本作“生”；物，大德本作“勿”），故不宜怒矣。【今注】滯怒：鬱積於心中一直無法消除的憤怒。

［10］【今注】淹恚：淹滯的怨恨。　順時：順應時節。古代農事、禮樂、政教、兵刑一般要順應春生、夏長、秋收、冬藏的節律。參閲薛夢瀟《早期中國的月令與“政治時間”》（上海古籍出版社2018年版）。

［11］【李賢注】《史記》曰，楚人伍奢爲平王太子建太傅，費無忌譖殺奢。奢子員字子胥，奔吴，楚購之，得伍員者賜粟五

萬石，爵執圭。

[12]【李賢注】季布爲項羽將，數窘漢王。項羽滅，高祖購求布千金（求布，紹興本作“求季布”，殿本作“季布”），敢舍匿，罪三族。

臣遇罰以來，三赦再贖，無驗之罪，足以蠲除。[1]而陛下疾臣愈深，有司咎臣甫力，[2]止則見埽滅，行則爲亡虜，[3]苟生則爲窮人，[4]極死則爲冤鬼，天廣而無以自覆，地厚而無以自載，蹈陸土而有沈淪之憂，遠巖牆而有鎮壓之患。[5]精誠足以感於陛下，而哲王未肯悟。[6]如臣犯元惡大憝，[7]足以陳於原野，備刀鋸，[8]陛下當班布臣之所坐，[9]以解衆論之疑。臣思入國門，[10]坐於肺石之上，[11]使三槐九棘平臣之罪。[12]而閶闔九重，[13]陷穽步設，[14]舉趾觸罘罝，[15]動行絓羅網，[16]無緣至萬乘之前，[17]永無見信之期矣。

[1]【李賢注】無驗謂無罪狀可案驗也。

[2]【李賢注】甫，始也。力，甚也。

[3]【今注】亡虜：逃亡的罪人。

[4]【今注】窮人：前途窮盡、走投無路之人。

[5]【今注】巖牆：高而危的墻。《孟子·盡心上》：“是故知命者不立乎巖墻之下。”

[6]【今注】哲王：賢明的君主。

[7]【李賢注】憝，惡也。主言元惡之人，大爲人之所惡也。

[8]【李賢注】鋸，刖刑也。《國語》曰：“刑有五，大者陳諸原野矣。”

［9］【今注】坐：罪。這裏指所觸犯的具體律令與罪名。

［10］【今注】國門：京師之門。國，國都。

［11］【今注】肺石：肺石。立於朝廷門外的石頭，百姓有冤屈可立於石上申訴，因石頭與肺相似，故曰肺石。

［12］【李賢注】《周禮·秋官》云："左九棘，孤卿大夫位焉；右九棘，公侯伯子男位焉；面三槐，三公位焉。左嘉石，平罷人；右肺石，達窮人。"【今注】三槐九棘：代指三公九卿。《周禮·秋官·朝士》："朝士掌建邦外朝之灋：左九棘，孤卿大夫位焉，群士在其後；右九棘，公侯伯子男位焉，群吏在其後；面三槐，三公位焉，州長衆庶在其後；左嘉石，平罷民焉；右肺石，達窮民焉。"

［13］【李賢注】閶闔，天門也。【今注】閶闔：天門。這裏指皇宫之門。

［14］【李賢注】穽，阬穽也。

［15］【李賢注】《説文》曰："罦，兔綱也。"罝亦兔綱也，音浮嗟。

［16］【今注】絓：觸犯。

［17］【今注】萬乘：古代一輛兵車由四馬一車組成，稱爲一乘。戰國時，大諸侯國稱爲萬乘之國，小諸侯國稱爲千乘之國。據周制，天子地方千里可以出兵車萬乘，故萬乘亦是天子的代稱。千乘則代指割據一方的諸侯。

國君不可讎匹夫，讎之則一國盡懼。[1]臣奔走以來，[2]三離寒暑，[3]陰陽易位，當煖反寒，春常凄風，[4]夏降霜雹，[5]又連年大風，折拔樹木。風爲號令，[6]春夏布德，[7]議獄緩死之時。[8]願陛下思帝堯五教在寬之德，[9]企成湯避遠讒夫之誡，[10]以寧風旱，以弭災兵。臣聞勇者不逃死，智者不重困，[11]固不爲明朝惜垂盡之命，願赴湘、沅之波，從屈原之悲，[12]沈江湖之流，弔子胥之哀。[13]臣功臣苗緒，[14]生長王國，懼獨含恨以葬江魚之腹，無以自别於世，[15]不勝狐死首丘之情，營魂識路之懷。[16]犯冒王怒，觸突帝禁，伏於兩觀，陳訴毒痛，[17]然後登金鑊，入沸湯，[18]糜爛於熾爨之下，九死而未悔。[19]

[1]【李賢注】《左傳》曰，晉侯之豎頭須曰“國君而讎匹夫，懼者甚衆”也。

[2]【今注】奔走：逃走，逃亡。

[3]【李賢注】離，歷。【今注】離：經歷。《詩·小雅·小明》：“二月初吉，載离寒暑。”

[4]【李賢注】凄風，寒風也。《左傳》曰：“春無凄風。”

[5]【李賢注】《月令》：“仲夏行冬令，則雹凍傷穀。”

[6]【李賢注】《前書》翼奉曰：“凡風者，天之號令，所以譴告人也。”

[7]【李賢注】《月令》：“春，天子布德行惠，發倉廩，振窮乏（振，紹興本、殿本作‘賑’，二字同）；夏，行封，慶賜，無不欣悦也。”

[8]【李賢注】《易·中孚象》曰“君子以議獄緩死”也（殿本無“也”字）。

[9]【今注】帝堯：傳説中的聖王之一，司馬遷將其視爲五帝之一。詳見《史記》卷一《五帝本紀》。

[10]【李賢注】劉向《説苑》曰：“湯大旱七年，使人持鼎祀山川，祝曰：‘政不節邪？包苴行邪？讒夫昌邪？宫室榮邪（榮，大德本作“營”，殿本作“崇”，紹興本此處無字，空一

格)？女謁盛邪？使人疾邪？何不雨之極也（也，紹興本、大德本、殿本作“邪”）！’”【今注】企：企望，仰望。 成湯避遠讒夫之誡：商湯遠避讒言告誡的典故，出自劉向《説苑》。《説苑·君道》：“湯之時，大旱七年，雒拆川竭，煎沙爛石，於是使人持三足鼎祝山川，教之祝曰：‘政不節邪？使人疾邪？苞苴行邪？讒夫昌邪？宮室營邪？女謁盛邪？何不雨之極也！’蓋言未已而天大雨，故天之應人，如影之隨形，響之效聲者也。《詩》云：‘上下奠瘞，靡神不宗。’言疾旱也。”湯，商的開國君主，都於西亳（今河南偃師市），在鳴條（今河南封丘縣東）擊敗夏桀。桀南逃，死於南巢（今安徽壽縣東南），夏亡，商建國。

［11］【李賢注】重猶惜也。

［12］【李賢注】《史記》曰，屈原事楚懷王，王受讒，流屈原於江南。屈原憂愁悲思，遂投湘、沅而死。【今注】湘沅：湘江、沅水。

［13］【李賢注】《史記》曰，伍子胥爲吴行人，被宰嚭所譖，吴王賜屬鏤之劍以死。王取其尸，盛以鴟夷，浮之於江中矣。

［14］【今注】苗緒：後代。緒，世系。

［15］【李賢注】屈原曰“寧赴湘沅（沅，大德本、殿本作‘流’，可從），葬江魚之腹”也（紹興本、大德本、殿本“葬”後有“於”字）。

［16］【李賢注】《禮·檀弓》曰：“古人有言，狐死正首丘，仁也。”《楚詞》曰：“願徑逝而未得，魂識路之煢煢。”《老子》曰“載營魄”，猶營魂也。

［17］【李賢注】兩觀，闕也。孔子攝司寇，誅少正卯於兩觀之下。

［18］【今注】然後登金鑊入沸湯：古代的一種酷刑。《史記》卷八一《廉頗藺相如傳》：“臣知欺大王之罪當誅，臣請就湯鑊。”湯鑊，烹人的刑具，即同此。

[19]【李賢注】《楚詞》曰“雖九死猶未悔”也（猶，紹興本、大德本、殿本作“而”）。

悲夫，久生亦復何聊![1]蓋忠臣殺身以解君怒，孝子殞命以寧親怨，故大舜不避塗廩浚井之難，[2]申生不辭姬氏讒邪之謗。[3]臣敢忘斯義，[4]不自斃以解明朝之忿哉![5]乞以身塞重責。願陛下匄兄弟死命，[6]使臣一門頗有遺類，[7]以崇陛下寬饒之惠。先死陳情，臨章涕泣，泣血連洳。[8]

[1]【今注】聊：依賴，憑藉。《後漢紀》卷二一《桓帝紀》作“聊賴”。

[2]【李賢注】廩，倉也。浚，深也。《史記》曰，舜父瞽叟常欲殺舜，使舜塗廩，從下焚廩，舜乃以兩笠自扞而下。後又使穿井，舜爲匿空旁出。舜既入深，父乃與象共下土實之，舜從旁空出去。

[3]【李賢注】申生，晉獻公太子。獻公用驪姬之讒而殺申生，事見《左氏傳》也。

[4]【今注】案，義，紹興本、大德本、殿本作“議”。大德本、殿本“臣敢忘斯議”下有劉攽注：“劉攽曰，案，文義當作‘義’。”

[5]【今注】明朝：聖明的朝廷。

[6]【李賢注】匄，乞也，音蓋。

[7]【今注】遺類：殘留下來的同類。

[8]【李賢注】《易》曰：“乘馬班如，泣涕連如。”言居不獲安，行無所適，窮困闉厄，無所委仰者。

帝省章愈怒，遂誅榮。寇氏由是衰廢。

贊曰：元侯淵謨，[1]乃作司徒。明啟帝略，肇定秦都。[2]勳成智隱，静其如愚。[3]子翼守温，蕭公是埒，[4]係兵轉食，以集鴻烈。[5]誅文屈賈。有剛有折。[6]

[1]【今注】淵謨：謀略深遠。

[2]【今注】秦都：秦地舊都。這裏指關中地區。

[3]【李賢注】《論語》孔子曰“吾與回言終日，不違如愚”也。

[4]【李賢注】埒，等也。【今注】蕭公：蕭何。

[5]【今注】鴻烈：偉大的功業。

[6]【李賢注】誅皇甫文，屈於賈復。

後漢書　卷一七

列傳第七

馮異　岑彭　賈復

馮異字公孫，潁川父城人也。[1]好讀書，通《左氏春秋》《孫子兵法》。[2]

［1］【李賢注】父城，縣名，故城在今許州葉縣東北。汝州郟城縣亦有父城。【今注】潁川：郡名。治陽翟縣（今河南禹州市）。　父城：縣名。治所在今河南寶豐縣東。

［2］【李賢注】孫子名武，善用兵，吴王闔廬之將也，作兵法十三篇（作兵法，底本模糊不清，據紹興本、大德本、殿本補）。見《史記》（見史記，底本模糊不清，據紹興本、大德本、殿本補）。【今注】左氏春秋：亦稱《春秋左氏傳》《左傳》。《春秋三傳》之一，其他兩部爲《春秋公羊傳》《春秋穀梁傳》。作者傳爲春秋魯國史官左丘明。記述了上起魯隱公元年（前722）、下至魯悼公十四年（前454）之間的重大事件。　孫子兵法：亦稱《孫子》《吴孫子兵法》《孫武兵法》等。作者孫武，春秋齊國人，曾被吴王闔閭拜爲將。1972年山東臨沂銀雀山漢墓出土有竹簡本

《孫子兵法》。《孫子兵法》竹簡 300 餘枚，篇題爲整理者所加，除《地形》篇外，簡文與傳世本各篇皆有對應文字，篇次與今本有所不同，正文篇題僅存《作戰》《刑（形）》《執（勢）》《虚實》《九地》《火攻》《用間》七個〔參閲銀雀山漢墓竹簡整理小組編《銀雀山漢墓竹簡（壹）》，文物出版社 1975 年版；李均明等《當代中國簡帛學研究》，中國社會科學出版社 2011 年版〕。

漢兵起，異以郡掾監五縣，[1]與父城長苗萌共城守，[2]爲王莽拒漢。[3]光武略地潁川，[4]攻父城不下，屯兵巾車鄉。[5]異間出行屬縣，[6]爲漢兵所執。[7]時異從兄孝及同郡丁綝、吕晏，[8]並從光武，因共薦異，得召見。異曰："異一夫之用，不足爲彊弱。有老母在城中，願歸據五城，以效功報德。"光武曰"善"。異歸，謂苗萌曰："今諸將皆壯士屈起，[9]多暴横，獨有劉將軍所到不虜掠。觀其言語舉止，非庸人也，可以歸身。"苗萌曰："死生同命，敬從子計。"[10]光武南還宛，[11]更始諸將攻父城者前後十餘輩，[12]異堅守不下；及光武爲司隸校尉，[13]道經父城，異等即開門奉牛酒迎。[14]光武署異爲主簿，[15]苗萌爲從事。[16]異因薦邑子銚期、[17]叔壽、段建、左隆等，[18]光武皆以爲掾史，[19]從至洛陽。[20]

［1］【今注】案，異以，底本模糊不清，據紹興本、大德本、殿本補。　郡掾：郡守所辟僚屬。本書卷一三《公孫述傳》："遣門下掾隨之官。"李賢注："州郡有掾，皆自辟除之，常居門下，故以爲號。"嚴耕望："郡縣屬曹諸吏，除分職列曹如户、倉、金、尉等曹及司監察之督郵外，其餘似均可冠門下爲稱，此詳碑傳可知也。

功曹出入内外總揆衆務，故别爲一類；五官職稍類似，故附功曹之後。他如主簿爲閣下群吏之長，職最親近；主記室掾史及録事職掌文書，門下督盜賊及門下賊曹職主侍衛，門下議曹職主謀議，並門下之職也。”（參閲嚴耕望《中國地方行政制度史：秦漢地方行政制度》，上海古籍出版社2007年版，第124頁）。本書《輿服志上》：“公卿以下至縣三百石長導從，置門下五吏，賊曹、督盜賊、功曹，皆帶劍，三車導；主簿、主記，兩車爲從。”可見門下主要五吏爲功曹、主簿、主記、賊曹以及督盜賊。

[2]【今注】父城長：官名。《後漢紀》卷一《光武皇帝紀》作“父城令”。長，縣級政府的長官。萬户以上縣設縣令，不足萬户設縣長。縣令秩千石。縣長秩四百石或三百石。　案，萌共城，底本模糊不清，據紹興本、大德本、殿本補。

[3]【今注】案，王莽拒漢，底本模糊不清，據紹興本、大德本、殿本補。王莽，字巨君，魏郡元城（今河北大名縣東北）人。初始元年（8），代漢，國號爲新。傳見《漢書》卷九九。

[4]【今注】光武：東漢皇帝劉秀謚號。本書卷一上《光武帝紀上》李賢注：“《謚法》：‘能紹前業曰光，克定禍亂曰武。’”

[5]【李賢注】巾車，鄉名也，在父城界。（此注，底本模糊不清，據紹興本、大德本補，殿本無“也”字）【今注】案，屯兵巾車鄉，底本模糊不清，據紹興本、大德本、殿本補。

[6]【李賢注】間出猶微行。行音下孟反。【今注】行：巡視、巡行。

[7]【今注】案，爲漢兵所執，底本模糊不清，據紹興本、大德本、殿本補。

[8]【李賢注】《東觀記》曰：“綝字幼春，定陵人也。伉健有武略。”綝音丑心反（此注，底本模糊不清，據紹興本、大德本補，殿本無“也”字）。【今注】案，時異從兄孝及，底本模糊不清，據紹興本、大德本、殿本補。從兄，堂兄。　丁綝：字幼春，

潁川定陵（今河南舞陽縣東北）人。傳見本書卷三七。

［9］【今注】案，“並從光武”至“諸將皆壯士屈起”，底本多模糊不清，據紹興本、大德本、殿本補。屈起，崛起。屈，通“崛”。

［10］【今注】案，“多暴横”至“從子”，底本有模糊不清處，據紹興本、大德本、殿本補。

［11］【今注】宛：縣名。南陽郡治，治所在今河南南陽市卧龍區。

［12］【今注】更始：劉玄即漢皇帝位後的年號（23—25）。更始，亦代指劉玄。

［13］【今注】司隸校尉：官名。秩比二千石。西漢武帝征和四年（前89）初置，持節，領兵一千二百人，負責糾察京師百官及京師近郡犯法者。元帝初元四年（前45）去節。成帝元延四年（前9）省。綏和二年（前7），漢哀帝復置，稱司隸，屬大司空。光武帝建武中復置。與御史中丞、尚書令號稱“三獨坐”。

［14］【今注】案，異等，底本模糊不清，據紹興本、大德本、殿本補。

［15］【今注】主簿：官名。中央及郡縣等行政機構長官的親近屬吏，一般由長官自行辟除。主門下衆事，省署文書。

［16］【今注】從事：官名。司隸校尉、州刺史等屬官，由長官自行辟除。《漢官儀》卷上：“元帝時，丞相于定國條州大小，爲設吏員，治中、别駕、諸部從事，秩皆百石，同諸郡從事。”本書《百官志四》“司隸校尉”條：“從事史十二人。本注曰：都官從事，主察舉百官犯法者。功曹從事，主州選署及衆事。别駕從事，校尉行部則奉引，録衆事。簿曹從事，主財穀簿書。其有軍事，則置兵曹從事，主兵事。其餘部郡國從事，每郡國各一人，主督促文書，察舉非法，皆州辟除，故通爲百石云。”

［17］【李賢注】音姚。【今注】邑子：同邑之人，同鄉。這裏指同郡。　銚期：字次況，潁川郟（今河南郟縣）人。傳見本書

卷二〇。

[18]【李賢注】《東觀記》及《續漢書》，"段"並作"殷"字。【今注】叔壽：東漢光武帝將領。曾任破虜大將軍，建武元年(25)擊五校賊於曲梁，戰死。

[19]【今注】掾史：中央及地方官署分曹治事，置掾史員數不等。如據本書《百官志一》記載，太尉府掾史二十四人，司徒府掾史三十一人，司空府掾史二十九人，將軍府掾史二十九人。

[20]【今注】洛陽：即雒陽，東漢都城，屬河南尹，故城在今河南洛陽市東。

更始數欲遣光武徇河北，[1]諸將皆以爲不可。是時左丞相曹竟子詡爲尚書，[2]父子用事，異勸光武厚結納之。及度河北，詡有力焉。

[1]【今注】河北：指黄河以北、太行山以東地區。

[2]【李賢注】竟字子期，山陽人也，後死於赤眉之難。見《前書》。詡音虚羽反。【今注】左丞相：官名。掌丞天子理萬機。相，起源甚早，春秋戰國時期各諸侯國設置有相國或丞相。秦置左、右丞相。西漢高祖即皇帝位後，置一丞相，高祖十一年（前196)，更名爲相國。惠帝、高后置左右丞相，文帝二年（前178)，復置一丞相。哀帝元壽二年（前1)，改丞相爲大司徒。除置大司徒外，更始政權還繼承了西漢前期丞相制度，設立了左右丞相。東漢光武帝建武二十七年（51)，去"大"字，稱"司徒"。靈帝中平六年（189)，董卓自爲相國，司徒官並存。獻帝建安十三年(208)，曹操爲丞相。　尚書：官名。六百石。其執掌主要有三：臣民給君主的章奏由尚書平處呈上；君主給臣民的詔令由尚書製作發下；所有呈上發下文件之應歸檔者均由尚書保存（參閲楊鴻年《漢魏制度叢考》，武漢大學出版社1985年版，第74頁)。東漢有

尚書六人，分曹治事。尚書職能原爲掌管文書，西漢中後期以後，無論職能還是機構都有較大發展，由純粹保管、傳遞文書的小吏，發展爲擁有議政、行政權的顯要人物，擁有公文轉呈權、責事權、劾奏權、選舉和考績權、監察和諫諍權等（參見卜憲群《秦漢官僚制度》，社會科學文獻出版社 2002 年版，第 185—186 頁）。案，是時左丞相曹竟子詡爲尚書，李賢注指出《漢書》載曹竟事迹。中華本校勘記："沈家本謂按《前書》無曹竟事，《聖公傳》亦無左丞相，'前書'二字必有誤。"曹金華《後漢書稽疑》：《漢書·王貢兩龔鮑傳》載："齊栗融客卿、北海禽慶子夏、蘇章遊卿、山陽曹子期皆儒生，去官不仕王莽。莽死，漢更始徵竟以爲丞相，封侯，欲視致賢人，銷寇賊。竟不受侯爵。會赤眉入長安，欲降竟，竟手劍格死。"是《前書》有曹竟事也。又《後漢紀》卷一作"左丞相"。（中華書局 2014 年版，第 277 頁）

自伯升之敗，[1]光武不敢顯其悲戚，每獨居，輒不御酒肉，枕席有涕泣處。異獨叩頭寬譬哀情。[2]光武止之曰："卿勿妄言。"異復因間進説曰："天下同苦王氏，思漢久矣。今更始諸將從横暴虐，[3]所至虜掠，百姓失望，[4]無所依戴。今公專命方面，[5]施行恩德。夫有桀紂之亂，[6]乃見湯武之功；[7]人久飢渴，易爲充飽。[8]宜急分遣官屬，徇行郡縣，[9]理冤結，布惠澤。"光武納之。至邯鄲，[10]遣異與銚期乘傳撫循屬縣，[11]録囚徒，存鰥寡，亡命自詣者除其罪，陰條二千石長吏同心及不附者上之。[12]

[1]【今注】伯升：劉縯，字伯升，光武帝劉秀長兄。傳見本書卷一四。

［2］【今注】寬譬：寬慰曉諭。

［3］【李賢注】從音子用反。横音胡孟反。

［4］【今注】案，姓失，底本模糊不清，據紹興本、大德本、殿本補。

［5］【今注】專命：專權。

［6］【今注】案，桀紂，底本模糊不清，據紹興本、大德本、殿本補。桀，夏朝末代君主。湯在鳴條（今河南封丘東）擊敗桀，桀南逃，死於南巢（今安徽壽縣東南），夏亡。紂，殷商最後一位王，名辛。紂王奢侈殘暴，窮兵黷武，雖然討伐東夷取得了不少勝利，但消耗了國力，加劇了内外矛盾。公元前1046年，周武王伐紂，雙方在牧野（今河南衛輝市北）交戰，商軍倒戈，紂王大敗，登鹿臺自焚而死。

［7］【今注】湯：成湯，又稱"太乙"，是一位有爲君主，任用賢臣伊尹等爲相，逐漸强大起來，最終滅夏，建立商。 武：周武王，名發，周文王子。姬發即位後繼承文王遺志，遷都鎬（今陝西西安市西南），積極準備滅商。公元前1046年，武王伐紂，擊敗商軍，紂王自焚而死。周滅商的第二年，姬發病逝，謚武王。

［8］【李賢注】猶言凋殘之後，易流德澤（此注，底本模糊不清，據紹興本、大德本、殿本補）。

［9］【今注】案，徇，殿本作"循"。徇、循，均通"巡"。

［10］【今注】邯鄲：郡名。治邯鄲縣（今河北邯鄲市）。

［11］【今注】乘傳：漢代傳車規格之一。"四馬下足"規格的傳車。《漢書》卷一下《高帝紀下》："横懼，乘傳詣洛陽。"顏師古注引如淳曰："律，四馬高足爲置傳，四馬中足爲馳傳，四馬下足爲乘傳，一馬二馬爲軺傳。急者乘一乘傳。"漢代傳車規格和傳信制度，可參閲曾磊《懸泉漢簡"傳信"簡釋文校補》（載中國文化遺産研究院編《出土文獻研究》第18輯，中西書局2019年版，第257—278頁）和《劉賀"乘七乘傳詣長安邸"考議》（《石家莊

學院學報》2019 年第 2 期）等文。

［12］【今注】二千石：秩名。月俸百二十斛。此處代指秩二千石的官員。　長史：《漢書·百官公卿表上》："秩四百石至二百石，是爲長吏。百石以下有斗食、佐史之秩，是爲少吏。"秦及西漢稱長吏者有郡守（太守）、郡尉（都尉）、王國相、三輔（京兆尹、左馮翊、右扶風）、都官、侯國相、縣令（長）及丞尉、道、三輔所轄縣、障候等機構的主要負責人。東漢時，稱長吏者有郡國守相、縣令長、刺史（州牧）、縣丞、縣尉亦稱作長吏，三府、屬國、屬國所轄縣等機構的主要負責人。秦漢時期長吏一詞泛稱與確指的用法并存（參閱張欣《秦漢長吏再考——與鄒水傑先生商榷》，《中國史研究》2010 年第 3 期；鄒水傑《秦漢"長吏"考》，《中國史研究》2004 年第 3 期）。

及王郎起，[1]光武自薊東南馳，[2]晨夜草舍，[3]至饒陽無蔞亭。[4]時天寒烈，衆皆飢疲，異上豆粥。明旦，光武謂諸將曰："昨得公孫豆粥，飢寒俱解。"及至南宫，[5]遇大風雨，光武引車入道傍空舍，異抱薪，鄧禹爇火，[6]光武對竈燎衣。[7]異復進麥飯菟肩，[8]因復度虖沱河至信都，[9]使異别收河間兵。[10]還，拜偏將軍。[11]從破王郎，封應侯。[12]

［1］【今注】王郎：一名昌，趙國邯鄲（今河北邯鄲市）人。詐稱是西漢成帝子子輿。更始元年（23），被趙繆王子林等立爲天子。更始二年，爲劉秀擊敗，斬之。傳見本書卷一二。

［2］【今注】薊：縣名。治所在今北京市西城區西南。王莽更廣陽國爲廣有郡，薊更名爲伐戎。

［3］【李賢注】舍，止息也。【今注】草舍：宿止於野外。草，

野草叢生的地方，這裏代指野外；舍，居住，休息。

[4]【李賢注】無蔞，亭名，在今饒陽縣東北。蔞音力于反。【今注】饒陽：縣名。治所在今河北饒陽縣東北。　無蔞亭：亭名。故址在今河北肅寧縣南。本書《郡國志二》“安平國”條：“饒陽，故名饒，屬涿。有無蔞亭。”

[5]【李賢注】南宫，縣名，屬信都國，今冀州縣也。【今注】南宫：縣名。治所在今河北南宫市西。原屬信都郡，西漢哀帝建平二年（前5），置信都國，當屬清河郡（參見周振鶴、李曉傑、張莉《中國行政區劃通史·秦漢卷》，復旦大學出版社2017年版，第392頁）。王莽時清河郡更名爲平河郡。

[6]【李賢注】爇音而悦反。【今注】鄧禹：字仲華，南陽新野（今河南新野縣）人。傳見本書卷一六。

[7]【李賢注】燎，炙也。

[8]【今注】菟肩：兔子腿。菟，通“兔”。一説，葵類植物，可食。

[9]【李賢注】《光武紀》云，度虖沱河，至下博城西，見白衣老父，曰：“信都去此八十里耳”，是自北而南。此傳先言至南宫，後言度虖沱河，南宫在虖沱河南百有餘里，又似自南而北。紀傳兩文全相乖背。迹其地埋（埋，紹興本、大德本、殿本作“理”，底本誤），紀是傳非。諸家之書並然，亦未詳其故。【今注】虖沱河：即滹沱河。發源於今山西繁峙縣泰戲山。今滹沱河向東流至河北獻縣與滏陽河匯合後，入海河的支流子牙河。　信都：縣名。治所在今河北衡水市冀州區。王莽時，更信都國爲新博郡，信都縣更名爲新博亭。

[10]【今注】河間：郡名。治樂成縣（今河北獻縣東南）。

[11]【今注】偏將軍：諸將軍之一。《漢書》卷九九下《王莽傳下》載，王莽曾“置前後左右中大司馬之位，賜諸州牧號爲大將軍，郡卒正、連帥、大尹爲偏將軍，屬令長裨將軍，縣宰爲校尉”。

［12］【李賢注】應，國名，周武王子所封也。杜預注《春秋》曰："應國在襄城成父縣西南。"

異爲人謙退不伐，行與諸將相逢，輒引車避道。[1]進止皆有表識，[2]軍中號爲整齊。每所止舍，諸將並坐論功，異常獨屏樹下，[3]軍中號曰"大樹將軍"。及破邯鄲，乃更部分諸將，各有配隸。[4]軍士皆言願屬大樹將軍，光武以此多之。[5]别擊破鐵脛於北平，[6]又降匈奴于林闟頓王，[7]因從平河北。

［1］【李賢注】《東觀記》《續漢書》云"異敕吏士，非交戰受敵，常行諸營之後，相逢引車避之，由是無爭道變鬬者"也。

［2］【李賢注】言其進退有常處也。【今注】表識：標記。

［3］【今注】屏：退避，隱退。

［4］【李賢注】隸，屬也。《袁山松書》曰（山松，大德本作"崧"，本卷下同不注；殿本無"書"字）："先時諸將同營，吏卒多犯法。"

［5］【李賢注】多，重也。

［6］【李賢注】北平，縣名，屬中山國，故城在今易州永樂縣也（易，底本殘，據紹興本、大德本、殿本補）。【今注】鐵脛：新莽末年的農民起義軍。本書卷一上《光武帝紀上》："又別號諸賊銅馬、大彤、高湖、重連、鐵脛、大搶、尤來、上江、青犢、五校、檀鄉、五幡、五樓、富平、獲索等，各領部曲，衆合數百萬人，所在寇掠。"李賢注："諸賊或以山川土地爲名，或以軍容彊盛爲號。銅馬賊帥東山荒秃、上淮況等，大彤渠帥樊重，尤來渠帥樊崇，五校賊帥高扈，檀鄉賊帥董次仲，五樓賊帥張文，富平賊帥徐少，獲索賊帥古師郎等，並見《東觀記》。"　北平：縣名。治所

在今河北保定市滿城區。

［7］【李賢注】匈奴王號。《山陽公載記》曰"頓"字作"碓"（字，底本殘，據紹興本、大德本、殿本補）。《前書音義》䦧音蹋，頓音碓（碓，底本殘，據紹興本、大德本、殿本補）。【今注】匈奴：族名。秦西漢前期匈奴强盛，控制東從朝鮮半島北部西至祁連山、天山一帶的廣大區域，中原在戰略上處於守勢。西漢武帝時期對匈奴采取了反擊策略。宣帝甘露二年（前52），呼韓邪單于部歸附漢朝。東漢光武帝建武二十四年（48），匈奴分裂爲南北兩部。南匈奴依附於漢朝，屯居於朔方（治臨戎縣，今内蒙古磴口縣北，順帝永和五年，即140年，僑治於五原郡五原縣，今内蒙古包頭市西北）、五原（治九原縣，今内蒙古包頭市西）、雲中郡（治雲中縣，今内蒙古托克托縣東北）一帶。事迹見本書卷八九《南匈奴傳》。

時更始遣舞陰王李軼、廩丘王田立、大司馬朱鮪、白虎公陳僑[1]將兵號三十萬，與河南太守武勃共守洛陽。[2]光武將北徇燕、趙，[3]以魏郡、河内獨不逢兵，[4]而城邑完，[5]倉廩實，乃拜寇恂爲河内太守，[6]異爲孟津將軍，[7]統二郡軍河上，與恂合埶，以拒朱鮪等。

［1］【李賢注】《東觀記》"僑"字作"矯"。【今注】舞陰：縣名。治所在今河南泌陽縣北。　李軼：南陽宛（今河南南陽市卧龍區）人，李通從弟，與李通、劉秀密謀於南陽起兵。更始立，爲五威中郎將，與朱鮪共勸更始帝殺劉縯。更始二年（24），從入關，封舞陰王。與大司馬朱鮪等屯洛陽，劉秀令馮異守孟津以拒之。馮異與李軼通書往來，劉秀故意洩露李軼書，朱鮪怒而使人刺殺之。

廩丘：縣名。治所在今山東鄆城縣西北。　田立：東漢光武帝建武元年（25）八月投降。　大司馬：官名。三公之一。掌四方兵事功課等。西漢成帝綏和元年（前8），改大司馬驃騎大將軍爲大司馬。東漢光武帝建武二十七年，改大司馬爲太尉。　朱鮪：淮陽（今河南淮陽縣）人。王常與南陽士大夫欲立劉縯，朱鮪與張卬等不聽，遂擁立劉玄爲帝，更始元年爲大司馬。與李軼勸更始誅殺劉縯。更始二年，徙都長安，封膠東王，以非劉氏，固辭不受，徙爲左大司馬。後與李軼等守洛陽，在岑彭勸説下，建武元年九月辛卯，朱鮪舉城降，拜爲平狄將軍，封扶溝侯。後爲少府。　陳僑：建武元年，被賈復連破，降。

［2］【今注】河南：以今河南洛陽市爲中心的黄河以南地區，古稱河南。秦時因黄河、洛河、伊河流經該地，而置三川郡。西漢高祖二年（前205）改置河南郡。東漢時，因都城在洛陽，光武帝劉秀於建武元年改名爲河南尹〔參見譚其驤《〈兩漢州制考〉跋》，《長水集（上）》，人民出版社2001年版，第46頁〕。　太守：官名。秦時，郡長官稱郡守，西漢景帝中元二年（前148）更名太守。秩一般爲二千石，因此文獻多以二千石代稱之。

［3］【今注】燕：戰國燕國疆域範圍的地區。《漢書·地理志下》："燕地，尾、箕分壄也。武王定殷，封召公於燕，其後三十六世與六國俱稱王。東有漁陽、右北平、遼西、遼東，西有上谷、代郡、雁門，南得涿郡之易、容城、范陽、北新成、故安、涿縣、良鄉、新昌，及勃海之安次，皆燕分也。樂浪、玄菟，亦宜屬焉。"　趙：戰國趙國疆域範圍内的地區。《漢書·地理志下》："趙地，昴、畢之分壄。趙分晉，得趙國。北有信都、真定、常山、中山，又得涿郡之高陽、鄚、州鄉；東有廣平、鉅鹿、清河、河間，又得渤海郡之東平舒、中邑、文安、束州、成平、章武，河以北也；南至浮水、繁陽、内黄、斥丘；西有太原、定襄、雲中、五原、上黨。上黨，本韓之别郡也，遠韓近趙，後卒降趙，皆趙分也。"

［4］【今注】魏郡：治鄴縣（今河北臨漳縣西南）。　河内：

郡名。治懷縣（今河南武陟縣西南）。

[5]【今注】案，完，大德本、殿本作“完全”。

[6]【今注】寇恂：字子翼，上谷昌平（今北京市昌平區南）人。傳見本書卷一六。

[7]【李賢注】孟，地名，古今以爲津。【今注】孟津：黄河上的渡口。相傳周武王伐紂曾在此渡河，並舉行盟津之誓。在今河南孟津縣老城鄉扣馬村。

異乃遺李軼書曰："愚聞明鏡所以照形，往事所以知今。[1]昔微子去殷而入周，[2]項伯畔楚而歸漢，[3]周勃迎代王而黜少帝，[4]霍光尊孝宣而廢昌邑。[5]彼皆畏天知命，覩存亡之符，見廢興之事，故能成功於一時，垂業於萬世也。苟令長安尚可扶助，[6]延期歲月，疏不間親，遠不踰近，季文豈能居一隅哉？[7]今長安壞亂，赤眉臨郊，[8]王侯搆難，大臣乖離，綱紀已絶，[9]四方分崩，異姓並起，是故蕭王跋涉霜雪，[10]經營河北。方今英俊雲集，百姓風靡，雖邠岐慕周，[11]不足以喻。[12]季文誠能覺悟成敗，亟定大計，論功古人，[13]轉禍爲福，在此時矣。如猛將長驅，嚴兵圍城，雖有悔恨，亦無及已。"初，軼與光武首結謀約，加相親愛，及更始立，反共陷伯升。雖知長安已危，欲降又不自安。乃報異書曰："軼本與蕭王首謀造漢，結死生之約，同榮枯之計。今軼守洛陽，將軍鎮孟津，俱據機軸，[14]千載一會，思成斷金。[15]唯深達蕭王，願進愚策，以佐國安人。"軼自通書之後，不復與異争鋒，故異因此得北攻天井關，[16]拔上黨兩城，[17]又南下河南成臯已東十三縣，[18]及諸屯聚，皆平之，降者十餘萬。武勃將萬餘人攻諸畔者，異引軍度河，與勃戰於士鄉下，[19]大破斬勃，獲首五千餘級，軼又閉門不救。異見其信效，[20]具以奏聞。光武故宣露軼書，[21]令朱鮪知之。鮪怒，遂使人刺殺軼。由是城中乖離，多有降者。鮪乃遣討難將軍蘇茂將數萬人攻温，[22]鮪自將數萬人攻平陰以綴異。[23]異遣校尉護軍將軍將兵，[24]與寇恂合擊茂，破之。異因度河擊鮪，鮪走；異追至洛陽，環城一帀而歸。

[1]【李賢注】《孔子家語》曰，孔子觀周明堂四門之墉，有堯、舜、桀、紂之象，謂從者曰："明鏡所以察形，古事所以知今。"

[2]【今注】微子：名啓。商紂王庶兄。紂王淫亂其政，微子諫，不聽，後逃亡。周武王克商後，"周武王伐紂克殷，微子乃持其祭器，造於軍門，肉袒面縛，左牽羊，右把茅，膝行而前以告。於是武王乃釋微子，復其位如故"（《史記》卷三八《宋微子世家》）。

[3]【李賢注】《史記》曰，微子名啓，紂之庶兄。周武王伐紂，微子乃持祭器，肉袒面縛，造于軍門。武王乃釋其縛，復其位。項伯名纏，項籍之季父，素善張良，高祖因良與伯結婚。項籍謀害漢王，伯以身翊蔽之。籍誅，乃歸漢。【今注】項伯：名纏，字伯。項羽季父。項羽入關，欲擊劉邦，項伯從中斡旋使劉邦得免。項羽敗，劉邦封項伯爲射陽侯，賜姓劉。事迹參見《史記》卷七《項羽本紀》。

[4]【今注】周勃：沛（今江蘇沛縣）人。跟從劉邦起兵反秦，以軍功封絳侯。西漢惠帝六年（前189），爲太尉。吕后卒，

與丞相陳平謀，誅滅諸吕，迎立代王劉恒爲帝。傳見《史記》卷五七、《漢書》卷四〇。　代王：劉恒，西漢高祖子，於漢高祖十一年（前196）立爲代王。高后八年（前180），高后吕雉崩，陳平、周勃等誅諸吕，立劉恒爲帝。文帝後元七年（前157），崩。紀見《史記》卷一〇、《漢書》卷四。　少帝：劉弘。西漢惠帝後宫子，原名山，高后元年，封爲襄城侯。二年，封常山王，更名義。四年，立爲皇帝，更名爲弘。八年，吕后崩，周勃、陳平迎立代王劉恒爲帝，劉弘被有司誅滅。

[5]【李賢注】少帝，孝惠後宫之子，名弘。惠帝崩，周勃以弘非惠帝之子，乃黜之，迎立代王。昭帝崩，無嗣，霍光乃迎立武帝孫昌邑王賀。賀無道，光廢之而立宣帝（立，底本殘，據紹興本、大德本、殿本補）。【今注】霍光：字子孟，河東平陽（今山西臨汾市西南）人，霍去病同父異母弟。傳見《漢書》卷六八。　孝宣：西漢宣帝劉詢，公元前74年至前49年在位。紀見《漢書》卷八。　昌邑：昌邑王劉賀。漢武帝孫，昌邑哀王劉髆子。西漢武帝後元元年（前88），劉髆薨，劉賀嗣位。元平元年（前74），昭帝崩，無嗣。霍光徵劉賀即皇帝位，二十七日後被廢黜，並除昌邑國。宣帝元康三年（前63），封爲海昏侯。神爵三年（前59），薨。相關研究可參閲廖伯源《昌邑王廢黜考》（載《制度與政治——政治制度與西漢後期之政局變化》，中華書局2017年版）、符奎、卜憲群《關於劉賀立廢問題的几點看法》（《光明日報》2018年5月14日第14版）、朱鳳瀚主編《海昏簡牘初論》（北京大學出版社2020年版）。

[6]【今注】長安：西漢、新莽都城，故城位於今陝西西安市西北。漢長安城考古發掘概況，參閲劉振東《漢長安城綜論——紀念漢長安城遺址考古六十年》（《考古》2017年第1期）。

[7]【李賢注】長安謂更始。季文，李軼字。言軼與更始疏遠，獨居一隅，理難支久，欲其早圖去就。

[8]【今注】赤眉：王莽天鳳五年（18），樊崇率領百餘人在莒縣起義，後轉入泰山。隨着其他起義軍的加入，隊伍越來越大，爲了在作戰時與敵人相互區别，起義軍將眉毛染成赤色，故曰赤眉軍。

[9]【李賢注】時更始大臣張卭、申屠建、隗囂等以赤眉入關（張卭，殿本作“張印”，底本誤），謀劫更始歸南陽，是大臣乖離也。

[10]【今注】蕭王：劉秀。更始三年，更始帝劉玄遣侍御史持節封劉秀爲蕭王。蕭，縣名。治所在今安徽蕭縣西北。

[11]【今注】邠岐慕周：邠，同“豳”。古公亶父避戎狄從豳遷居岐下，豳人舉國歸古公亶父於岐下。《史記》卷四《周本紀》：“古公亶父復脩后稷、公劉之業，積德行義，國人皆戴之。薰育戎狄攻之，欲得財物，予之。已復攻，欲得地與民。民皆怒，欲戰。古公曰：‘有民立君，將以利之。今戎狄所爲攻戰，以吾地與民。民之在我，與其在彼，何異。民欲以我故戰，殺人父子而君之，予不忍爲。’乃與私屬遂去豳，度漆、沮，踰梁山，止於岐下。豳人舉國扶老攜弱，盡復歸古公於岐下。及他旁國聞古公仁，亦多歸之。”

[12]【李賢注】《史記》曰，古公亶父脩后稷之業，積德行義，國人皆戴之。戎翟攻之，不忍戰其人，乃與其私屬去邠（乃與其，底本殘，據紹興本、大德本、殿本補），止於岐下。邠人舉國扶老攜弱，盡復歸古公於岐山之下（於岐，底本殘，據紹興本、大德本、殿本補）。

[13]【李賢注】亟，急也。古人即謂微子、項伯等。

[14]【李賢注】機，弩牙也；軸，車軸也：皆在物之要，故取諭焉。

[15]【李賢注】《易》曰：“二人同心，其義斷金（義，大德本、殿本作‘利’，可從）。”

［16］【今注】天井關：又名太行關，本書卷三《章帝紀》李賢注："在今澤州晉城縣南，今太行山上，關南有天井泉三所也。"《漢書·地理志上》："上黨郡，秦置，屬并州。有上黨關、壺口關、石研關、天井關。"《水經注·沁水》："丹水又南，白水注之，水出高都縣故城西，所謂長平白水也，東南流歷天井關。《地理志》曰：'高都縣有天井關。'蔡邕曰：'太行山上有天井關，在井北，遂因名焉。'"天井關位於今山西晉城市南四十五里太行山上，是山西、河南兩省之交通要衝（參閱張玲《秦漢關隘制度研究》，博士學位論文，河南大學，2012年）。

［17］【李賢注】天井關在太行山下，解見《章紀》（王先謙《後漢書集解》："查《章紀》，注本言在太行山上，不應此注又言在山下，則'下'字顯爲'上'字之譌。"中華本據王先謙説，改"下"爲"上"）。

［18］【今注】案，已東，大德本、殿本作"以東"，"已"同"以"。　成皋：縣名。治所在今河南滎陽市西北。

［19］【李賢注】《續漢書》曰，士鄉，亭名，屬河南郡。【今注】士鄉：聚名。本書《郡國志一》"雒陽"條："有士鄉聚。"故址在今河南洛陽市東北。

［20］【今注】案，其，底本殘，據紹興本、大德本、殿本補。

［21］【李賢注】《東觀記》曰："上報異曰：'軼多詐不信，人不能得其要領，今移其書。'"

［22］【今注】蘇茂：陳留（今河南開封市祥符區東南）人。爲更始部將，任討難將軍。與朱鮪等守洛陽，後與朱鮪一起歸附光武帝。光武帝建武二年（26），與蓋延共攻劉永，軍中不和，蘇茂反叛，殺淮陽太守潘蹇，依附劉永。劉永以蘇茂爲大司馬、淮陽王。建武三年，劉永爲其將慶吾所殺。蘇茂等人立劉永子劉紆爲梁王。建武五年，被張布斬殺。　温：縣名。治所在今河南温縣東。

［23］【李賢注】平陰，縣名，屬河南郡。綴謂連綴也。【今

注】平陰：縣名。治所在今河南孟津縣東北。

［24］【今注】校尉：領軍將軍所屬軍官名。本書《百官志一》："其領軍皆有部曲。大將軍營五部，部校尉一人，比二千石；軍司馬一人，比千石。部下有曲，曲有軍候一人，比六百石。曲下有屯，屯長一人，比二百石。其不置校尉部，但軍司馬一人。又有軍假司馬、假候，皆爲副貳。其別營領屬爲別部司馬，其兵多少各隨時宜。門有門候。其餘將軍，置以征伐，無員職，亦有部曲、司馬、軍候以領兵。其職吏部集各一人，總知營事。兵曹掾史主兵事器械。稟假掾史主稟假禁司。又置外刺、刺姦，主罪法。"　護軍：官名。《漢書·百官公卿表上》："護軍都尉，秦官，武帝元狩四年屬大司馬，成帝綏和元年居大司馬府比司直，哀帝元壽元年更名司寇，平帝元始元年更名護軍。"本書《百官志一》"將軍"條載"長史、司馬皆一人，千石。本注曰：司馬主兵，如太尉。從事中郎二人，六百石。本注曰：職參謀議"，李賢注："《東觀書》曰：'大將軍出征，置中護軍一人。'"本書卷五八《傅燮傳》云傅燮"後爲護軍司馬，與左中郎將皇甫嵩俱討賊張角"。

移檄上狀，[1]諸將皆入賀，并勸光武即帝位。光武乃召異詣鄗，[2]問四方動静。異曰："三王反畔，更始敗亡，[3]天下無主，宗廟之憂，在於大王。[4]宜從衆議，上爲社稷，[5]下爲百姓。"光武曰："我昨夜夢乘赤龍上天，覺悟，心中動悸。"異因下席再拜賀曰："此天命發於精神。[6]心中動悸，大王重慎之性也。"異遂與諸將定議上尊號。

［1］【今注】檄：通行文種之一，文氣急切，説理透徹，具有較强的勸説、訓誡與警示作用。檄的功用，徐望之《公牘通論》總

結爲討敵、威敵、徵召、曉諭、辟吏、激迎等六種（參見李均明、劉軍《簡牘文書學》，廣西教育出版社 1999 年版，第 260—265 頁）。《文心雕龍》卷四《檄移》：“暨乎戰國，始稱爲檄。檄者，皦也，宣露於外，皦然明白也……又州郡徵吏，亦稱爲檄，固明舉之義也。”《漢書》卷一下《高帝紀下》：“吾以羽檄徵天下兵。”顔師古注：“檄者，以木簡爲書，長尺二寸，用徵召也。其有急事，則加鳥羽插之，示速疾也。《魏武奏事》云：‘今邊有警，輒露檄插羽也。’”亦用於上行文書。《釋名·釋書契》：“檄，激也，下官所以激迎其上之書文也。”

［2］【今注】鄗：縣名。治所在今河北柏鄉縣北。

［3］【李賢注】三王謂張卬爲淮陽王，廖湛爲穰王，胡殷爲隨王。更始欲殺卬等，遂勒兵掠東西市，入戰於宫中，更始大敗。

［4］【今注】大王：劉秀。時劉秀爲蕭王。

［5］【今注】社稷：社，土地神；稷，穀神。這裏指祭祀社稷的神壇。本書《祭祀志下》：“建武二年，立太社稷于雒陽，在宗廟之右，方壇，無屋，有墻門而已。”

［6］【李賢注】《周易·乾卦》九五曰：“飛龍在天，大人造也。”《莊子》曰：“其夢也神交。”故言天命發於精神。

建武二年春，[1]定封異陽夏侯。[2]引擊陽翟賊嚴終、趙根，[3]破之。詔異歸家上冢，使太中大夫齎牛酒，[4]令二百里内太守、都尉已下及宗族會焉。[5]

［1］【今注】建武：東漢光武帝劉秀年號（25—56）。

［2］【李賢注】夏音賈。【今注】陽夏：縣名。治所在今河南太康縣。

［3］【今注】案，大德本“引”作“引軍”。　陽翟：縣名。治所在今河南禹州市。　嚴終趙根：本書卷一六《寇恂傳》：“建武

二年，恂坐繫考上書者免。是時潁川人嚴終、趙敦聚衆萬餘，與密人賈期連兵爲寇。恂免數月，復拜潁川太守，與破姦將軍侯進俱擊之。數月，斬期首，郡中悉平定。"

［4］【李賢注】《續漢志》曰："太中大夫秩千石（秩，紹興本、大德本、殿本作'秩'），掌顧問論議，屬光禄。"【今注】太中大夫：官名。名義上隸屬於光禄勳。秩千石，無員。掌顧問應對，無常事，唯詔令所使。

［5］【今注】都尉：官名。秩比二千石。掌郡之軍事與治安等。《漢書·百官公卿表上》："郡尉，秦官，掌佐守典武職甲卒，秩比二千石。有丞，秩皆六百石。景帝中二年更名都尉。"本書卷七《桓帝紀》李賢注引應劭《漢官儀》："秦郡有尉一人，典兵禁，捕盜賊。景帝更名都尉，建武六年省，惟邊郡往往置都尉及屬國都尉。"　案，二百里，曹金華《後漢書稽疑》："《御覽》卷四七〇引《東觀記》作'三百里'。"（第279頁）

時赤眉、延岑暴亂三輔，[1]郡縣大姓各擁兵衆，大司徒鄧禹不能定，[2]乃遣異代禹討之。車駕送至河南，[3]賜以乘輿七尺具劍。[4]勑異曰：[5]"三輔遭王莽、更始之亂，重以赤眉、延岑之酷，元元塗炭，[6]無所依訴。今之征伐，非必略地屠城，要在平定安集之耳。諸將非不健鬬，然好虜掠。卿本能御吏士，念自修勑，無爲郡縣所苦。"異頓首受命，[7]引而西，所至皆布威信。弘農群盜稱將軍者十餘輩，[8]皆率衆降異。[9]

［1］【今注】延岑：字叔牙，南陽築陽（今湖北穀城縣東北）人。新莽末起兵，後爲更始大將軍興德侯劉嘉擊破於冠軍，降。更始都長安，劉嘉爲漢中王，都南鄭。更始二年（24），延岑反。東

漢光武帝建武二年（26），延岑在漢中自稱武安王。後爲劉秀擊敗，投降於公孫述，被封爲汝寧王，授大司馬。建武十二年，公孫述敗，以兵屬延岑，延岑向吴漢投降。吴漢盡滅公孫氏，並族延岑。

三輔：京兆尹、左馮翊和右扶風三個郡級行政區，因治所同在長安城中，故稱三輔。東漢初年，京兆尹治長安縣（今陝西西安市西北），左馮翊治遷至高陵縣（今陝西西安市高陵區），右扶風治遷至槐里縣（今陝西興平市東南）。本書《郡國志一》"左馮翊"條劉昭注引潘岳《關中記》曰："三輔舊治長安城中，長吏各在其縣治民。光武東都之後，扶風出治槐里，馮翊出治高陵。"

［2］【今注】大司徒：官名。三公之一，主教化，掌民事等。漢哀帝元壽二年（前1），改丞相爲大司徒。光武帝建武二十七年，去大司徒之"大"字，爲"司徒"。

［3］【今注】車駕：皇帝所乘之車，代指皇帝。《漢書》卷一下《高帝紀下》："車駕西都長安。"顔師古注："凡言車駕者，謂天子乘車而行，不敢指斥也。"

［4］【李賢注】具謂以寶玉裝飾之。《東觀記》作"玉具劍"。

［5］【今注】勑：皇帝頒布命令文書的形式之一。本書卷一上《光武帝紀上》李賢注："《漢制度》曰：'帝之下書有四：一曰策書，二曰制書，三曰詔書，四曰誡敕。策書者，編簡也，其制長二尺，短者半之，篆書，起年月日，稱皇帝，以命諸侯王。三公以罪免亦賜策，而以隸書，用尺一木，兩行，唯此爲異也。制書者，帝者制度之命，其文曰制詔三公，皆璽封，尚書令印重封，露布州郡也。詔書者，詔，告也，其文曰告某官云云，如故事。誡敕者，謂敕刺史、太守，其文曰有詔敕某官。它皆倣此。'"

［6］【今注】元元：庶民，百姓。

［7］【今注】頓首：以頭叩地而拜，但不停留，旋即抬起。

［8］【今注】弘農：郡名。治弘農縣（今河南靈寶市北）。

［9］【李賢注】《東觀記》曰："黽池霍郎、陜王長、湖濁惠、

華陰楊沈等稱將軍者皆降（陜，底本殘，據紹興本、大德本、殿本補；楊沈，大德本、殿本作‘陽沈’）。”

異與赤眉遇於華陰，[1]相拒六十餘日，戰數十合，降其將劉始、王宣等[2]五千餘人。三年春，遣使者即拜異爲征西大將軍。[3]會鄧禹率車騎將軍鄧弘等引歸，[4]與異相遇，禹、弘要異共攻赤眉。[5]異曰："異與賊相拒且數十日，雖屢獲雄將，餘衆尚多，可稍以恩信傾誘，難卒用兵破也。上今使諸將屯黽池要其東，[6]而異擊其西，一舉取之，此萬成計也。"禹、弘不從。弘遂大戰移日，[7]赤眉陽敗，棄輜重走。車皆載土，以豆覆其上，兵士飢，争取之。赤眉引還擊弘，弘軍潰亂。異與禹合兵救之，赤眉小却。異以士卒飢倦，可且休，禹不聽，復戰，大爲所敗，死傷者三千餘人。禹得脱歸宜陽。[8]異棄馬步走上回谿阪，[9]與麾下數人歸營。復堅壁，收其散卒，招集諸營保數萬人，與賊約期會戰。使壯士變服與赤眉同，伏於道側。旦日，赤眉使萬人攻異前部，異裁出兵以救之。[10]賊見執弱，遂悉衆攻異，異乃縱兵大戰。日昃，賊氣衰，伏兵卒起，衣服相亂，赤眉不復識別，衆遂驚潰。追擊，大破於崤底，[11]降男女八萬人。餘衆尚十餘萬，東走宜陽降。璽書勞異曰：[12]"赤眉破平，士吏勞苦，始雖垂翅回谿，終能奮翼黽池，[13]可謂失之東隅，收之桑榆。[14]方論功賞，以答大勳。"

[1]【今注】華陰：縣名。治所在今陜西華陰市東。王莽天鳳

元年（14），分三輔爲六尉郡，華陰更名爲華壇，屬翊尉郡。

［2］【李賢注】《東觀記》“宣”作“重”。

［3］【今注】征西大將軍：將軍號。東漢光武帝始置。光武帝還始設有征南大將軍之職。征西大將軍、征南大將軍爲後世四征將軍制度的源頭。

［4］【今注】車騎將軍：官名。金印紫綬。位比三公或次上卿，在大將軍、驃騎將軍後，衛將軍前。本書《百官志一》：“將軍，不常置。本注曰：‘掌征伐背叛。比公者四：第一大將軍，次驃騎將軍，次車騎將軍，次衛將軍。又有前、後、左、右將軍。’”劉昭注：“蔡質《漢儀》曰：‘漢興，置大將軍、驃騎，位次丞相，車騎、衛將軍、左、右、前、後，皆金紫，位次上卿。典京師兵衛，四夷屯警。’”東漢末，置左、右車騎將軍。　鄧弘：東漢初將領。光武帝建武三年（27），爲車騎將軍，與鄧禹、馮異等擊赤眉於華陰，爲赤眉所敗，鄧弘軍潰亂。

［5］【今注】要：約請。

［6］【今注】黽池：縣名。治所在今河南澠池縣西。　要：阻攔、截擊。

［7］【今注】弘遂大戰移日：曹金華《後漢書稽疑》：本傳謂鄧禹、鄧弘欲與馮異共攻赤眉，馮異反對，“禹、弘不從，弘遂大戰移日”，及“弘軍潰亂，異與禹合兵救之”，是大戰者爲鄧弘也。而《鄧禹傳》作禹“與車騎將軍鄧弘擊赤眉，遂爲所敗”，《後漢紀》卷四作“禹、弘自以西征，又被徵當還，欲一戰決之。遂戰移日，禹軍大敗。馮異將兵救之”。《太平御覽》卷四八六引《東觀記》作“鄧禹與赤眉戰”。是禹、弘與赤眉戰，馮異救之。疑本傳誤。（第280頁）

［8］【今注】宜陽：縣名。治所在今河南宜陽縣西。

［9］【李賢注】回谿，今俗所謂回阬，在今洛州永寧縣東北。其谿長四里，闊二丈，深二丈五尺也。【今注】回谿：山谷名。在

今河南洛寧縣北。《廣雅》曰："谿，谷也。"《讀史方輿紀要》卷四八《河南三·河南府·永寧縣》："回谿，在縣北六十里。俗名回坑，長四里，闊二丈，深二丈五尺。更始初，王莽遣九虎將東擊漢兵，至華陰回谿，據隘自守，爲漢兵所敗。又建武三年，馮異與赤眉戰敗奔上回谿阪。杜佑曰：'自漢以前入崤之道皆由此。曹公西討，惡其險，乃更開北道。'崤底，在縣西北七十里。即崤谷之底也，亦曰崤陂，一名澠池。馮異大破赤眉於此，光武勞之曰：'始雖垂翅回谿，終能奮翼澠池'是也。今有崤底關。"

[10]【李賢注】裁小出兵，所以示弱也。

[11]【今注】崤底：本書卷一上《光武帝紀上》李賢注："崤，山名；底，阪也。一名嶔岑山。在今洛州永寧縣西北。"

[12]【今注】璽書：詔書。璽，璽印。文書一般均封以璽印，以作爲憑信，故璽書指加封了璽印的文書，後專指皇帝的詔書。

[13]【李賢注】以鳥爲喻。

[14]【李賢注】《淮南子》曰："至於衡陽，是謂隅中。"又《前書》谷子雲曰："太白出西方六十日，法當參天；今已過期，尚在桑榆間。"桑榆謂晚也。

時赤眉雖降，衆寇猶盛：延岑據藍田，[1]王歆據下邽，[2]芳丹據新豐，[3]蔣震據霸陵，[4]張邯據長安，公孫守據長陵，[5]楊周據谷口，[6]吕鮪據陳倉，[7]角閎據汧，[8]駱蓋延據盩厔，[9]任良據鄠，[10]汝章據槐里，[11]各稱將軍，擁兵多者萬餘，少者數千人，轉相攻擊。異且戰且行，屯軍上林苑中。[12]延岑既破赤眉，自稱武安王，[13]拜置牧守，欲據關中，[14]引張邯、任良共攻異。異擊破之，斬首千餘級，諸營保守附岑者皆來降歸異。岑走攻析，[15]異遣復漢將軍鄧曄、[16]輔漢將軍于匡要擊岑，[17]大破之，降其將蘇臣等八千餘人。岑遂自武關走南陽。[18]時百姓飢餓，人相食，黄金一斤易豆五升。道路斷隔，委輸不至，軍士悉以果實爲糧。詔拜南陽趙匡爲右扶風，[19]將兵助異，并送縑穀，軍中皆稱萬歲。異兵食漸盛，乃稍誅擊豪傑不從令者，褒賞降附有功勞者，悉遣其渠帥詣京師，[20]散其衆歸本業。[21]威行關中。唯吕鮪、張邯、蔣震遣使降蜀，[22]其餘悉平。

[1]【今注】藍田：縣名。治所在今陝西藍田縣西。

[2]【李賢注】秦武公伐邽戎致之也。隴西有上邽，故此有下也。【今注】下邽：縣名。治所在今陝西渭南市東北。

[3]【李賢注】《續漢書》"芳"作"茅"。【今注】新豐：縣名。治所在今陝西西安市臨潼區東北。王莽天鳳元年（14），分三輔爲六尉郡，新豐沿用漢舊名，屬翊尉郡。

[4]【李賢注】霸陵，文帝陵，因以爲縣名，故秦芒陽縣（芒陽，王先謙《後漢書集解》指出"芒"是"芷"字之誤。中華本據改）。【今注】霸陵：縣名。原屬太常，西漢元帝永光三年（前41）屬京兆尹，治所在今陝西西安市東北。王莽天鳳元年，分三輔爲六尉郡，霸陵更名爲水章，屬光尉郡。

[5]【今注】長陵：縣名。治所在今陝西咸陽市東北。

[6]【李賢注】谷口，縣名，屬左馮翊，故城在今醴泉縣東北。【今注】谷口：縣名。治所在今陝西禮泉縣東北。

[7]【今注】吕鮪：陳倉（今陝西寶雞市東）人。關中豪傑，更始敗，歸降公孫述。東漢光武帝建武四年（28），在陳倉被馮異擊敗，奔漢中。事迹參見本書卷一三《公孫述傳》。　陳倉：縣名。治所在今陝西寶雞市東。

［8］【今注】汧：縣名。治所在今陝西隴縣南。

［9］【今注】盩厔：縣名。治所在今陝西周至縣終南鎮。案，駱蓋延，王鳴盛《十七史商榷》卷三五《後漢書七》以爲當是“駱延”傳寫誤衍。

［10］【今注】鄠：縣名。治所在今陝西西安市鄠邑區。案，鄠，紹興本誤作“鄂”。

［11］【今注】槐里：縣名。治所在今陝西興平市東南。案，里，紹興本誤作“迴”。

［12］【今注】上林苑：戰國秦漢時期著名的皇家園林。大致範圍東至藍田鼎胡宫、南至南山、西至周至長陽、五柞宫，向北到黄山宫，之後順渭河“瀕渭而東”。面積在1568.98—2789.3平方千米之間。目前考古尚未發現“繚垣”和門址，但發現了上林鼎湖延壽宫、黄山宫等多處宫殿遺址（參閲中國社會科學院考古研究所、西安市文物保護考古研究院編《秦漢上林苑：2004——2012年考古報告》，文物出版社2018年版）。

［13］【今注】武安：縣名。治所在今河北武安市西南。

［14］【今注】關中：地域名。秦、西漢都長安，四面皆置關以防衛之，南武關、北蕭關、東函谷關、西散關，故曰關中。或指函谷關以西地區，與關東相對而言。

［15］【李賢注】析，縣名，楚之白羽邑也，即今鄧州内鄉縣。【今注】析：縣名。治所在今河南西峽縣。

［16］【今注】鄧曅：南陽（今河南南陽市卧龍區）南鄉人，緑林軍下江兵，與于匡攻占武關。任更始執金吾、復漢將軍等職。東漢光武帝建武二年，與于匡一起降光武帝，任輔漢將軍。

［17］【今注】于匡：緑林軍下江兵，與鄧曅攻占武關。任更始輔漢將軍等職。東漢光武帝建武二年，與鄧曅一起降光武帝。任輔漢將軍。

［18］【今注】武關：關隘名。在今陝西丹鳳縣武關鎮（參閲

王子今《武關·武候·武關候：論戰國秦漢武關位置與武關道走向》，《中國歷史地理論叢》2018年第1輯）。

[19]【今注】右扶風：政區名。三輔之一。西漢治長安城内，東漢遷至槐里縣（今陝西興平市東南）。

[20]【今注】渠帥：首領。渠，大。　京師：東漢都城雒陽。故城在今河南洛陽市東。

[21]【今注】本業：農業。

[22]【今注】蜀：蜀地，代指公孫述政權。

明年，公孫述遣將程焉，[1]將數萬人就吕鮪出屯陳倉。異與趙匡迎擊，大破之，焉退走漢川。[2]異追戰於箕谷，[3]復破之，還擊破吕鮪，營保降者甚衆。其後蜀復數遣將間出，異輒摧挫之。[4]懷來百姓，申理枉結，出入三歲，上林成都。[5]

[1]【今注】公孫述：字子陽，扶風茂陵（今陝西興平市東北）人。傳見本書卷一三。　程焉：公孫述將。惠棟《後漢書補注》曰："依《公孫述傳》及《華陽志》當作'烏'。"

[2]【今注】漢川：水名。

[3]【今注】箕谷：谷名。在今陝西寶雞市陳倉區天王鎮伐魚河谷。畢沅《關中勝跡圖志》卷一七《鳳翔府》："箕谷水，在縣（寶雞縣）東南六十五里，源出箕谷，北流三里入渭。"（清畢沅撰，張沛校點：《關中勝跡圖志》，三秦出版社2004年版，第507頁）可參閱陳顯遠《褒斜棧道中幾個重要地名考訂》（《成都大學學報》1989年第1期）。

[4]【李賢注】賈逵注《國語》曰："折其鋒曰挫。"

[5]【李賢注】成都，言歸附之多也。《史記》曰："一年成邑，三年成都。"

異自以久在外，不自安，上書思慕闕廷，願親帷幄，帝不許。後人有章言異專制關中，[1]斬長安令，威權至重，百姓歸心，號爲“咸陽王”。[2]帝使以章示異。[3]異惶懼，上書謝曰：“臣本諸生，[4]遭遇受命之會，[5]充備行伍，[6]過蒙恩私，位大將，爵通侯，[7]受任方面，以立微功，[8]皆自國家謀慮，[9]愚臣無所能及。臣伏自思惟：以詔敕戰攻，每輒如意；時以私心斷決，未嘗不有悔。國家獨見之明，久而益遠，乃知‘性與天道，不可得而聞也’。[10]當兵革始起，擾攘之時，豪傑競逐，[11]迷惑千數。臣以遭遇，託身聖明，在傾危溷殽之中，[12]尚不敢過差，[13]而況天下平定，上尊下卑，而臣爵位所蒙，巍巍不測乎？誠冀以謹敕，遂自終始。見所示臣章，戰慄怖懼。伏念明主知臣愚性，固敢因緣自陳。”詔報曰：“將軍之於國家，義爲君臣，恩猶父子。何嫌何疑，而有懼意？”

[1]【今注】章：上奏章。　專制：專權。

[2]【今注】咸陽：秦孝公十二年（前350），秦遷都咸陽。古人地名命名原則之一是山南水北爲陽，咸陽因位於九嵕山南、渭水之北而得名。漢代更名爲渭城。《漢書·地理志上》：“渭城，故咸陽，高帝元年更名新城，七年罷，屬長安。武帝元鼎三年更名渭城。”渭城，治所在今陝西咸陽市東北。

[3]【李賢注】《東觀記》曰：“使者宋嵩西上，因以章示異。”

[4]【今注】諸生：儒生。《史記》卷六《秦始皇本紀》：“始皇長子扶蘇諫曰：‘天下初定，遠方黔首未集，諸生皆誦法孔子，

今上皆重法繩之，臣恐天下不安。唯上察之。'"《史記》卷九九《劉敬叔孫通列傳》："博士諸生三十餘人前曰：'人臣無將，將即反，罪死無赦。願陛下急發兵擊之。'"陳直《史記新證》："《公羊》莊三十二年、昭元年傳並云：'君親無將，將而必誅。'在秦末《公羊》尚未著於竹帛，博士諸生已出此言，或從口授傳習《公羊》，故有此對。"又説："《漢舊儀》云：'博士稱先生。'故《史》《漢》叙事，或簡稱爲先，或簡稱爲生。"（中華書局2006年版，第154、155頁）

［5］【今注】受命之會：接受天命的時機。會，時機。

［6］【今注】行伍：軍隊。

［7］【李賢注】通侯即徹侯，避武帝諱改焉。【今注】通侯：列侯。爵位名。秦漢二十等爵第二十級。原稱徹侯，避漢武帝劉徹諱，改爲列侯。享有食邑户數不等，根據張家山漢簡《二年律令·户律》記載，西漢初，徹侯受一〇五宅。列侯以下的爵位分别是：第十九級關内侯、第十八級大庶長、第十七級駟車庶長、第十六級大上造、第十五級少上造、第十四級右更、第十三級中更、第十二級左更、第十一級右庶長、第十級左庶長、第九級五大夫、第八級公乘、第七級公大夫、第六級官大夫、第五級大夫、第四級不更、第三級簪裹、第二級上造、第一級公士〔參閲張家山二四七號漢墓竹簡整理小組《張家山漢墓竹簡［二四七號墓］（釋文修訂本）》，文物出版社2006年版，第52頁〕。

［8］【李賢注】謂西方一面專以委之。

［9］【今注】國家：天子、皇帝。

［10］【李賢注】《論語》子貢曰："夫子之文章，可得而聞也。夫子之言性與天道，不可得而聞。"（殿本無此注）

［11］【李賢注】逐，争也（逐、也，底本殘，據紹興本、大德本、殿本補）。

［12］【今注】溷殽：混亂、雜亂。

［13］【今注】過差：過分，失度。

六年春，異朝京師。[1]引見，帝謂公卿曰："是我起兵時主簿也。爲吾披荆棘，定關中。"[2]既罷，使中黄門賜以珍寶、衣服、錢帛。[3]詔曰："倉卒無蔞亭豆粥，虖沱河麥飯，厚意久不報。"異稽首謝曰："臣聞管仲謂桓公曰：[4]'願君無忘射鉤，[5]臣無忘檻車。'[6]齊國賴之。[7]臣今亦願國家無忘河北之難，小臣不敢忘巾車之恩。"[8]後數引讌見，定議圖蜀，留十餘日，令異妻子隨異還西。

［1］【今注】朝：古代大臣入京師拜見皇帝。

［2］【李賢注】荆棘，榛梗之謂（梗之謂，底本殘，據紹興本、大德本、殿本補），以喻紛亂（喻紛，底本殘，據紹興本、大德本、殿本補）。

［3］【今注】中黄門：官名。秩比百石，後增至比三百石。名義上隸屬於少府。無員，宦者爲之。掌給事禁中。

［4］【今注】稽首：跪拜禮。叩頭至地。　管仲：名夷吾，字仲，潁上（今安徽潁上縣）人。輔助齊桓公治理齊國，施行一系列改革，促進生産力發展，增强國力，提出"尊王攘夷"的口號，幫助齊桓公確立霸主地位。傳見《史記》卷六二。　桓公：齊桓公，姜姓，名小白。公元前685年至前643年在位。任用管仲爲相，改革内政，使齊國强大起來，成爲春秋五霸之首。公元前643年，桓公去世，諸子争立，齊國霸業隨之結束。事迹見《史記》卷三二《齊太公世家》。

［5］【今注】案，忘，底本殘，據紹興本、大德本、殿本補。　鉤：腰帶鉤。

[6]【今注】檻車：拘束罪犯人身的運輸工具。《釋名》卷七《釋車》："檻車，上施闌檻，以格猛獸，亦囚禁罪人之車也。"《漢書》卷三二《張耳陳餘傳》："乃檻車與王詣長安。"顏師古注："檻車者，車而爲檻形，謂以板四周之，無所通見。"可見，檻車的車箱是封閉的。據考證，秦漢時期的檻車種類不一，既有傳統的木籠囚車，也有名曰"檻車"，實際上使用輜車押送罪犯的情況（參見宋傑《漢代的檻車押解制度》，《首都師範大學學報》2012年第2期）。

[7]【李賢注】《史記》曰（大德本、殿本無"曰"字）：管仲將兵遮莒道，射桓公中鉤。後魯桎梏管仲而送於齊，齊以爲相。《説苑》曰："管仲桎梏檻車中，非無媿也，自裁也。"《新序》曰，齊桓公與管仲飲，酒酣，管仲上壽曰："願君無忘出奔於莒也，臣亦無忘束縛於魯也。"此云射鉤、檻車，義亦通。

[8]【李賢注】謂光武獲異於巾車而赦之。

夏，遣諸將上隴，爲隗囂所敗，[1]乃詔異軍栒邑。[2]未及至，隗囂乘勝使其將王元、行巡將二萬餘人下隴，[3]因分遣巡取栒邑。異即馳兵，[4]欲先據之。諸將皆曰："虜兵盛而新乘勝，[5]不可與爭。宜止軍便地，徐思方略。"異曰："虜兵臨境，忸忲小利，[6]遂欲深入。若得栒邑，三輔動摇，是吾憂也。夫'攻者不足，守者有餘'。[7]今先據城，以逸待勞，非所以爭也。"潛往閉城，偃旗鼓。行巡不知，馳赴之。異乘其不意，卒擊鼓建旗而出。巡軍驚亂奔走，追擊數十里，大破之。祭遵亦破王元於汧。[8]於是北地諸豪長耿定等，[9]悉畔隗囂降。異上書言狀，不敢自伐。[10]諸將或欲分其功，帝患之。乃下璽書曰："制詔大司馬，虎牙、建威、漢中、捕虜、武威將軍;[11]虜兵猥下，三輔驚恐。[12]栒邑危亡，在於旦夕。北地營保，按兵觀望。今偏城獲全，虜兵挫折，使耿定之屬，復念君臣之義。征西功若丘山，猶自以爲不足。孟之反奔而殿，亦何異哉?[13]今遣太中大夫賜征西吏士死傷者醫藥、棺斂，大司馬已下親弔死問疾，以崇謙讓。”於是使異進軍義渠，[14]并領北地太守事。[15]

[1]【今注】隗囂：字季孟，天水成紀（今甘肅静寧縣西南）人。傳見本書卷一三。

[2]【今注】栒邑：縣名。治所在今陝西旬邑縣東北。案，栒，底本殘，據紹興本、大德本、殿本補。

[3]【今注】王元：字遊翁、惠孟，長陵（今陝西咸陽市東北）人。隗囂部將。東漢光武帝建武九年（33），隗囂病死，王元與周宗立囂少子純爲王。十年，隗純爲來歙所破，王元降公孫述。十一年，降漢。拜上蔡令，遷東平相，坐墾田不實，下獄死。事迹參見本書卷一三《隗囂公孫述傳》。　行巡：平襄（今甘肅通渭縣）人。隗囂漢復三年（25），爲隗囂大將軍。建武十年，投降。

[4]【今注】案，即馳，底本殘，據紹興本、大德本、殿本補。

[5]【今注】虜兵：敵軍，蔑稱。

[6]【李賢注】忸忕猶慣習也（忕，大德本、殿本作“伏”，二字同，本注下同），謂慣習前事而復爲之。《爾雅》曰:“忸，復也。”郭景純曰:“謂慣忕復爲之也。”忸音尼丑反。忕音逝。【今注】案，忸忕，紹興本作“忸忲”。

[7]【李賢注】《孫子兵法》之文。【今注】攻者不足守者有餘:《孫子·形篇》:“守者不足，攻者有餘。”曹操注曰:“吾所以

守者，力不足也；所以攻者，力有餘也。”

［8］【今注】祭遵：字弟孫，潁川潁陽（今河南許昌市建安區西南）人。傳見本書卷二〇。

［9］【今注】北地：郡名。治馬領縣（今甘肅慶陽市西北）。

［10］【李賢注】孔安國注《尚書》曰：“自矜曰伐。”

［11］【今注】案，大德本、殿本“捕虜”後有劉攽注：“劉攽曰：案，《王常傳》‘中’當作‘忠’。” 大司馬：指吴漢，字子顔，南陽宛（今河南南陽市卧龍區）人。傳見本書卷一八。 虎牙：虎牙大將軍蓋延，字巨卿，漁陽要陽（今河北豐寧滿族自治縣東南）人。傳見本書卷一八。 建威：建威大將軍耿弇，字伯昭，右扶風茂陵（今陝西興平市東北）人。傳見本書卷一九。 漢中：即漢忠將軍王常，字顔卿，潁川舞陽（今河南葉縣東南）人。傳見本書卷一五。 捕虜：捕虜將軍馬武，字子張，南陽湖陽（今河南唐河縣西南）人。傳見本書卷二二。 武威將軍：劉尚，常領兵征發，參與討平隗囂、公孫述等。東漢光武帝建武二十三年春正月，南郡蠻叛，劉尚討破之。十二月，武陵蠻叛，劉尚討之，戰於沅水，軍敗殁。中華本校勘記：“按：《集解》引惠棟説，謂《東觀記》‘劉尚’作‘劉禹’。”曹金華《後漢書稽疑》曰：“《吴漢傳》作‘劉尚’，章懷注：‘《東觀記》《續漢書》“尚”字並作“禹”。’然范書《光武帝紀》《來歙傳》《祭遵傳》《馬成傳》《馬援傳》《南蠻傳》等俱作‘劉尚’，《續漢書·天文志》《五行志》與《後漢紀》卷六也作‘劉尚’。《集解》引惠棟説，謂‘禹即尚也’。”（第247頁）

［12］【李賢注】大司馬，吴漢也。虎牙，蓋延也。建威，耿弇也。漢中，王常也。捕虜，馬武也。武威，劉尚也。《廣雅》曰：“猥，衆也。”（本注底本多殘，據紹興本、大德本、殿本補）

［13］【李賢注】孟之反，魯大夫（魯，底本殘，據紹興本、大德本、殿本補）。魯與齊戰（魯與，底本殘，據紹興本、大德

本、殿本補），魯師敗，之反殿，是其功也。將入魯門（將入，底本殘，據紹興本、大德本、殿本補），乃策其馬曰："吾非敢後，馬不進。"是謙而不自伐也。【今注】孟之反：魯人，名側，字之反。魯哀公十一年（前484），齊魯戰，魯左師勝，而右師潰敗，孟之反在右師，《左傳》哀公十一年載："右師奔，齊人從之，陳瓘、陳莊涉泗。孟之側後入，以爲殿，抽矢策其馬，曰：'馬不進也。'"《論語·雍也》："子曰：'孟之反不伐，奔而殿，將入門，策其馬，曰：非敢後也，馬不進也。'"光武帝以孟之反這一典故，强調諸將要謙遜，不能自伐功績。

［14］【今注】義渠：縣道名。治所在今甘肅慶陽市西峰區。

［15］【李賢注】義渠，縣名，屬北地郡。【今注】領北地太守事：兼理北地郡太守職事。領，漢代官吏任用方式，已有官職，又領有其他官職，但不居所領官職之位。

青山胡率萬餘人降異。[1]異又擊盧芳將賈覽、匈奴奠鞬日逐王，[2]破之。[3]上郡、安定皆降，[4]異復領安定太守事。九年春，祭遵卒，詔異守征虜將軍，[5]并將其營。及隗囂死，其將王元、周宗等復立囂子純，[6]猶擠兵據冀，[7]公孫述遣將趙匡等救之，帝復令異行天水太守事。[8]攻匡等且一年，皆斬之。[9]諸將共攻冀，不能拔，欲且還休兵，異固持不動，常爲衆軍鋒。

［1］【李賢注】青山在北地參巒界，青山中水所出也（大德本無"中"字，作空格）。《續漢書》曰："安定屬國人（大德本無'人'字，作空格），本屬國降胡也（大德本無'本屬國'三字，作空格）。居參巒青山中，其豪帥號肥頭小卿（小，大德本、殿本作'少'）。"【今注】青山胡：胡人的一種，以居住在參巒

（今甘肅環縣南）界中的青山而命名。參䜌，原屬安定郡。安定、北地兩郡在安帝、順帝期間有過内徙後復歸本土的經歷，參䜌可能在順帝永建四年（129）安定、北地回歸時別隸北地郡（參見周振鶴、李曉傑、張莉《中國行政區劃通史·秦漢卷》，第873頁）。

［2］【今注】盧芳：字君期，安定三水（今寧夏同心縣東）人。傳見本書卷一二。　賈覽：盧芳部將。屯兵高柳，東漢光武帝建武六年（30），擊殺代郡太守劉興。九年，吴漢、杜茂等均敗於賈覽。十年，吴漢率捕虜將軍王霸等五將軍擊賈覽於高柳，匈奴遣騎救覽，被擊退。十二年，與盧芳共攻雲中，不下。事迹參見本書卷一二《盧芳傳》。　薁鞬日逐王：匈奴王號。

［3］【李賢注】薁音於六反。

［4］【今注】上郡：郡名。治膚施縣（今陝西榆林市東南）。　安定：郡名。治高平縣（今寧夏固原市）。

［5］【今注】守征虜將軍：將軍號。守，漢代官吏任用方式，與“真”相對。《漢書》卷一二《平帝紀》顔師古注引如淳曰：“諸官吏初除，皆試守一歲乃爲真，食全俸。”馮異原爲征西大將軍，未見免職，這裏的守征虜將軍的“守”是兼、攝之意。

［6］【今注】周宗：天水冀（今甘肅甘谷縣東）人。隗囂部將。公元23年，與隗義、隗囂、楊廣等起兵反王莽，與隗囂季父隗崔等推隗囂爲上將軍，宗爲雲旗將軍。建武二年（26），爲大將軍。建武九年，隗囂病卒，與王元立囂少子純。建武十年，降。事跡見本書卷一三《隗囂傳》。

［7］【今注】揔兵：統領軍隊。揔，統領。　冀：縣名。天水郡治，治所在今甘肅天水市西北。

［8］【今注】行天水太守事：兼攝天水太守的職事。行，漢代官吏任用方式，本官缺，由他官代理，兼理。

［9］【李賢注】《東觀記》曰：“時賜馮異璽書曰：‘聞吏士精鋭（士，底本殘，據紹興本、大德本、殿本補），水火不避，購賞

之賜，必不令將軍負丹青，失斷金（金，底本殘，據紹興本、大德本、殿本補）。’”

明年夏，與諸將攻落門，未拔，[1]病發，薨于軍，謚曰節侯。

[1]【李賢注】落門，聚名，在冀縣，有落門山。【今注】落門：聚名，即本書《郡國志五》漢陽郡冀縣“雒門聚”。本書卷一七《馮異傳》：“明年夏，與諸將攻落門。”李賢注：“落門，聚名，在冀縣，有落門山。”本書卷一下《光武帝紀下》：建武十年（34），“冬十月，中郎將來歙等大破隗純於落門，其將王元奔蜀，純與周宗降，隴右平”。李賢注：“《前書》曰天水冀縣有落門聚，在今渭州隴西縣東南；有落門山，落門水出焉。”故址在今甘肅武山縣洛門鎮。

長子彰嗣。明年，帝思異功，復封彰弟訢爲祈鄉侯。[1]十三年，更封彰東緡侯，[2]食三縣。[3]永平中，[4]徙封平鄉侯。[5]彰卒，子普嗣，有罪，國除。[6]

[1]【今注】案，封彰，底本殘，據紹興本、大德本、殿本補。祈鄉侯，大德本、殿本作“析鄉侯”。《後漢紀》卷六作“祈鄉侯”。

[2]【今注】東緡：縣名。治所在今山東金鄉縣。

[3]【李賢注】《東觀記》曰（東，底本模糊不清，據紹興本、大德本、殿本補），東緡，縣名（縣名，底本模糊不清，據紹興本、大德本、殿本補），屬山陽郡。《左傳》曰“齊侯伐宋（侯、宋，底本模糊不清，據紹興本、大德本、殿本補），圍緡”，

即此地也（即此地也，底本模糊不清，據紹興本、大德本、殿本補）。在今兖州金鄉縣。

［4］【今注】永平：東漢明帝劉莊年號（58—75）。

［5］【李賢注】《東觀記》曰："永平五年（平五年，底本模糊不清，據紹興本、大德本、殿本補），封平鄉侯，食鬱林潭中（食鬱林潭中，底本模糊不清，據紹興本、大德本、殿本補）。"【今注】平鄉：地名。曹金華《後漢書稽疑》："《郡國志》郁林郡有潭中縣，《集解》引馬與龍説，謂漢臣受封者唯馮異子彰食邑于此，太遠，《東觀記》之説不能無疑。又《郡國志》鉅鹿郡有平鄉縣。故録之存疑。"（第281頁）

［6］【李賢注】《東觀記》曰："坐鬪殺游徼，會赦，國除（底本本注多處模糊不清，據紹興本、大德本、殿本補）。"

永初六年，[1]安帝下詔曰：[2]"夫仁不遺親，義不忘勞，興滅繼絶，善善及子孫，古之典也。[3]昔我光武受命中興，[4]恢弘聖緒，[5]横被四表，昭假上下，[6]光耀萬世，祉祚流衍，垂於罔極。[7]予末小子，夙夜永思，追惟勳烈，披圖案籍，[8]建武元功二十八將，[9]佐命虎臣，[10]讖記有徵。[11]蓋蕭、曹紹封，[12]傳繼於今；[13]況此未遠，而或至乏祀，朕甚愍之。其條二十八將無嗣絶世，若犯罪奪國，其子孫應當統後者，分別署狀上。將及景風，章叙舊德，顯兹遺功焉。"[14]於是紹封普子晨爲平鄉侯。明年，二十八將絶國者，皆紹封焉。

［1］【今注】永初：東漢安帝劉祜年號（107—113）。

［2］【今注】安帝：東漢安帝劉祜，公元106年至125年在位。

紀見本書卷五。

［3］【李賢注】《論語》曰："興滅國，繼絶世（繼絶世，底本模糊不清，據紹興本、大德本、殿本補）。"《公羊傳》曰："善善及子孫（子孫，底本模糊不清，據紹興本、大德本、殿本補），惡惡止其身（惡惡止其，底本模糊不清，據紹興本、大德本、殿本補）。"

［4］【今注】光武受命中興：宋陸游《南唐書》卷一五《蕭儼傳》："儼獨建言：'帝王，己失之，己得之，謂之反正；非己失之，自己復之，謂之中興。'"光武帝劉秀本爲漢宗室，國號仍爲"漢"，故曰"中興"。

［5］【今注】聖緒：帝王的世系。

［6］【李賢注】昭，明也。假，至也。上下，天地。假音格。

［7］【今注】案，垂，底本模糊不清，據紹興本、大德本、殿本補。

［8］【今注】案，籍，底本模糊不清，據紹興本、大德本、殿本補。

［9］【今注】元功：首功。　二十八將：二十八位東漢開國功臣。本書卷二二所附《論》："永平中，顯宗追感前世功臣，乃圖畫二十八將於南宫雲臺，其外又有王常、李通、竇融、卓茂，合三十二人。故依其本弟係之篇末，以志功臣之次云爾。太傅高密侯鄧禹。中山太守全椒侯馬成。大司馬廣平侯吴漢。河南尹阜成侯王梁。左將軍膠東侯賈復。琅邪太守祝阿侯陳俊。建威大將軍好畤侯耿弇。驃騎大將軍參蘧侯杜茂。執金吾雍奴侯寇恂。積弩將軍昆陽侯傅俊。征南大將軍舞陽侯岑彭。左曹合肥侯堅鐔。征西大將軍陽夏侯馮異。上谷太守淮陵侯王霸。建義大將軍鬲侯朱祐。信都太守阿陵侯任光。征虜將軍潁陽侯祭遵。豫章太守中水侯李忠。驃騎大將軍櫟陽侯景丹。右將軍槐里侯萬脩。虎牙大將軍安平侯蓋延。太常靈壽侯邳彤。衛尉安成侯銚期。驍騎將軍昌成侯劉植。東郡太守

東光侯耿純。横野大將軍山桑侯王常。城門校尉朗陵侯臧宫。大司空固始侯李通。捕虜將軍楊虚侯馬武。大司空安豐侯竇融。驃騎將軍慎侯劉隆。太傅宣德侯卓茂。”

[10]【今注】虎臣：勇猛之臣。

[11]【今注】讖記：讖起源較早，主要是一些預示人間吉凶福禍的政治性隱語。一般有書有圖，故被稱爲“圖讖”“圖書”“圖緯”；又因爲是預言性質的符命之書，所以也被稱作“符命”“經讖”等。西漢哀帝、平帝之際纔出現依傍六經的讖緯神學和比附經義的緯書，如本書卷五九《張衡傳》載張衡指出：“圖讖成於哀平之際也。”緯書種類，本書卷八二上《方術傳上·樊英》：“又善風角、星筭，河洛七緯，推步災異。”李賢注：“七緯者，《易》緯《稽覽圖》《乾鑿度》《坤靈圖》《通卦驗》《是類謀》《辨終備》也；《書》緯《琁機鈐》《考靈耀》《刑德放》《帝命驗》《運期授》也；《詩》緯《推度災》《記歷樞》《含神務》也；《禮》緯《含文嘉》《稽命徵》《斗威儀》也；《樂》緯《動聲儀》《稽耀嘉》《汁圖徵》也；《孝經》緯《援神契》《鉤命決》也；《春秋》緯《演孔圖》《元命包》《文耀鉤》《運斗樞》《感精符》《合誠圖》《考異郵》《保乾圖》《漢含孳》《佑助期》《握誠圖》《潛潭巴》《説題辭》也。”實際上，隋以後大部分的緯書散逸，保存下來的不多，清代學者趙在翰輯《七緯》（鐘肇鵬、蕭文郁點校：《七緯》，中華書局2012年版），日本學者安居香山、中村璋八輯《緯書集成》（河北人民出版社1994年版）可參看。

[12]【今注】蕭：蕭何，沛（今江蘇沛縣）人。爲沛功曹掾。與劉邦一同起兵反秦，後爲相國。西漢惠帝二年（前193），卒，謚文終侯。世家見《史記》卷五三，傳見《漢書》卷三九。　曹：曹參，沛（今江蘇沛縣）人。爲沛獄掾。跟從劉邦起兵反秦，蕭何死，代爲相國。治國理政，全程遵守蕭何確定下來的規矩，被稱爲“蕭規曹隨”。西漢惠帝五年，卒。世家見《史記》卷五四，傳見《漢書》卷三九。　紹封：襲封。

[13]【李賢注】和帝永元三年（大德本、殿本誤作“永和四年”），詔紹封蕭、曹之後，以彰厥功也。

[14]【李賢注】《春秋考異郵》曰：“夏至四十五日景風至。”宋均注曰“景風至則封有功”也。【今注】景風：温和舒暢的風。

岑彭字君然，[1]南陽棘陽人也。[2]王莽時，守本縣長。漢兵起，攻拔棘陽，彭將家屬奔前隊大夫甄阜。[3]阜怒彭不能固守，[4]拘彭母妻，令效功自補。彭將賓客戰鬬甚力。及甄阜死，[5]彭被創，亡歸宛，與前隊貳嚴説共城守。[6]漢兵攻之數月，城中糧盡，人相食，彭乃與説舉城降。

[1]【今注】案，大德本、殿本“岑彭字君然”前有“岑彭傳”三字，且單獨成行。

[2]【李賢注】棘音紀力反（力，底本殘，據紹興本、大德本、殿本補）。【今注】案，棘，底本模糊不清，據紹興本、大德本、殿本補。　棘陽：縣名。治所在今河南新野縣東北。

[3]【今注】前隊：王莽天鳳元年（14），置六隊郡，其中：前隊郡，漢南陽郡；後隊郡，漢河内郡；左隊郡，漢潁川郡；右隊郡，漢弘農郡；祈隊郡，漢河南郡一部；兆隊郡，漢河東郡。　大夫：王莽置六尉郡與六隊郡，改太守爲大夫。　甄阜：王莽前隊大夫，地皇四年（23），被劉縯擊敗，斬之。

[4]【今注】案，彭，底本殘，據紹興本、大德本、殿本補。

[5]【今注】案，甄，底本殘，據紹興本、大德本、殿本補。

[6]【李賢注】前隊大夫貳（隊大夫，底本模糊不清，據紹興本、大德本、殿本補），甄阜之副也（之，底本模糊不清，據紹興本、大德本、殿本補）。姓嚴名説。《東觀記》云：“與貳師嚴尤

共城守（大德本、殿本無‘與’字；嚴，底本模糊不清，據紹興本、大德本、殿本補）。”計嚴尤爲大司馬，又非二師（二，大德本、殿本作“貳”），與此不同。【今注】與前隊貳嚴説共城守：《東觀漢記》卷九：“岑彭亡歸宛，與貳師嚴尤共城守。”吴樹平《校注》：“此條即據李賢注，又酌取《范書》文句輯録。按‘貳師嚴尤’疑誤，嚴尤爲大司馬，非爲貳師。當以‘前隊貳嚴説’爲是。‘前隊貳’即前隊大夫貳，爲前隊大夫甄阜之副。”（中華書局2008年版，第426—427頁）

諸將欲誅之，大司徒伯升曰：“彭，郡之大吏，執心堅守，是其節也。今舉大事，當表義士，不如封之，以勸其後。”更始乃封彭爲歸德侯，[1]令屬伯升。及伯升遇害，彭復爲大司馬朱鮪校尉，從鮪擊王莽楊州牧李聖，[2]殺之，定淮陽城。[3]鮪薦彭爲淮陽都尉。更始遣立威王張卬與將軍徭偉鎮淮陽。[4]偉反，擊走卬。彭引兵攻偉，破之。遷潁川太守。

［1］【李賢注】歸德，縣名，屬北地郡。【今注】歸德：縣名。治所在今陝西吴起縣西北。

［2］【今注】楊州：揚州刺史部，西漢武帝元封五年（前106）設立的十三刺史部之一，轄會稽郡、丹陽郡、九江郡、六安國、廬江郡、豫章郡（周振鶴、李曉傑、張莉：《中國行政區劃通史·秦漢卷》，第113頁）。刺史治歷陽縣（今安徽和縣）。　牧：官名。西漢武帝元封五年，設十三刺史部，作爲監察區，刺史秩六百石。成帝綏和元年（前8），改刺史爲州牧，秩二千石。哀帝建平二年（前5）復爲刺史，元壽二年（前1）復爲牧。新莽和東漢初年，沿用州牧舊稱。光武帝建武十八年（42），罷州牧，復置刺史。東漢

刺史，秩亦六百石。靈帝中平元年（184），黄巾起義爆發，復改刺史爲州牧，成爲郡之上的一級行政組織。

［3］【今注】淮陽：郡國名。西漢時，淮陽或爲郡或爲國，屬縣亦常有變動，國都或郡治在陳縣（今河南淮陽縣）。王莽時，淮陽國更名爲新平郡。

［4］【李賢注】《風俗通》曰："東越王傜，句踐之後，其後以傜爲姓（大德本、殿本無'以'字）。"《東觀記》曰"傜"作"淫"。【今注】張卬：緑林軍將領。力主立劉玄爲帝，更始元年（23），爲衛尉大將軍。更始二年，徙都長安，封淮陽王。後鎮河東，爲鄧禹所敗，還奔長安。與廖湛、胡殷、申屠建、隗囂等合謀，欲劫持更始歸南陽。謀洩，申屠建被誅，遂與廖湛、胡殷等反。後與王匡降赤眉。及更始降赤眉，又勸赤眉將謝禄殺之。事迹見本書卷一一《劉玄傳》。

會春陵劉茂起兵，[1]略下潁川，彭不得之官，乃與麾下數百人從河内太守邑人韓歆。[2]會光武徇河内，歆議欲城守，彭止不聽。既而光武至懷，[3]歆迫急迎降。光武知其謀，大怒，收歆置鼓下，將斬之。[4]召見彭，彭因進説曰："今赤眉入關，更始危殆，權臣放縱，矯稱詔制，道路阻塞，四方蜂起，群雄競逐，百姓無所歸命。竊聞大王平河北，開王業，此誠皇天祐漢，士人之福也。彭幸蒙司徒公所見全濟，未有報德，旋被禍難，永恨於心。今復遭遇，願出身自效。"光武深接納之。彭因言韓歆南陽大人，[5]可以爲用。乃貰歆，[6]以爲鄧禹軍師。

［1］【今注】春陵：侯國。原爲南陽郡蔡陽縣白水鄉，西漢元

帝初元四年（前45），零陵郡舂陵侯國徙於此。故城在今湖北棗陽市西南。東漢光武帝建武六年（30），改爲章陵縣。本書卷一下《光武帝紀下》："改舂陵鄉爲章陵縣。世世復徭役，比豐、沛，無有所豫。" 劉茂：光武帝族父，泗水王劉歙從父弟。稱厭新將軍，攻下潁川、汝南。建武元年，率衆降，封爲中山王。十三年，更封爲穰侯。事迹參見本書卷一四《宗室四王三侯傳》。

［2］【今注】邑人：同邑的人。這裏指同郡人。 韓歆：字翁君，南陽（今河南南陽市卧龍區）人。更始河內太守。後降光武帝，爲鄧禹軍師，以功封扶陽侯。建武十三年，由沛郡太守遷大司徒。建武十五年，免，自殺。事迹見本書卷二六《侯霸傳》。

［3］【今注】懷：縣名。治所在今河南武陟縣西南。

［4］【李賢注】中將軍最尊，自執旗鼓。若置營，則立旗以爲軍門，并設鼓，戮人必於其下。

［5］【李賢注】大人謂大家豪右。

［6］【李賢注】貰，寬也。

更始大將軍吕植將兵屯淇園，[1]彭説降之，於是拜彭爲刺姦大將軍，使督察衆營，[2]授以常所持節，[3]從平河北。光武即位，[4]拜彭廷尉，[5]歸德侯如故，行大將軍事。[6]與大司馬吴漢，大司空王梁，[7]建義大將軍朱祐，[8]右將軍萬脩，[9]執金吾賈復，[10]驍騎將軍劉植，[11]揚化將軍堅鐔，[12]積射將軍侯進，[13]偏將軍馮異、祭遵、王霸等，[14]圍洛陽數月。朱鮪等堅守不肯下。帝以彭嘗爲鮪校尉，令往説之。鮪在城上，彭在城下，相勞苦歡語如平生。彭因曰："彭往者得執鞭侍從，蒙薦舉拔擢，常思有以報恩。今赤眉已得長安，更始爲三王所反，[15]皇帝受命，平定燕、趙，盡有幽、冀之地，[16]百姓歸心，賢俊雲集，親率大兵，來攻洛陽。天下之事，逝其去矣。公雖嬰城固守，[17]將何待乎？”[18]鮪曰：“大司徒被害時，鮪與其謀，[19]又諫更始無遣蕭王北伐，誠自知罪深。”彭還，具言於帝。帝曰：“夫建大事者，不忌小怨。鮪今若降，官爵可保，況誅罰乎？河水在此，[20]吾不食言。”[21]彭復往告鮪，鮪從城上下索曰：“必信，可乘此上。”彭趣索欲上。[22]鮪見其誠，即許降。後五日，鮪將輕騎詣彭。顧敕諸部將曰：“堅守待我。我若不還，諸君徑將大兵上轘轅，[23]歸郾王。”[24]乃面縛，[25]與彭俱詣河陽。[26]帝即解其縛，召見之，復令彭夜送鮪歸城。明旦，悉其衆出降，拜鮪爲平狄將軍，封扶溝侯。[27]鮪，淮陽人，後爲少府，[28]傳封累代。

[1]【今注】大將軍：官名。位或在公上，或在公下，因任職者地位而定。外主征伐，内掌國政。東漢專政之外戚，多任此職。本書《百官志一》：“將軍，不常置。本注曰：‘掌征伐背叛。比公者四：第一大將軍，次驃騎將軍，次車騎將軍，次衛將軍。又有前、後、左、右將軍。’”劉昭注：“蔡質《漢儀》曰：‘漢興，置大將軍、驃騎，位次丞相，車騎、衛將軍、左、右、前、後，皆金紫，位次上卿。典京師兵衛，四夷屯警。’”　淇園：太行山東南麓淇水兩岸（今河南淇縣）盛産竹，春秋衛國在這裏建有竹園。《詩·衛風·淇奥》：“瞻彼淇奥，緑竹猗猗……瞻彼淇奥，緑竹青青……瞻彼淇奥，緑竹如簀。”

[2]【李賢注】《續漢書》曰：“時更始尚書令謝躬將六將軍屯鄴（六，底本殘，據紹興本、大德本、殿本補），兵横暴，爲百姓所苦（苦，底本殘，據紹興本、大德本、殿本補）。上先遣吴漢

往收之，故拜彭爲刺姦將軍。”

[3]【今注】節：符節。古代使者所持的憑證。《史記》卷八《高祖本紀》《索隱》引《釋名》：“節爲號令賞罰之節也。又節毛上下相重，取象竹節。”《漢書》卷一《高帝紀》顔師古注：“節以毛爲之，上下相重，取象竹節，因以爲名，將命者持之以爲信。”本書卷一上《光武帝紀上》李賢注：“節，所以爲信也，以竹爲之，柄長八尺，以旄牛尾爲其毦三重。”

[4]【今注】光武即位：公元25年，劉秀在鄗縣（今河北柏鄉縣北）南千秋亭五成陌設壇即皇帝位，建元建武。

[5]【今注】廷尉：官名。秦官。西漢景帝中元六年（前144），更名爲大理。武帝建元四年（前137），復爲廷尉。宣帝地節三年（前67），初置左右平，秩皆六百石。哀帝元壽二年（前1），復名爲大理。王莽時，更名爲作士。東漢時，秩中二千石。掌平獄，奏當所應。凡郡國讞疑罪，皆處當以報。屬官有廷尉正、廷尉左監、廷尉平，秩六百石。

[6]【李賢注】《續漢書》曰：“彭鎮河内。馮異先攻洛陽，朱鮪大出軍，欲擊彭。時天霧，鮪以爲彭已去，令其兵皆穫黍（穫，底本模糊不清，據大德本、殿本補），彭乃進擊，大破之。”

[7]【今注】大司空：官名。三公之一。掌水土之事等。西漢成帝綏和元年（前8），改御史大夫爲大司空。建武二十七年（51），去“大司空”之“大”字，爲“司空”。　王梁：字君嚴，漁陽要陽（今河北豐寧滿族自治縣東南）人。傳見本書卷二二。

[8]【今注】朱祐：字仲先，南陽宛（今河南南陽市卧龍區）人。傳見本書卷二二。

[9]【今注】右將軍：官名。金印紫綬。位次上卿。　萬脩：字君游，扶風茂陵（今陝西興平市東北）人。傳見本書卷二一。

[10]【今注】執金吾：官名。秩中二千石。主要負責京師内皇宫外的保衛及武庫兵器管理等工作，皇帝出行時還要擔任護衛和

負責儀仗隊。此官承秦而設，原名中尉，西漢武帝太初元年（前104）更名爲執金吾。王莽時更名爲奮武。東漢復名執金吾。西漢時，執金吾屬官有中壘令、寺互令、武庫令、都船令、式道左右中候、左右京輔都尉等。東漢僅保留武庫令，其他皆省。　賈復：字君文，南陽冠軍（今河南鄧州市西北）人。傳見本卷後文。

［11］【今注】劉植：字伯先，鉅鹿昌城（今河北衡水市冀州區西北）人。傳見本書卷二一。

［12］【今注】堅鐔：字子伋，潁川襄城（今河南襄城縣）人。傳見本書卷二二。

［13］【今注】侯進：劉秀將，曾任積射將軍和破奸將軍。

［14］【今注】馮異：字公孫，潁川父城（今河南寶豐縣東）人，好讀書，通《春秋左氏傳》《孫子兵法》。傳見本書卷一七。　王霸：字元伯，潁川潁陽（今河南許昌市建安區西南）人。傳見本書卷二〇。

［15］【李賢注】解見上文（解見上文，底本模糊不清，據紹興本、大德本、殿本補）。

［16］【今注】幽：幽州刺史部。西漢武帝元封五年（前106）所設十三刺史部之一，下轄渤海郡、燕國、涿郡、上谷郡、漁陽郡、右北平郡、遼西郡、遼東郡、樂浪郡、真番郡、玄菟郡、臨屯郡。刺史治薊縣（今北京市西城區西南）。　冀：冀州刺史部。西漢武帝元封五年所設十三刺史部之一，下轄常山郡、真定國、中山國、趙國、魏郡、鉅鹿郡、廣平郡、清河國、河間國、廣川國。刺史治高邑縣（今河北柏鄉縣北）。

［17］【今注】嬰城固守：環城堅守。《漢書》卷四五《蒯通傳》："必將嬰城固守，皆爲金城湯池，不可攻也。"王先謙《漢書補注》："《文選》曹植《責躬詩》李注引《説文》'嬰，繞也'。'嬰城固守'，謂繞城自守禦耳。"

［18］【李賢注】嬰，繞也。謂以城自嬰繞而守之。

[19]【李賢注】與音預。

[20]【今注】河水：黄河。

[21]【李賢注】指河以爲信，言其明白也。

[22]【李賢注】趣，向也。

[23]【今注】轘轅：山名。在今河南偃師市東南。本書卷一下《光武帝紀下》，建武九年“夏六月丙戌，幸緱氏，登轘轅”。李賢注：“緱氏縣有緱氏山，轘轅山有轘轅阪，並在洛陽之東南。”有轘轅道和轘轅關。本書《郡國志一》緱氏縣“有轘轅關”，劉昭注：“瓚曰：‘險道名，在縣東南。’”

[24]【李賢注】更始傳尹尊爲郾王（尹尊，本書卷一上《光武帝紀上》作“尹遵”）。【今注】郾：縣名。治所在今河南漯河市郾城區南。王莽時，潁川郡更名爲左隊郡，郾仍沿用漢舊名。

[25]【今注】面縛：雙手捆綁在身體背後而面向前。

[26]【李賢注】《東觀記》曰：“詣行在所河津亭。”

[27]【今注】扶溝：縣名。治所在今河南扶溝縣東北。

[28]【李賢注】《前書》曰：“少府，秦官（秦官，底本殘，據紹興本、大德本、殿本補），秩二千石。”《續漢書》曰：“少府，掌中服御諸物（服御諸物，底本殘，據紹興本、大德本、殿本補），衣服寶貨珍膳之屬（寶貨珍，底本殘，據紹興本、大德本、殿本補）。”【今注】少府：官名。秩中二千石。少府機構龐雜，職屬者有太醫令、太官令、守宫令、上林苑令等；名義上隸屬者有侍中、中常侍、黄門侍郎、小黄門、黄門令、黄門署長、畫室署長、玉堂署長、丙署長、中黄門冗從僕射、中黄門、掖庭令、永巷令、御府令、祠祀令、鉤盾令、中藏府令、内者令、尚方令、尚書令、尚書僕射、尚書、符節令、御史中丞、蘭臺令史等。

建武二年，使彭擊荆州，[1]下犨、葉等十餘城。[2]是時南方尤亂。南郡人秦豐據黎丘，[3]自稱楚黎王，略十有二縣；[4]董訢起堵鄉；[5]許邯起杏；[6]又更始諸將各擁兵據南陽諸城。帝遣吴漢伐之，漢軍所過多侵暴。時破虜將軍鄧奉謁歸新野，[7]怒吴漢掠其鄉里，遂返，[8]擊破漢軍，獲其輜重，屯據淯陽，[9]與諸賊合從。[10]秋，彭破杏，降許邯，遷征南大將軍。[11]復遣朱祐、賈復及建威大將軍耿弇，漢中將軍王常，武威將軍郭守，越騎將軍劉宏，偏將軍劉嘉、耿植等，[12]與彭并力討鄧奉。先擊堵鄉，而奉將萬餘人救董訢。訢、奉皆南陽精兵，彭等攻之，連月不尅。三年夏，帝自將南征，至葉，董訢别將將數千人遮道，車騎不可得前。彭奔擊，大破之。帝至堵陽，鄧奉夜逃歸淯陽，[13]董訢降。彭復與耿弇、賈復及積弩將軍傅俊、騎都尉臧宫等從追鄧奉於小長安。[14]帝率諸將親戰，[15]大破之。奉迫急，乃降。帝憐奉舊功臣，且釁起吴漢，欲全宥之。彭與耿弇諫曰："鄧奉背恩反逆，暴師經年，致賈復傷痍，朱祐見獲。陛下既至，不知悔善，而親在行陳，兵敗乃降。若不誅奉，無以懲惡。"於是斬之。奉者，西華侯鄧晨之兄子也。[16]

[1]【今注】荆州：西漢武帝元封五年（前106）設立的十三刺史部之一，下轄南陽郡、南郡、江夏郡、長沙國、桂陽郡、零陵郡、武陵郡等。刺史治索縣（今湖南常德市東北），陽嘉三年（134）更名爲漢壽。

[2]【李賢注】犨，縣名，屬南陽郡，故城在今汝州魯山縣東南（魯、南，底本殘，據紹興本、大德本、殿本補）。葉（葉，底本殘，據紹興本、大德本、殿本補），今許州葉縣也（今，底本

殘，據紹興本、大德本、殿本補）。《續漢書》曰："彭南擊荆州，至城安、昆陽、犨、葉、舞陽、堵陽、平氏、棘陽、胡陽，處處皆破其屯聚（堵陽，底本殘，據紹興本、大德本、殿本補。城安，王先謙《後漢書集解》指出當作'成安'）。"【今注】犨：縣名。治所在今河南魯山縣東南。　葉：縣名。治所在今河南葉縣西南。

［3］【今注】南郡：郡名。治江陵縣（今湖北荆州市荆州城西北）。　秦豐：南郡邔（今湖北宜城市北）人。更始二年（24），以黎丘爲據點，自號楚黎王。經多次征討，東漢光武帝建武五年（29），建義大將軍朱祐圍秦豐於黎丘，拔之，秦豐將妻子降，檻車送洛陽，斬之。本書卷一上《光武帝紀上》"秦豐自號楚黎王"，李賢注："習鑿齒《襄陽記》曰：'秦豐，黎丘鄉人。黎丘楚地，故稱楚黎王。'黎丘故城在今襄州率道縣北。"　黎丘：鄉名。在今湖北宜城市西北。本書《郡國志四》邔侯國"有犁丘城"，劉昭注："朱祐禽秦豐蘇嶺山。"

［4］【李賢注】《東觀記》曰："豐，邔縣人，少學長安，受律令，歸爲縣吏。更始元年起兵，攻得邔、宜城、若、編、臨沮、中廬、襄陽、鄧、新野、穰、湖陽、蔡陽（若，中華本據本書《郡國志》改爲'鄀'），兵合萬人。"邔音求紀反。【今注】案，略十有二縣，王先謙《後漢書集解》曰："'十有'兩字當乙轉。"中華本據改。

［5］【今注】董訢：南陽堵陽（今河南方城縣）人。東漢光武帝建武二年，反宛城。三年，光武帝親征，破之，降。　堵鄉：鄉名。在今河南方城縣。本書《光武帝紀上》：建武二年，"冬十一月，以廷尉岑彭爲征南大將軍，率八將軍討鄧奉於堵鄉"。李賢注："《水經注》曰：'堵水南經小堵鄉。'在今唐州方城縣。"

［6］【李賢注】南陽復陽縣有杏聚。【今注】杏：聚名。屬南陽郡復陽侯國（今河南桐柏縣西北）。

［7］【今注】鄧奉：南陽新野（今河南新野縣）人。東漢光武

帝建武二年，時任破虜將軍的鄧奉謁歸新野，怒吳漢征伐之時掠其鄉里，遂反。建武三年，光武帝親自帥兵破斬之。　謁歸：請假歸家。　新野：縣名。治所在今河南新野縣。

［8］【今注】案，返，王先謙《後漢書集解》指出是“反”之誤。中華本據改。

［9］【今注】淯陽：縣名。《漢書·地理志上》、本書《郡國志四》作“育陽”。治所在今河南南陽市宛城區瓦店鎮。

［10］【今注】合從：聯合。

［11］【今注】案，曹金華《後漢書稽疑》：“秋”當作“冬”。前謂鄧奉反，屯聚淯陽，與諸賊合從，據《光武帝紀》已在八月，而岑彭還征南大將軍在十一月，下述遣朱祐等八將軍討奉亦十一月事，故云“秋”當作“冬”（第282頁）。

［12］【今注】劉嘉：即劉喜，鉅鹿昌城（今河北衡水市冀州區西北）人，劉植弟。本書卷二一《劉植傳》：“王郎起，植與弟、從兄歆率宗族賓客，聚兵數千人據昌城。”李賢注：“《東觀記》‘喜’作‘嘉’，字共仲。”曾爲驍騎將軍，封觀津侯。事迹參見本書《劉植傳》。　耿植：鉅鹿宋子（今河北趙縣東北）人。耿純堂弟，與耿純歸附劉秀，拜爲偏將軍。後拜輔威將軍，封武邑侯。事迹參見本書卷二一《耿純傳》。

［13］【李賢注】《續漢書》曰：“奉令候伏道旁，見車騎一日不絶，歸語本，奉遂夜遁。”

［14］【李賢注】小長安解見《十二紀》（十二紀，紹興本、大德本、殿本作“光武紀”）。【今注】傅俊：字子衛，潁川襄城（今河南襄城縣）人。傳見本書卷二二。　騎都尉：官名。秩比二千石，名義上隸屬於光禄勳，無常員，掌監羽林騎。西漢武帝太初元年（前104），置建章營騎，後更名爲羽林騎。宣帝令中郎將、騎都尉監羽林。　臧宫：字君翁，潁川郟（今河南郟縣）人。傳見本書卷一八。　小長安：聚名。屬南陽郡育陽縣，在今河南南陽

市南。

［15］【今注】案，諸，底本殘，據紹興本、大德本、殿本補。

［16］【今注】西華：縣名。治所在今河南西華縣南。　鄧晨：字偉卿，南陽新野（今河南新野縣）人。傳見本書卷一五。

車駕引還，令彭率傅俊、臧宮、劉宏等三萬餘人南擊秦豐，拔黄郵，[1]豐與其大將蔡宏拒彭等於鄧，[2]數月不得進。帝怪以讓彭。彭懼，於是夜勒兵馬，申令軍中，使明旦西擊山都。[3]乃緩所獲虜，令得逃亡，歸以告豐，豐即悉其軍西邀彭。[4]彭乃潛兵度沔水，[5]擊其將張楊於阿頭山，大破之。[6]從川谷間伐木開道，直襲黎丘，擊破諸屯兵。豐聞大驚，馳歸救之。彭與諸將依東山爲營，豐與蔡宏夜攻彭，彭豫爲之備，出兵逆擊之，豐敗走，追斬蔡宏。[7]更封彭爲舞陰侯。

［1］【李賢注】黄郵，聚名也，在南陽新都縣（惠棟《後漢書補注》曰："'都'當作'野'"）。【今注】黄郵：聚名。屬南陽新野縣，在今河南新野縣東。

［2］【今注】鄧：縣名。治所在今湖北襄陽市襄州區西北。王莽時，南陽郡更名前隊郡，鄧仍沿用漢舊名。

［3］【李賢注】山都，縣名，屬南陽郡，舊南陽之赤鄉，秦以爲縣，故城在今襄州義清縣東北。【今注】山都：縣名。治所在今湖北襄陽市西北。

［4］【今注】邀：迎擊，阻擊。

［5］【今注】沔水：水名。今漢江的古名。發源於今陝西寧强縣，流經勉縣（漢沔縣）、漢中、安康、丹江口、襄陽等地，在湖北武漢市入長江。

[6]【李賢注】沔水源出武都東狼谷中，即漢水之上源也。阿頭山在襄陽也。【今注】阿頭山：山名。即今湖北襄陽市西的萬山，亦稱方山。本書《郡國志四》襄陽“有阿頭山”，劉昭注：“岑彭破張楊。《襄陽耆舊傳》曰：‘縣西九里有方山，父老傳云交甫所見游女處，此山之下曲限是也。’《荆州記》曰：‘襄陽舊楚之北津，從襄陽渡江，經南陽，出方關，是周、鄭、晉、衛之道，其東津經江夏，出平睪關，是通陳、蔡、齊、宋之道。’”

[7]【今注】案，追斬蔡宏，本書卷一上《光武帝紀上》作“獲其將蔡宏”。

秦豐相趙京舉宜城降，[1]拜爲成漢將軍，與彭共圍豐於黎丘。時田戎擁衆夷陵，[2]聞秦豐被圍，懼大兵方至，欲降。而妻兄辛臣諫戎曰：“今四方豪傑各據郡國，洛陽地如掌耳，[3]不如按甲以觀其變。”戎曰：“以秦王之彊，猶爲征南所圍，豈況吾邪？降計決矣。”四年春，戎乃留辛臣守夷陵，自將兵沿江泝沔止黎丘，刻期日當降，[4]而辛臣於後盜戎珍寶，從間道先降於彭，[5]而以書招戎。戎疑必賣己，遂不敢降，[6]而反與秦豐合。彭出兵攻戎，數月，大破之，其大將伍公詣彭降，戎亡歸夷陵。帝幸黎丘勞軍，封彭吏士有功者百餘人。彭攻秦豐三歲，斬首九萬餘級，豐餘兵裁千人，又城中食且盡。帝以豐轉弱，令朱祐代彭守之，使彭與傅俊南擊田戎，大破之，遂拔夷陵，追至秭歸。[7]戎與數十騎亡入蜀，盡獲其妻子士衆數萬人。

[1]【今注】宜城：縣名。治所在今湖北宜城市南。王莽時，

南郡更名爲南順郡，宜城仍沿用漢舊名。

［2］【李賢注】《東觀記》曰："田戎，西平人，與同郡人陳義客夷陵，爲群盜。更始元年，義、戎將兵陷夷陵，陳義自稱黎丘大將軍，戎自稱埽地大將軍。"《襄陽耆舊記》曰："戎號嗣成王（嗣，紹興本、大德本、殿本作'周'，可從），義稱臨江王。"【今注】田戎：汝南西平（今河南西平縣西）人。王莽末，天下大亂，割據夷陵。東漢光武帝建武五年（29），降公孫述，封翼江王。建武十二年，威虜將軍馮駿攻占江州，斬田戎。

［3］【李賢注】《續漢書》曰："辛臣爲戎作地圖（辛，紹興本、大德本、殿本誤作'周'），圖彭寵、張步、董憲、公孫述等所得郡國，云洛陽所得如掌耳。"

［4］【今注】期日：約定時日。

［5］【今注】間道：小路。

［6］【李賢注】《東觀記》曰："戎至期日，灼龜卜降，兆中折，遂止不降。"

［7］【李賢注】秭歸，縣名，今歸州，解見《和紀》。【今注】秭歸：縣名。治所在今湖北秭歸縣。

彭以將伐蜀漢，[1]而夾川穀少，[2]水險難漕運，留威虜將軍馮駿軍江州，[3]都尉田鴻軍夷陵，領軍李玄軍夷道，[4]自引兵還屯津鄉，當荆州要會，[5]喻告諸蠻夷，降者奏封其君長。初，彭與交阯牧鄧讓厚善，[6]與讓書陳國家威德，[7]又遣偏將軍屈充移檄江南，[8]班行詔命，於是讓與江夏太守侯登、武陵太守王堂、長沙相韓福、桂陽太守張隆、零陵太守田翕、蒼梧太守杜穆、交阯太守錫光等，[9]相率遣使貢獻，[10]悉封爲列侯。或遣子將兵助彭征伐。[11]於是江南之珍始流通焉。

［1］【今注】蜀漢：區域名。巴蜀與漢中地區。《史記》卷六《秦始皇本紀》："當是之時，秦地已並巴蜀、漢中。"《史記》卷七《項羽本紀》："故立沛公爲漢王，王巴、蜀、漢中，都南鄭。"《史記》卷八《高祖本紀》："始與項羽俱受命懷王，曰先入關中者王之，項羽負約，王我於蜀漢，罪一。"《漢書·地理志下》："而漢中淫失枝柱，與巴蜀同俗。"

［2］【今注】案，穀，大德本、殿本作"谷"，可從。

［3］【李賢注】江州，縣名，今渝州巴縣也。《東觀記》曰："長沙中尉馮駿將兵詣彭，璽書拜駿爲威虜將軍。"【今注】江州：縣名。治所在今重慶市北。案，沈欽韓《後漢書疏證》曰："江州，今重慶府巴縣，疑馮駿此時未能越巴峽也，當江關之誤，即捍關也，在宜昌府長陽縣西。"王先謙《後漢書集解》曰："下文方言田戎亡保江州，此江州是誤文。"曹金華《後漢書稽疑》曰："本傳下文'公孫述遣其將任滿、田戎、程汎，將數萬人乘枋箄下江關，擊破馮駿及田鴻、李玄等'，《公孫述傳》'又遣田戎及大司徒任滿、南郡太守程汎將兵下江關，破威虜將軍馮駿等'，皆謂'江關'。江關隔江對白帝城，而江州則今重慶市也。"（第283—284頁）

［4］【今注】領軍：官名。公孫述亦設有領軍一職，如本書卷一三《公孫述傳》："使元與領軍環安拒河池。"　夷道：縣名。治所在今湖北宜都市。

［5］【李賢注】津鄉，縣名，所謂江津也。《東觀記》曰："津鄉當荆、楊之咽喉。"【今注】津鄉：鄉名。本書《郡國志四》南郡江陵"有津鄉"，在今湖北江陵縣東。

［6］【今注】交阯：交阯刺史部，又稱交州刺史部。西漢武帝元封五年（前106）設立的十三刺史部之一，轄南海郡、蒼梧郡、合浦郡、郁林郡、交趾郡、九真郡、日南郡、儋耳郡、珠崖郡。阯，大德本、殿本作"趾"。

［7］【李賢注】《東觀記》曰："讓夫人，光烈皇后姊也。"

［8］【今注】案，屈充，惠棟《後漢書補注》曰："《袁宏紀》作'房充'。"袁宏《後漢紀》作"房究"。　江南：區域名。長江以南地區。

［9］【今注】案，王堂，紹興本誤作"王常"。　江夏：郡名。治安陸縣（今湖北雲夢縣）。　武陵：郡名。治義陵縣（今湖南溆浦縣南）。東漢時移治臨沅縣（今湖南常德市武陵區）　長沙：國名。都臨湘縣（今湖南長沙市）。　相：官名。王國内最高行政長官。初名相國，西漢惠帝元年（前194）更命丞相，景帝中元五年（前145）更命相。　桂陽：郡名。治郴縣（今湖南郴州市）。　零陵：郡名。治零陵縣（今廣西全州縣西南）。　蒼梧：郡名。治廣信縣（今廣西梧州市長洲區）。　交阯：郡名。治羸𨻶縣（今越南河内市西北）。　錫光：漢中（今陝西安康市西）人，西漢平帝時，爲交阯太守，移變邊俗。東漢光武帝建武五年（29），遣使貢獻，封爲列侯。本書卷七六《循吏傳》："初，平帝時，漢中錫光爲交阯太守，教導民夷，漸以禮義，化聲侔於延。王莽末，閉境拒守。建武初，遣使貢獻，封鹽水侯。領南華風，始於二守焉。"本書卷八六《南蠻西南夷傳》："光武中興，錫光爲交阯，任延守九真，於是教其耕稼，制爲冠履，初設媒娉，始知姻娶，建立學校，導之禮義。"

［10］【今注】貢獻：進貢物資。

［11］【李賢注】《續漢書》曰："張隆遣子羣將兵詣彭助征伐（將兵，底本殘，據紹興本、大德本、殿本補），上以羣爲率義侯。"不揔遣子，故言或。

六年冬，徵彭詣京師，數召讌見，厚加賞賜。復南還津鄉，有詔過家上冢，大長秋以朔望問太夫人起居。[1]

［1］【李賢注】大長秋，皇后屬官。漢法，列侯之母，方稱太夫人也。【今注】大長秋：官名。秩二千石。皇后卿。秦時官名爲將行，以宦者擔任。西漢景帝中元六年（前 144）更名爲大長秋，或用士人擔任。東漢常例用宦者擔任，主要負責奉宣皇后命令，以及給賜宗親、爲宗親謁者關通、皇后出宮隨行等事務。　朔望：每月的初一、十五。　太夫人：漢制，列侯之母稱太夫人。

八年，彭引兵從車駕破天水，與吴漢圍隗囂於西城。[1]時公孫述將李育將兵救囂，[2]守上邽，[3]帝留蓋延、耿弇圍之，而車駕東歸。勑彭書曰："兩城若下，便可將兵南擊蜀虜。人苦不知足，既平隴，復望蜀。每一發兵，頭鬚爲白。"[4]彭遂壅谷水灌西城，城未没丈餘，[5]囂將行巡、周宗將蜀救兵到，囂得出還冀。漢軍食盡，燒輜重，引兵下隴，延、弇亦相隨而退。囂出兵尾擊諸營，彭殿爲後拒，[6]故諸將能全師東歸。彭還津鄉。

［1］【今注】西城：縣名。治所在今陝西安康市西。

［2］【今注】李育：公孫述部將。東漢光武帝建武十二年（36），李育降，以才幹，擢用之。

［3］【今注】上邽：縣名。本屬隴西郡，後屬漢陽郡，治所在今甘肅天水市秦州區。周振鶴等推測上邽至遲在東漢安帝永初五年（111）已屬漢陽，上邽同時或稍後由隴西郡别屬漢陽郡（周振鶴、李曉傑、張莉：《中國行政區劃通史・秦漢卷》，第 878 頁）。

［4］【今注】案，頭鬚爲白，曹金華《後漢書稽疑》曰："《御覽》卷三六三引《東觀記》作'頭鬢爲白'。"（第 284 頁）

［5］【李賢注】《東觀記》曰："時以縑囊盛土爲堤，灌西城，

谷水從地中數丈涌出（出，底本殘，據紹興本、大德本、殿本補），故城不拔（城，底本殘，據紹興本、大德本、殿本補）。”《續漢書》云“以縑盛土爲堤”。

［6］【李賢注】尾謂尋其後而擊之。凡軍在前曰啟，在後曰殿。《東觀記》曰“彭東入弘農界，百姓持酒肉迎軍，曰‘蒙將軍爲後拒，全子弟得生還’”也。

九年，公孫述遣其將任滿、田戎、程汎，[1]將數萬人乘枋箄下江關，[2]擊破馮駿及田鴻、李玄等。遂拔夷道、夷陵，據荆門、虎牙。[3]横江水起浮橋、鬬樓，立欑柱絶水道，[4]結營山上，以拒漢兵。彭數攻之，不利，於是裝直進樓船、冒突露橈數千艘。[5]

［1］【今注】任滿：公孫述部將，曾任大司徒。東漢光武帝建武十一年（35），爲岑彭擊敗，斬之。　程汎：公孫述部將，曾任南郡太守。東漢光武帝建武十一年，爲岑彭擊敗，被俘。

［2］【李賢注】枋箄，以木竹爲之，浮於水上。《爾雅》曰：“舫，泭也。”郭景純曰“水中簰筏也。”《華陽國志》曰，巴、楚相攻，故置江關，舊在赤甲城，後移在江南岸，對白帝城，故基在今夔州魚復縣南（魚復，中華本據沈家本説改爲“人復”）。“枋”即“舫”字，古通用耳。箄音步佳反。泭音匹俱反。【今注】枋箄：竹木筏。枋，通“舫”。　江關：地名。《漢書·地理志上》江關在魚復縣。魚復，治所在今重慶奉節縣東。李賢注所補“舊”字，中華本校勘記：“據汲本、殿本補。”曹金華《後漢書稽疑》曰：“《岑彭傳》注引《華陽國志》亦有‘舊’字，然云江關‘舊在赤甲城，後移在江南岸，對白帝城’，無‘州’字。考之，江關戰國時置，在今重慶市奉節東長江北岸赤甲山上，後移至長江

南岸，與白帝城相對，而江州即今重慶市，與白帝城間隔甚遠，不當作'江州'也。"（第246頁）

［3］【李賢注】解在《光武紀》（在，殿本作"見"）。【今注】荆門虎牙：山名。在今湖北宜昌市東南。本書卷一下《光武帝紀下》李賢注："《水經注》曰：'江水東歷荆門、虎牙之間。荆門山在南，上合下開，其狀似門，虎牙山在北，石壁色紅，間有白文類牙，故以名也。此二山，楚之西塞也。'在今硤州夷陵縣東南。"本書《郡國志四》"南郡"載："夷陵，有荆門、虎牙山。"劉昭注："《荆州記》曰：'荆門，江南；虎牙，江北。虎牙有文如齒牙，荆門上合下開。'"

［4］【今注】欑柱：密集的柱子。欑，攢。密集。

［5］【李賢注】並船名。樓船，船上施樓。橈，小檝也。《爾雅》曰："檝謂之橈（沈欽韓《後漢書疏證》曰：'文見楊雄《方言》，非《爾雅》'）。"露橈謂露檝在外，人在船中。冒突，取其觸冒而唐突也。橈音饒。

十一年春，彭與吴漢及誅虜將軍劉隆、輔威將軍臧宫、驍騎將軍劉歆，[1]發南陽、武陵、南郡兵，又發桂陽、零陵、長沙委輸棹卒，凡六萬餘人，[2]騎五千匹，皆會荆門。吴漢以三郡棹卒多費糧穀，欲罷之。彭以爲蜀兵盛，[3]不可遣，上書言狀。帝報彭曰："大司馬習用步騎，不曉水戰，荆門之事，一由征南公爲重而已。"彭乃令軍中募攻浮橋，先登者上賞。於是偏將軍魯奇應募而前。時天風狂急，彭、奇船逆流而上，[4]直衝浮橋，而欑柱鉤不得去，[5]奇等乘埶殊死戰，因飛炬焚之，風怒火盛，橋樓崩燒。彭復悉軍順風並進，所向無前。蜀兵大亂，溺死者數千人。斬任滿，生獲程汎，而田戎亡保江州。彭上劉隆爲南郡太守，自率臧宫、劉歆長驅入江關，令軍中無得虜掠。所過，百姓皆奉牛酒迎勞。彭見諸耆老，[6]爲言大漢哀愍巴蜀久見虜役，[7]故興師遠伐，以討有罪，爲人除害。讓不受其牛酒。百姓皆大喜悦，争開門降。詔彭守益州牧，[8]所下郡，輒行太守事。[9]

[1]【今注】劉隆：字元伯，南陽安衆侯宗室，雲臺二十八將之一。傳見本書卷二二。　劉歆：字細君。王郎起，與堂弟劉植、劉喜率宗族賓客占據昌城。歸附劉秀後，劉植爲驍騎將軍，劉喜、劉歆爲偏將軍。劉植、劉喜先後戰死，劉歆代爲驍騎將軍，封浮陽侯。事迹參見本書卷二一《劉植傳》。

[2]【李賢注】棹卒，持棹行船也。《東觀記》作"濯"（濯，大德本作"擢"，殿本作"櫂"，本注下同。"濯"通"棹"，"櫂"同"棹"）。《前書》鄧通以濯船爲黄頭郎。濯音直教反。

[3]【今注】案，大德本、殿本無"爲"字。

[4]【今注】案，王先謙《後漢書集解》曰："陳景雲曰：'時奇應募以偏師獨進，彭見敵勢已摧，乃悉軍並進耳，彭不與奇同行，此文不合有彭字。'錢大昕曰：'天當爲大字之譌。'"中華本據改。

[5]【李賢注】《續漢書》曰："時天東風，其欑柱有反把，鉤奇船不得去。"

[6]【今注】耆老：年老者，亦指致仕的卿大夫。《禮記·王制》："耆老皆朝于庠。"鄭玄注："耆老，致仕及鄉中老賢者。"

[7]【今注】巴蜀：區域名。先秦時期，四川盆地有巴、蜀兩國，秦漢設有巴、蜀等郡，以巴蜀代指四川盆地及其周邊地區。

[8]【今注】益州：西漢武帝元封五年（前 106）設立的十三刺史部之一，下轄巴郡、蜀郡、漢中郡、廣漢郡、犍爲郡、武都

郡、汶山郡、沈黎郡、越巂郡、牂牁郡、象郡、益州郡等。刺史治雒縣（今四川廣漢市北）。

[9]【李賢注】《東觀記》曰："彭若出界，即以太守號付後將軍，選官屬守州中長史。"

彭到江州，以田戎食多，難卒拔，留馮駿守之，自引兵乘利直指墊江，[1]攻破平曲，[2]收其米數十萬石。公孫述使其將延岑、吕鮪、王元及其弟恢悉兵拒廣漢及資中，[3]又遣將侯丹率二萬餘人拒黄石。[4]彭乃多張疑兵，使護軍楊翕與臧宫拒延岑等，自分兵浮江下還江州，泝都江而上，[5]襲擊侯丹，大破之。因晨夜倍道兼行二千餘里，徑拔武陽。[6]使精騎馳廣都，[7]去成都數十里，[8]埶若風雨，所至皆奔散。初，述聞漢兵在平曲，故遣大兵逆之。及彭至武陽，繞出延岑軍後，蜀地震駭。述大驚，以杖擊地曰："是何神也！"

[1]【今注】墊江：縣名。治所在今重慶市合川區。

[2]【李賢注】墊江，縣名，屬巴郡，今忠州縣也。墊音徒協反。平曲，地闕。

[3]【李賢注】資中，縣名，屬犍爲郡，其地在今資州資陽縣。【今注】廣漢：縣名。治所在今四川射洪縣東南。　資中：縣名。治所在今四川資陽市。

[4]【今注】侯丹：公孫述部將，東漢光武帝建武元年（25），丹開白水關，北守南鄭。建武十一年，伐公孫述，侯丹守黄石，爲漢將岑彭所破。事迹參見本書卷一三《公孫述傳》。　黄石：江灘名。本書卷一下《光武帝紀下》：建武十一年，"八月，岑彭破公孫述將侯丹於黄石。"李賢注："即黄石灘也。《水經注》曰：'江水

自涪陵東出百里而届于黄石。’在今涪州涪陵縣。”《水經注·江水》：“江水又東逕漢平縣二百餘里，左自涪陵東出百餘里，而届于黄石，東爲桐柱灘。”在今重慶市涪陵區北。

［5］【李賢注】都江，成都江也。【今注】都江：今岷江。

［6］【李賢注】武陽，解見《光武紀》。【今注】武陽：縣名。治所在今四川眉州市彭山區東。

［7］【李賢注】廣都，縣名（名，底本模糊不清，據紹興本、大德本、殿本補），屬蜀郡，故城在今益州成都縣東南（在今益州，底本模糊不清，據紹興本、大德本、殿本補）。【今注】廣都：縣名。治所在今四川成都市雙流區東南。

［8］【今注】成都：縣名。治所在今四川成都市。

彭所營地名彭亡，聞而惡之，欲徙，會日暮，蜀刺客詐爲亡奴降，夜刺殺彭。

彭首破荆門，長驅武陽，持軍整齊，秋豪無犯。[1]邛穀王任貴聞彭威信，[2]數千里遣使迎降。[3]會彭已薨，帝盡以任貴所獻賜彭妻子，謚曰壯侯。蜀人憐之，爲立廟武陽，歲時祠焉。

［1］【李賢注】豪，毛也。秋毛喻細也。高祖曰：“吾入關，秋豪無所取。”

［2］【今注】任貴：越嶲郡邛都（今四川西昌市東南）夷人。王莽時，郡守枚根調任貴爲軍侯。更始二年（24），任貴率族人攻殺枚根，自立爲邛穀王，並領太守事。後降於公孫述。公孫述敗，光武帝封任貴爲邛穀王。建武十九年（43），陰謀造反，爲武威將軍劉尚所誅。事迹參見本書卷八六《南蠻西南夷傳》。

［3］【李賢注】《前書音義》曰：“任貴，越嶲夷，殺太守枚

根，自立爲邛穀王。”

子遵嗣，徙封細陽侯。[1]十三年，帝思彭功，復封遵弟淮爲穀陽侯。[2]遵永平中爲屯騎校尉。[3]遵卒，子伉嗣。[4]伉卒，子杞嗣，[5]元初三年，[6]坐事失國。建光元年，[7]安帝復封杞細陽侯，順帝時爲光禄勳。[8]

[1]【李賢注】細陽，縣名，屬汝南郡，故城在今潁川汝陰縣西。【今注】細陽：縣名。治所在今安徽太和縣東南。

[2]【李賢注】穀陽，縣名，屬沛郡。【今注】穀陽：縣名。治所在今安徽固鎮縣西北。

[3]【今注】屯騎校尉：官名。西漢武帝所置八校尉之一，掌騎士。東漢沿置，秩比二千石，爲北軍中候所屬五校尉之一。下置司馬一人，秩千石。有員吏百二十八人，統領士七百人。

[4]【李賢注】伉音口葬反。

[5]【李賢注】《東觀記》曰“杞”作“起”（曰，中華本認爲是衍字，删）。元初中，坐事免。【今注】子杞嗣：案，曹金華《後漢書稽疑》曰：“《馬融傳》有‘城門校尉岑起’，疑是此人。”（第 285 頁）

[6]【今注】元初：東漢安帝劉祜年號（114—120）。

[7]【今注】建光：東漢安帝劉祜年號（121—122）。

[8]【今注】案，爲光，大德本“光”字上部筆畫借用了“爲”字的下部筆畫。　順帝：東漢順帝劉保，公元 125 年至 144 年在位。紀見本書卷六。　光禄勳：官名。秩中二千石。掌宿衛宫殿門户，典謁署郎更直執戟，宿衛門户，考其德行而進退之。郊祀之事，掌三獻。

杞卒，子熙嗣，尚安帝妹涅陽長公主。[1]少爲侍中、虎賁中郎將，[2]朝廷多稱其能。遷魏郡太守，[3]招聘隱逸，與參政事，無爲而化。視事二年，[4]輿人歌之曰：[5]"我有枳棘，岑君伐之。[6]我有蟊賊，岑君遏之。[7]狗吠不驚，足下生氂。[8]含哺鼓腹，焉知凶災？[9]我喜我生，獨丁斯時。[10]美矣岑君，於戲休兹！"[11]

[1]【今注】涅陽長公主：劉侍男。本書卷五五《章帝八王傳》載安帝"又封女弟侍男爲涅陽長公主，别得爲舞陰長公主，久長爲濮陽長公主，直得爲平氏長公主"。

[2]【今注】侍中：官名。秩比二千石。加官。無員。名義上隸屬於少府。掌侍左右，贊導衆事，顧問應對。　虎賁中郎將：官名。秩比二千石。屬光禄勳。西漢武帝建元三年（前138）置期門，掌執兵送從，秩比郎，無員，多至千人，置僕射，秩比千石。平帝元始元年（1）更名爲虎賁郎，置中郎將。本書《郡國志二》劉昭注："虎賁舊作'虎奔'，言如虎之奔也，王莽以古有勇士孟賁，故名焉。孔安國曰：'若虎賁獸'，言其甚猛。"

[3]【李賢注】魏郡，秦時置，故城在今相州安陽縣東北。

[4]【今注】視事二年：曹金華《後漢書稽疑》曰："《御覽》卷二六〇、《書鈔》卷三五引《華嶠書》作'視事三年'。"（第285頁）。

[5]【今注】輿人：衆人。

[6]【李賢注】枳棘多榛梗（榛，底本殘，據紹興本、大德本、殿本補），以喻寇盜充斥也。【今注】枳棘：枳木和棘木。枳棘多刺，故被稱爲惡木，比喻惡人或小人。

[7]【李賢注】蟊賊，食禾稼蟲名，以喻姦吏侵漁也。

［8］【李賢注】氂，長毛也。犬無追吠，故足下生氂。

［9］【李賢注】哺，食也（食，底本殘，據紹興本、大德本、殿本補）。鼓，擊也（擊，底本殘，據紹興本、大德本、殿本補）。【今注】含哺鼓腹：嘴含食物，手拍肚子。用以形容太平盛世老百姓無憂無慮的生活。典出《莊子·馬蹄》："夫赫胥氏之時，民居不知所爲，行不知所之，含哺而熙，鼓腹而遊，民能以此矣。"

［10］【李賢注】丁猶當也。

［11］【李賢注】於戲，歎美之詞。見《爾雅》。於音烏（於，底本模糊不清，據紹興本、大德本、殿本補）。戲音許宜反。

熙卒，子福嗣，爲黄門侍郎。[1]

［1］【今注】黄門侍郎：官名。秩六百石。無員。名義上隸屬於少府。掌侍從左右，給事中，關通中外。諸王朝見，於殿上引王就坐。

賈復字君文，[1]南陽冠軍人也。[2]少好學，習《尚書》。[3]事舞陰李生，李生奇之，謂門人曰："賈君之容貌志氣如此，而勤於學，將相之器也。"王莽末，爲縣掾，迎鹽河東，[4]會遇盜賊，等比十餘人皆放散其鹽，[5]復獨完以還縣，縣中稱其信。

［1］【今注】案，大德本、殿本"賈復字君文"前有"賈復傳"三字，且單獨成行。

［2］【今注】冠軍：縣名。治所在今河南鄧州市西北。

［3］【今注】尚書：五經之一，又稱《書》《書經》。尚，上古也；書，記録歷史的簡册。所謂"尚書"就是上古的史書，主要記

載虞、夏、商、周等時代統治者的言行。周代彙編成書。經秦始皇焚書，漢初僅有秦博士伏生所藏二十九篇保留下來，因傳授時改用漢代通行的隸書書寫，故被稱爲今文《尚書》。西漢中期以後，先後出現了幾種先秦字體的寫本，被稱爲古文《尚書》。西晉永嘉之亂，今、古文《尚書》皆散亡。東晉建立後，梅賾獻上一部《古文尚書》，共五十八篇，其中包括西漢今文《尚書》二十八篇，另二十五篇爲僞書。唐代起，就不斷有人對梅賾所獻《尚書》的真僞進行考辨。清閻若璩《尚書古文疏證》一書確證梅賾所獻《古文尚書》爲僞書。2008年入藏清華大學的戰國楚簡，包括多篇《尚書》類典籍，是研究《尚書》及先秦歷史的重要文獻。

[4]【今注】河東：郡名。治安邑縣（今山西夏縣西北）。

[5]【今注】等比：同輩。 放散：放棄丟掉。

時下江、新市兵起，[1]復亦聚衆數百人於羽山，自號將軍。更始立，乃將其衆歸漢中王劉嘉，[2]以爲校尉。[3]復見更始政亂，諸將放縱，乃説嘉曰："臣聞圖堯舜之事而不能至者，[4]湯武是也；[5]圖湯武之事而不能至者，桓文是也；[6]圖桓文事而不能至者，六國是也；[7]定六國之規，欲安守之而不能至者，亡六國是也。今漢室中興，大王以親戚爲藩輔，天下未定而安守所保，所保得無不可保乎？"嘉曰："卿言大，非吾任也。大司馬劉公在河北，[8]必能相施，弟持我書往。"[9]復遂辭嘉，受書北度河，及光武於柏人，[10]因鄧禹得召見。光武奇之，禹亦稱有將帥節，於是署復破虜將軍督盜賊。復馬羸，[11]光武解左驂以賜之。[12]官屬以復後來而好陵折等輩，[13]調補鄗尉，[14]光武曰："賈督有折衝千里之威，方任以職，勿得擅除。"[15]

［1］【今注】下江：下江兵。《漢書》卷九九下《王莽傳下》："是時，南郡張霸、江夏羊牧、王匡等起雲杜緑林，號下江兵，衆皆萬餘人。"顔師古注："晉灼曰：'本起江夏雲杜縣，後分西上，入南郡，屯藍田，故號下江兵也。'"本書《郡國志四》南郡編縣有藍口聚，劉昭注："下江兵所據。"錢大昕："《漢書·王莽傳》：'南郡張霸、江夏羊牧、王匡等起雲杜緑林，號曰下江兵。'是南郡以下，皆可云下江也。李密《與王慶書》：'上江米船，皆被抄截。'《通鑑》載隋煬帝之言曰：'朕方欲歸，正爲上江米船未至。'注：'夏口以上爲上江。'是武昌以上皆可云上江也。"（錢大昕《十駕齋養新録》，鳳凰出版社 2016 年版，第 295 頁）。　新市兵：王莽天鳳四年（17），荆州一帶發生饑荒，王匡、王鳳等發動起義，起義軍以緑林山爲根據地，故號稱緑林軍。地皇三年（22），王匡、王鳳、馬武及其支黨朱鮪、張卬等北入南陽，號"新市兵"。

［2］【今注】漢中：郡名。治南鄭縣（今陝西漢中市）。　劉嘉：字孝孫，南陽蔡陽（今湖北棗陽市西南）人。傳見本書卷一四。

［3］【今注】案，校尉，底本殘，據紹興本、大德本、殿本補。

［4］【今注】堯舜：中國古史傳説時代的兩位聖王，古人認爲堯舜時代是太平盛世，每每稱道之。《論語·泰伯》："唐虞之際，于斯爲盛。"司馬遷將他們視爲五帝中的兩位，五帝即黄帝、顓頊、帝嚳、帝堯、帝舜。詳見《史記》卷一《五帝本紀》。

［5］【李賢注】堯禪舜，舜禪禹，湯乃放桀，武王誅紂，故言不能至者（此注，模糊不清處較多，據紹興本、大德本、殿本補）。

［6］【李賢注】齊桓公小白（桓，紹興本爲小字"淵聖御名"），晉文公重耳，春秋之時，周衰，二君霸有海内（此注，模糊不清處較多，據紹興本、大德本、殿本補）。【今注】案，桓，

紹興本爲小字“淵聖御名”。　桓文：齊桓公、晉文公。晉文公，名重耳，晉獻公子。晉獻公廢嫡立庶，死後引發晉國政局動蕩，重耳在外流浪達十九年之久，最終於公元前636年返晉國繼位。公元前632年，晉在城濮（今山東鄄城縣西南臨濮集）之戰大敗楚軍。戰後，晉主持召開踐土之盟，文公成爲中原霸主。公元前628年，晉文公去世。

［7］【李賢注】六國謂韓、趙、魏、燕、齊、楚，分裂中夏，各自跨據，又不逮桓文（此注，模糊不清處較多，據大德本、殿本補。分裂，紹興本作“分列”，“列”同“裂”）。【今注】案，桓文事，大德本、殿本作“桓文之事”。

［8］【今注】大司馬劉公：指劉秀。本書卷一上《光武帝紀上》載：更始元年，更始帝劉玄“乃遣光武以破虜將軍行大司馬事。十月，持節北渡河，鎮慰州郡”。

［9］【李賢注】施，用也。弟（弟，殿本作“第”，二字同），但也。【今注】案，弟，殿本作“第”。

［10］【今注】柏人：縣名。治所在今河北隆堯縣西。王莽時，更趙國爲桓亭郡，柏人更名爲壽仁。

［11］【李賢注】羸，力佳反。

［12］【李賢注】驂者，服外之馬也。《東觀記》《續漢書》“左”並作“右”。【今注】驂：駕車時，兩側的馬稱爲驂。中間夾轅的馬稱爲服馬。

［13］【今注】陵折：欺凌，折辱。　等輩：同輩，同僚。

［14］【今注】尉：官名。縣尉。本書《百官志五》：“尉，大縣二人，小縣一人。本注曰：……尉主盜賊。凡有賊發，主名不立，則推索行尋，安察姦宄，以起端緒。”劉昭注引應劭《漢官》曰：“大縣，丞、左右尉，所謂命卿三人。小縣，一尉一丞，命卿二人。”

［15］【李賢注】《東觀記》曰“時上置兩府官屬，復與段孝

共坐。孝謂復曰：'卿將軍督，我大司馬督，不得共坐。'復曰：'俱劉公吏，有何尊卑？'官屬以復不遜，上調官屬補長吏，共白欲以復爲鄗尉，上署報不許"也。

光武至信都，以復爲偏將軍。及拔邯鄲，遷都護將軍。從擊青犢於射犬，[1]大戰至日中，賊陳堅不卻。光武傳召復曰："吏士皆飢，可且朝飯。"復曰："先破之，然後食耳。"於是被羽先登，[2]所向皆靡，賊乃敗走。諸將咸服其勇。又北與五校戰於真定，[3]大破之。復傷創甚。光武大驚曰："我所以不令賈復别將者，爲其輕敵也。果然，失吾名將。聞其婦有孕，生女邪，我子娶之，生男邪，我女嫁之，不令其憂妻子也。"復病尋愈，追及光武於薊，相見甚懽，大饗士卒，令復居前，擊鄴賊，[4]破之。

[1]【今注】青犢：新莽末年農民起義軍之一。本書卷一上《光武帝紀上》："又别號諸賊銅馬、大彤、高湖、重連、鐵脛、大搶、尤來、上江、青犢、五校、檀鄉、五幡、五樓、富平、獲索等，各領部曲，衆合數百萬人，所在寇掠。"李賢注："諸賊或以山川土地爲名，或以軍容彊盛爲號。銅馬賊帥東山荒秃、上淮況等，大彤渠帥樊重，尤來渠帥樊崇，五校賊帥高扈，檀鄉賊帥董次仲，五樓賊帥張文，富平賊帥徐少，獲索賊帥古師郎等，並見《東觀記》。"建武三年（27），赤眉失敗，吴漢在軹（今河南濟源市東南）西，大破降之。　射犬：聚落名。在今河南博愛縣東南。本書《郡國志一》河内郡野王縣有"射犬聚"，劉昭注："世祖破青犢也。"

[2]【李賢注】被猶負也，析羽爲旌旗，將軍所執。先登，

先赴敵也。【今注】羽：羽旗。羽毛製作的軍旗。

［3］【今注】五校：兩漢之際主要活動於河北的農民起義軍。真定：國名。西漢武帝元鼎四年（前 113）置，轄真定、稾城、肥纍、緜曼四縣。治真定縣（今河北正定縣南）。

［4］【今注】鄴：縣名。治所在今河北臨漳縣西南。

光武即位，拜爲執金吾，封冠軍侯。先度河攻朱鮪於洛陽，與白虎公陳僑戰，連破降之。建武二年，益封穰、朝陽二縣。[1]更始郾王尹尊及諸大將在南方未降者尚多，帝召諸將議兵事，未有言，沈吟久之，乃以檄叩地曰："郾冣彊，宛爲次，誰當擊之？"復率然對曰："臣請擊郾。"帝笑曰："執金吾擊郾，吾復何憂！大司馬當擊宛。"遂遣復與騎都尉陰識、驍騎將軍劉植南度五社津擊郾，[2]連破之。月餘，尹尊降，盡定其地。引東擊更始淮陽太守暴汜，汜降，屬縣悉定。其秋，南擊召陵、新息，[3]平定之。[4]明年春，遷左將軍，[5]別擊赤眉於新城、澠池間，[6]連破之。[7]與帝會宜陽，降赤眉。

［1］【今注】穰：縣名。治所在今河南鄧州市。　朝陽：縣名。治所在今河南新野縣西南。

［2］【今注】陰識：字次伯，南陽新野（今河南新野縣）人。光烈皇后陰麗華異母弟。傳見本書卷三二。　五社津：渡口名。本書卷一上《光武帝紀上》：建武元年（25），"遣耿弇率彊弩將軍陳俊軍五社津，備滎陽以東"。李賢注："《水經注》曰：'鞏縣北有五社津，一名土社津。有山臨河，其下有穴，潛通淮浦。有渚，謂之鮪渚。'《呂覽》云'武王伐紂至鮪水'，即此地。"

[3]【今注】召陵：縣名。治所在今河南漯河市郾城區東。新息：縣名。治所在今河南息縣。

[4]【李賢注】新息，縣名，屬汝南郡，故城在今豫州新息縣西南也。

[5]【今注】左將軍：官名。金印紫綬。位次上卿。

[6]【今注】新城：縣名，治所在今河南伊川縣西南。

[7]【李賢注】新城，今伊闕縣。

復從征伐，未嘗喪敗，數與諸將潰圍解急，身被十二創。帝以復敢深入，希令遠征，而壯其勇節，常自從之，故復少方面之勳。[1]諸將每論功自伐，復未嘗有言。帝輒曰："賈君之功，我自知之。"

[1]【李賢注】《東觀記》曰："吴漢擊蜀未破，上書請復自助，上不遣。"

十三年，定封膠東侯，[1]食郁秩、壯武、下密、即墨、梃胡、觀陽，凡六縣。[2]復知帝欲偃干戈，修文德，不欲功臣擁衆京師，乃與高密侯鄧禹並剽甲兵，[3]敦儒學。[4]帝深然之，遂罷左右將軍。復以列侯就弟，[5]加位特進。[6]復爲人剛毅方直，多大節。既還私弟，闔門養威重。朱祐等薦復宜爲宰相，帝方以吏事責三公，[7]故功臣並不用。是時列侯唯高密、固始、膠東三侯與公卿參議國家大事，[8]恩遇甚厚。[9]三十一年卒，謚曰剛侯。

［1］【今注】膠東：郡國名。西漢時，膠東或爲郡或爲國，屬縣亦常有變動，國都或郡治在即墨縣（今山東平度市東南）。王莽時，膠東國更名爲郁秩郡。東漢光武帝建武十三年（37）省入北海郡。

［2］【李賢注】六縣皆屬膠東國。壯武故城在今萊州即墨縣西，下密在今青州北海縣東北。即墨在今萊州膠水縣東南，梃胡故城在今萊州昌陽縣西北（梃胡，當作"挺"，參見今注），觀陽在昌陽縣東。梃一音廷。【今注】郁秩：縣名。治所在山東平度市。東漢章帝建初元年（76）省并（參見趙海龍《〈東漢政區地理〉縣級政區補考》，《南都學壇》2016年第2期）。　壯武：縣名。治所在今山東青島市即墨區。東漢章帝建初元年省（參見趙海龍《〈東漢政區地理〉縣級政區補考》）。　下密：縣名。治所在今山東昌邑市。東漢章帝建初元年省（參見趙海龍《〈東漢政區地理〉縣級政區補考》）。　即墨：縣名。治所在今山東平度市東南。東漢章帝建初元年，賈復孫賈敏有罪國除。是年，章帝封賈復子賈宗爲即墨侯。　梃胡：案，當作"挺"。惠棟《後漢書補注》曰："梃，一作挺。梃縣，前漢屬膠東，後漢屬北海，胡字衍，注誤。"曹金華《後漢書稽疑》："殿本、《集解》本、《漢書·地理志》皆作'挺'。《續漢書·郡國志》作'拒'。校勘記：'《集解》引錢大昕説，謂"拒"當作"挺"。《宋書·州郡志》注挺令，前漢屬膠東，後漢屬北海。或以琅邪之柜當之，琅邪之柜從木不從手，志不言故屬琅邪，字型偏旁亦異，故知非也。王先謙謂錢説是，今據改'。"（第286頁）挺，縣名。治所在今山東萊陽市南。　觀陽：縣名。治所在今山東萊陽市。

［3］【今注】高密：縣名。治所在今山東高密市西南。

［4］【李賢注】《廣雅》曰："剽，削也。"謂削除甲兵。《東觀記》曰："復闔門養威重，授《易經》（授，殿本作'受'，二字通），起大義。"

[5]【今注】案，弟，紹興本、大德本、殿本作“第”，二字同。

[6]【李賢注】《東觀記》曰：“上以天下既定，思念欲完功臣爵土，不令以吏職爲過，故皆以列侯就弟也（弟，大德本、殿本作‘第’）。”【今注】特進：官位名。位在三公下，二千石上。多授予功德俱重的大臣，以示恩寵。

[7]【今注】三公：西漢成帝綏和元年（前8），改御史大夫爲大司空，大司馬驃騎大將軍爲大司馬，哀帝元壽二年（前1），改丞相爲大司徒，三公制度正式形成。三公制爲王莽和光武帝繼承，並有所發展。光武帝建武二十七年，改大司馬爲太尉，去大司徒、大司空“大”字，爲司徒、司空。

[8]【今注】固始：縣名。治所在今安徽臨泉縣。高密侯爲鄧禹。固始侯爲李通，字次元，南陽宛（今河南南陽市卧龍區）人。傳見本書卷一五。

[9]【李賢注】高密侯鄧禹，固始侯李通。

子忠嗣。忠卒，子敏嗣。建初元年，[1]坐誣告母殺人，國除。肅宗更封復小子邯爲膠東侯，[2]邯弟宗爲即墨侯，各一縣。邯卒，子育嗣。育卒，子長嗣。

[1]【今注】建初：東漢章帝劉炟年號（76—84）。

[2]【今注】膠東：縣名。《漢書·地理志》無此縣。東漢光武帝建武三十一年（55）賈復卒，不聞有減封之舉，章帝建初元年（76），賈復孫有罪國除，始更封賈復子邯爲膠東侯，則是年應爲膠東縣初置之年。（周振鶴、李曉傑、張莉：《中國行政區劃通史·秦漢卷》，第738頁）曹金華《後漢書稽疑》曰：“此即云小子邯，又云邯弟宗，則‘小’字衍，《後漢紀》卷十一作‘封復子邯爲膠東侯’，無‘小’字。”（第286頁）

宗字武孺，少有操行，多智略。初拜郎中，[1]稍遷，建初中爲朔方太守。[2]舊内郡徙人在邊者，[3]率多貧弱，爲居人所僕役，[4]不得爲吏。宗擢用其任職者，與邊吏參選，轉相監司，以擿發其姦，或以功次補長吏，[5]故各願盡死。匈奴畏之，不敢入塞。[6]徵爲長水校尉。[7]宗兼通儒術，每讌見，常使與少府丁鴻等論議於前。[8]章和二年卒，[9]朝廷愍惜焉。

[1]【今注】郎中：官名。光禄勳屬官。秩比三百石。分屬於五官中郎將、左中郎將、右中郎將、虎賁中郎將等。西漢武帝太初元年（前104）更郎中令爲光禄勳後，諸侯國仍曰郎中令，下亦設有中郎、郎中、侍郎等職。

[2]【今注】朔方：郡名。治臨戎縣（今内蒙古磴口縣北）。

[3]【今注】内郡：與“邊郡”相對應的概念。杜曉宇指出：“邊郡”與“内郡”的分化始於西漢景帝中元（前149—前144）年間，在武帝設置新郡的過程中，“邊郡”的管理機構進一步完善，“内郡”與“邊郡”在制度上的差異逐漸明顯。東漢以後，“内郡”和“邊郡”之間的差異有進一步强化的趨勢。從地理位置的角度，可以説“邊郡”是設在邊疆的郡，但“邊郡”與“内郡”的差異不僅體現在地理位置上，更體現在制度設計上，“邊郡”是具有法律制度含義的正式指稱，指在統一郡縣制的前提下實行特殊制度的地區。詳參杜曉宇《試論秦漢“邊郡”的概念、範圍與特徵》（《中國邊疆史地研究》2012年第4期）。　徙人：遷徙來的外來人口。

[4]【今注】居人：本地常住居民。

[5]【今注】功次：功勞次第。

[6]【李賢注】《東觀記》曰：“匈奴常犯塞，得生口，問：

‘大守爲誰（大，紹興本、大德本、殿本作“太”）?’曰：‘賈武孺。’曰：‘寧賈將軍子邪?’曰：‘是。’皆放遣還，是後更不入塞。”

［7］【今注】長水校尉：官名。西漢武帝所置八校尉之一，掌長水、宣曲胡騎。東漢沿置，秩比二千石，爲北軍中候所屬五校尉之一，且將胡騎校尉并入長水校尉。掌宿衞兵。下置司馬、胡騎司馬各一人，秩千石，有員吏一百五十七人，統領烏桓、胡騎七百三十六人。

［8］【今注】丁鴻：字孝公，潁川定陵（今河南舞陽縣東北）人。傳見本書卷三七。

［9］【今注】章和：東漢章帝劉炟年號（87—88）。

子參嗣。參卒，子建嗣。元初元年，尚和帝女臨潁長公主。[1]主兼食潁陰、許，[2]合三縣，數萬户。時鄧太后臨朝，[3]光寵最盛，以建爲侍中，順帝時爲光禄勳。

［1］【今注】和帝：東漢和帝劉肇，公元88年至105年在位。紀見本書卷四。　臨潁長公主：劉利。東漢和帝女，以殤帝延平元年（106）封。

［2］【今注】潁陰：縣名。治所在今河南許昌市魏都區。　許：縣名。治所在今河南許昌市建安區東。

［3］【今注】鄧太后：鄧綏。即和熹鄧皇后，鄧禹孫女，鄧訓女。紀見本書卷一〇上。

論曰：中興將帥立功名者衆矣，唯岑彭、馮異建方面之號，自函谷以西，[1]方城以南，[2]兩將之功，實爲大焉。若馮、賈之不伐，岑公之義信，[3]乃足以感三軍而懷敵人，故能剋成遠業，終全其慶也。昔高祖忌柏人之名，違之以全福；征南惡彭亡之地，留之以生災。[4]豈幾慮自有明惑，將期數使之然乎？

[1]【今注】函谷：函谷關。秦及漢初函谷關位於今河南靈寶市函谷關鎮，西漢武帝元鼎三年（前114）"廣關"，將函谷關遷至今河南洛陽市新安縣城關鎮。新安縣函谷關遺址情況，可參看洛陽市文物考古研究院、新安縣文物管理局《河南新安縣漢函谷關遺址2012—2013年考古調查與發掘》（《考古》2014年第11期）。

[2]【李賢注】方城，山名，一名黄城山，在今唐州方城縣東北也。【今注】方城：山名。本書《郡國志四》南陽郡葉縣"有長山，曰方城"，李賢注："杜預曰：'方城山在縣南'。屈完曰'楚國方城以爲城'。《皇覽》曰：'縣西北去城三里葉公諸梁冢，近縣祠之，曰葉君丘。'"中華本校勘記："《前志》作'有長城號曰方城'。惠棟《補注》引《水經注》《晉志》及盛宏之《荆州記》，證'長山'當作'長城'。"楚在南陽盆地的北沿和東沿修築有長城，名曰方城，又用以指山體、城邑、關塞之名。楚長城方城起自伏牛山主峰堯山，南達桐柏山主峰太白頂。（參見李一丕《河南楚長城分布及防禦體系研究》，《中原文物》2014年第5期；李一丕《河南楚長城研究》，《文博》2014年第5期）

[3]【李賢注】信謂朱鮪知其誠而降。義謂荆人奉牛酒，讓不受。

[4]【李賢注】柏人，縣名也。高祖嘗欲宿於柏人。曰："柏人者，迫於人也。"不宿而去。後竟有貫高之事。

贊曰：陽夏師克，實在和德。[1]膠東鹽吏，征南宛賊。[2]奇鋒震敵，遠圖謀國。

［1］【今注】和德：謙和的品德。“（馮）異爲人謙退不伐”，故《贊》曰“和德”。又，“和德”指能惠及百姓的恩德。如《逸周書·大聚解》：“商不乏其資，百工不失其時，無愚不教，則無窮乏，此謂和德。”馮異代鄧禹經略三輔，“所至皆布威信”，以“平定安集”百姓爲目的，亦可稱爲“和德”。

［2］【今注】宛賊：宛縣之賊。征南大將軍岑彭曾在宛縣爲王莽守城數月之久，故被稱爲“賊”。

後漢書　卷一八

列傳第八

吴漢　蓋延　陳俊　臧宫[1]

[1]【今注】案，大德本、殿本卷目作“吴漢傳”。

吴漢字子顔，南陽宛人也。[1]家貧，給事縣爲亭長。[2]王莽末，[3]以賓客犯法，乃亡命至漁陽。[4]資用乏，以販馬自業，往來燕、薊間，[5]所至皆交結豪傑。更始立，[6]使使者韓鴻徇河北。[7]或謂鴻曰：“吴子顔，奇士也，可與計事。”鴻召見漢，甚悦之，遂承制拜爲安樂令。[8]

[1]【今注】南陽：郡名。治宛縣（今河南南陽市卧龍區）。

[2]【今注】亭長：官名。《漢書·百官公卿表上》：“大率十里一亭，亭有長。”本書《百官志五》：“亭有亭長，以禁盗賊。本注曰：亭長，主求捕盗賊，承望都尉。”

[3]【今注】王莽：字巨君，魏郡元城（今河北大名縣東北）人。西漢元帝皇后王政君侄子。父王曼早死，未得封侯，王莽因此折節向學，後被封爲新都侯。綏和元年（前8），代王根任大司馬

輔政，時年三十八。哀帝即位，王莽因觸怒哀帝祖母傅太后，就國。元壽二年（前1），哀帝崩，無子，中山王劉衎即位，年九歲，太皇太后王政君臨朝，王莽秉政。元始二年（2），爲太傅，號安漢公。五年，鴆殺平帝，稱"攝皇帝"。居攝元年（6），立劉嬰爲皇太子，稱孺子。初始元年（8），代漢，國號爲新。地皇四年（23），在未央宫滄池漸臺爲起義軍杜吴所殺，公賓就斬莽頭，被更始部將傳詣宛，懸於市。傳見《漢書》卷九九。

［4］【李賢注】命，名也。謂脱其名籍而逃亡。【今注】漁陽：郡名。治漁陽縣（今北京市懷柔區北房鎮梨園莊東）。

［5］【今注】燕：戰國燕國疆域範圍的地區。《漢書·地理志下》："燕地，尾、箕分壄也。武王定殷，封召公於燕，其後三十六世與六國俱稱王。東有漁陽、右北平、遼西，遼東，西有上谷、代郡、雁門，南得涿郡之易、容城、范陽、北新城、故安、涿縣、良鄉、新昌，及勃海之安次，皆燕分也。樂浪、玄菟，亦宜屬焉。"　薊：縣名。治所在今北京市西城區西南。王莽更廣陽國爲廣有郡，薊更名爲伐戎。

［6］【今注】更始：劉玄即漢皇帝位後的年號（23—25）。亦代指劉玄。

［7］【李賢注】《續漢書》曰："雒縣人韓鴻爲謁者（雒縣，大德本、殿本作'雒陽'。王先謙《後漢書集解》引洪頤煊曰：'《彭寵傳》：寵，南陽宛人，與鄉人吴漢亡至漁陽。更始立，使謁者韓鴻持節徇北州，鴻至薊，以寵、漢並鄉閭故人，相見歡甚。注"雒陽"是"南陽"之譌'），使持節降河北，拜除二千石。"【今注】韓鴻：南陽宛（今河南南陽市卧龍區）人。更始部屬。更始元年（23），爲謁者，持節使幽州、并州等地，招撫地方。本書卷一二《彭寵傳》："更始立，使謁者韓鴻持節徇北州，承制得專拜二千石已下。"　河北：指黄河以北、太行山以東地區。

［8］【李賢注】安樂，縣名，屬漁陽郡，故城在今幽州潞縣

西北。【今注】安樂：縣名。治所在今北京市順義區西北。

會王郎起，[1]北州擾惑。[2]漢素聞光武長者，[3]獨欲歸心。乃説太守彭寵曰：[4]“漁陽、上谷突騎，[5]天下所聞也。君何不合二郡精鋭，附劉公擊邯鄲，[6]此一時之功也。”[7]寵以爲然，而官屬皆欲附王郎，寵不能奪。漢乃辭出，止外亭，念所以譎衆，未知所出。[8]望見道中有一人似儒生者，[9]漢使人召之，爲具食，[10]問以所聞。生因言劉公所過，爲郡縣所歸；邯鄲舉尊號者，實非劉氏。漢大喜，即詐爲光武書，移檄漁陽，[11]使生齎以詣寵，令具以所聞説之，漢復隨後入。寵甚然之。於是遣漢將兵與上谷諸將并軍而南，所至擊斬王郎將帥。[12]及光武於廣阿，[13]拜漢爲偏將軍。[14]既拔邯鄲，[15]賜號建策侯。

［1］【今注】王郎：一名昌，趙國邯鄲（今河北邯鄲市）人。詐稱是西漢成帝子子輿。更始元年（23），被趙繆王子林等立爲天子。更始二年，爲劉秀擊敗，斬之。傳見本書卷一二。

［2］【今注】北州：幽州與并州。本書卷一二《彭寵傳》：“更始立，使謁者韓鴻持節徇北州，承制得專拜二千石已下。”李賢注：“謂幽、并也。”

［3］【今注】光武：東漢皇帝劉秀謚號。本書卷一上《光武帝紀上》李賢注：“《謚法》：‘能紹前業曰光，克定禍亂曰武。’”

［4］【今注】太守：官名。秦時，郡長官稱“郡守”，西漢景帝中元二年（前148）更名太守。秩一般爲二千石，因此文獻多以二千石代稱之。　彭寵：字伯通，南陽宛（今河南南陽市卧龍區）人。傳見本書卷一二。

［5］【今注】上谷：郡名。治沮陽縣（今河北懷來縣東南）。突騎：用作突擊敵軍陣營的騎兵。

［6］【今注】邯鄲：縣名。趙國國都或邯鄲郡郡治，治所在今河北邯鄲市。

［7］【李賢注】一時，言不可再遇也。

［8］【李賢注】譎，詐也。未知欲出何計以詐之。

［9］【今注】儒生：研究儒家學説的人。《史記》卷六《秦始皇本紀》："始皇長子扶蘇諫曰：'天下初定，遠方黔首未集，諸生皆誦法孔子，今上皆重法繩之，臣恐天下不安。唯上察之。'"《史記》卷九九《叔孫通列傳》："博士諸生三十餘人前曰：'人臣無將，將即反，罪死無赦。願陛下急發兵擊之。'"陳直《史記新證》："《公羊》莊三十二年、昭元年傳並云：'君親無將，將而必誅。'在秦末《公羊傳》尚未著於竹帛，博士諸生已出此言，或從口授傳習《公羊》，故有此對。"又説："《漢舊儀》云：'博士稱先生。'故《史》《漢》敘事，或簡稱爲'先'，或簡稱爲'生'。"（陳直：《史記新證》，中華書局2006年版，第154—155頁）

［10］【李賢注】《續漢書》曰："時道路多飢人，來求食者似諸生（諸，大德本、殿本作'儒'），漢召，故先爲具食。"

［11］【今注】檄：通行文種之一，文氣急切，説理透徹，具有較强的勸説、訓誡與警示作用。檄的功用，徐望之《公牘通論》總結爲討敵、威敵、徵召、曉諭、辟吏、激迎等六種（參見李均明、劉軍《簡牘文書學》，廣西教育出版社1999年版，第260—265頁）。《文心雕龍》卷四《檄移》："暨乎戰國，始稱爲檄。檄者，皦也，宣露於外，皦然明白也……又州郡徵吏，亦稱爲檄，固明舉之義也。"《漢書》卷一下《高帝紀下》："吾以羽檄徵天下兵。"顔師古注："檄者，以木簡爲書，長尺二寸，用徵召也。其有急事，則加以鳥羽插之，示速疾也。《魏武奏事》云：'今邊有警，輒露檄插羽。'"檄，亦用於上行文書。《釋名·釋書契》："檄，激也，下

官所以激迎其上之書文也。”

[12]【李賢注】《續漢書》曰：“攻薊，誅王郎大將趙閎等。”

[13]【今注】廣阿：縣名。治所在今河北隆堯縣東。

[14]【今注】偏將軍：諸將軍之一。《漢書》卷九九下《王莽傳下》載，王莽曾“置前後左右中大司馬之位，賜諸州牧號爲大將軍，郡卒正、連帥、大尹爲偏將軍，屬令長裨將軍，縣宰爲校尉”。

[15]【李賢注】《續漢書》曰：“時上使漢等將突騎，揚兵戲馬，立騎馳環邯鄲城（立，大德本、殿本作‘士’），乃圍之。”

漢爲人質厚少文，造次不能以辭自達。[1]鄧禹及諸將多知之，[2]數相薦舉，及得召見，遂見親信，常居門下。[3]

[1]【今注】造次：情急倉促。

[2]【今注】鄧禹：字仲華，南陽新野（今河南新野縣）人。傳見本書卷一六。

[3]【今注】門下：門廳之下，意指親近屬吏。

光武將發幽州兵，[1]夜召鄧禹，問可使行者。禹曰：“間數與吴漢言，其人勇鷙有智謀，[2]諸將鮮能及者。”即拜漢大將軍，[3]持節北發十郡突騎。[4]更始幽州牧苗曾聞之，[5]陰勒兵，勑諸郡不肯應調。[6]漢乃將二十騎先馳至無終。[7]曾以漢無備，出迎於路，漢即撝兵騎，收曾斬之，而奪其軍。北州震駭，城邑莫不望風弭從。[8]遂悉發其兵，引而南，與光武會清陽。[9]諸將望見漢還，士馬甚盛，皆曰：“是寧肯分兵與人邪？”及漢至莫府，上兵簿，[10]諸將人人多請之。光武曰：

"屬者恐不與人，[11]今所請又何多也？"諸將皆慙。

［1］【今注】幽州：幽州刺史部。西漢武帝元封五年（前106）所設十三刺史部之一，下轄渤海郡、燕國、涿郡、上谷郡、漁陽郡、右北平郡、遼西郡、遼東郡、樂浪郡、真番郡、玄菟郡、臨屯郡。刺史治薊縣（今北京市西城區西南）。

［2］【李賢注】《廣雅》曰："鷙，執也。"凡鳥之勇鋭，獸之猛悍者，皆名鷙也。

［3］【今注】大將軍：官名。位或在公上，或在公下，因任職者地位而定。外主征伐，内掌國政。東漢專政之外戚，多任此職。本書《百官志一》："將軍，不常置。本注曰：'掌征伐背叛。比公者四：第一大將軍，次驃騎將軍，次車騎將軍，次衛將軍。又有前、後、左、右將軍。'"劉昭注："蔡質《漢儀》曰：'漢興，置大將軍、驃騎，位次丞相，車騎、衛將軍、左、右、前、後，皆金紫，位次上卿。典京師兵衛，四夷屯警。'"

［4］【今注】節：符節。古代使者所持的憑證。《史記》卷八《高祖本紀》《索隱》引《釋名》："節爲號令賞罰之節也。又節毛上下相重，取象竹節。"《漢書》卷一上《高帝紀上》顔師古注："節以毛爲之，上下相重，取象竹節，因以爲名，將命者持之以爲信。"本書卷一上《光武帝紀上》李賢注："節，所以爲信也，以竹爲之，柄長八尺，以旄牛尾爲其眊三重。"

［5］【今注】牧：官名。西漢武帝元封五年，設十三刺史部，作爲監察區，刺史秩六百石。成帝綏和元年（前8），改刺史爲州牧，秩二千石。哀帝建平二年（前5）復爲刺史，元壽二年（前1）復爲牧。新莽和東漢初年，沿用州牧舊稱。東漢光武帝建武十八年（42），罷州牧，復置刺史，秩亦六百石。靈帝中平元年（184），黄巾起義爆發，復改刺史爲州牧，成爲郡以上的一級行政組織。

［6］【李賢注】調，發也。

[7]【李賢注】無終，本山戎國也。無終，山名，因爲國號。漢爲縣名，屬右北平，故城在今幽州漁陽縣也。【今注】無終：縣名。治所在今天津市薊州區。

[8]【李賢注】弭猶服也。

[9]【今注】清陽：縣名。治所在今河北清河縣東南。

[10]【李賢注】莫，大也。兵簿，軍士之名帳。【今注】莫府：即"幕府"。領軍將軍因治事需要，一般開府置僚屬，又因府署設在帳幕内，故稱幕府。

[11]【李賢注】屬猶近也。

初，更始遣尚書令謝躬率六將軍攻王郎，[1]不能下。會光武至，共定邯鄲，而躬裨將虜掠不相承稟，[2]光武深忌之。雖俱在邯鄲，遂分城而處，然每有以慰安之。躬勤於職事，光武常稱曰"謝尚書真吏也"，故不自疑。躬既而率其兵數萬，還屯於鄴。[3]時光武南擊青犢，[4]謂躬曰："我追賊於射犬，[5]必破之。尤來在山陽者，[6]埶必當驚走。若以君威力，擊此散虜，必成禽也。"躬曰："善。"及青犢破，而尤來果北走隆慮山，[7]躬乃留大將軍劉慶、魏郡太守陳康守鄴，[8]自率諸將軍擊之。窮寇死戰，其鋒不可當，躬遂大敗，死者數千人。光武因躬在外，乃使漢與岑彭襲其城。[9]漢先令辯士説陳康曰："蓋聞上智不處危以僥倖，[10]中智能因危以爲功，下愚安於危以自亡。危亡之至，在人所由，不可不察。今京師敗亂，[11]四方雲擾，公所聞也。蕭王兵彊士附，[12]河北歸命，公所見也。謝躬内背蕭王，外失衆心，公所知也。公今據孤危之城，待滅亡之禍，義無所立，節無所成。不若開門内軍，轉禍爲福，免下愚之敗，收中智之功，此計之至者也。”康然之。於是康收劉慶及躬妻子，開門内漢等。及躬從隆慮歸鄴，不知康已反之，乃與數百騎輕入城。漢伏兵收之，手擊殺躬，其衆悉降。[13]躬字子張，南陽人。初，其妻知光武不平之，常戒躬曰：“君與劉公積不相能，[14]而信其虚談，不爲之備，終受制矣。”躬不納，故及於難。

［1］【今注】尚書令：官名。秩千石。名義上隸屬於少府。尚書臺長官。主贊奏，總典綱紀。　謝躬：字子張，南陽（今河南南陽市卧龍區）人。本書卷一上《光武帝紀上》：“更始亦遣尚書僕射謝躬討郎。”

［2］【今注】裨將：諸將軍之一。《漢書》卷九九下《王莽傳下》載，王莽曾“置前後左右中大司馬之位，賜諸州牧號爲大將軍，郡卒正、連帥、大尹爲偏將軍，屬令長裨將軍，縣宰爲校尉”。　承稟：受命，稟報。

［3］【今注】鄴：縣名。治所在今河北臨漳縣西南。

［4］【今注】青犢：新莽末年農民起義軍之一。本書《光武帝紀上》：“又别號諸賊銅馬、大彤、高湖、重連、鐵脛、大搶、尤來、上江、青犢、五校、檀鄉、五幡、五樓、富平、獲索等，各領部曲，衆合數百萬人，所在寇掠。”李賢注：“諸賊或以山川土地爲名，或以軍容彊盛爲號。銅馬賊帥東山荒秃、上淮況等，大彤渠帥樊重，尤來渠帥樊崇，五校賊帥高扈，檀鄉賊帥董次仲，五樓賊帥張文，富平賊帥徐少，獲索賊帥古師郎等，並見《東觀記》。”建武三年（27），赤眉失敗，吴漢在軹（今河南濟源市東南）西，大破降之。

[5]【今注】射犬：聚落名。本書《郡國志一》河内郡野王縣有“射犬聚”，劉昭注補：“世祖破青犢也。”在今河南博愛縣東南。

[6]【今注】尤來：新莽末年農民起義軍之一。　山陽：縣名。治所在今河南焦作市東南。

[7]【今注】隆慮山：山名。隆慮，縣名。治所在今河南林州市。山在林州市西北。

[8]【今注】魏郡：治鄴縣（今河北臨漳縣西南）。

[9]【今注】岑彭：字君然，南陽棘陽（今河南新野縣東北）人。傳見本書卷一七。

[10]【李賢注】倖猶求也（倖，紹興本、大德本、殿本作“僥”，底本誤）。

[11]【今注】京師：西漢都城長安，故址在今陝西西安市西北漢城遺址。

[12]【今注】蕭王：劉秀。更始二年（24），劉秀平定王郎之後，被更始帝封爲蕭王。本書《光武帝紀上》：“更始遣侍御史持節立光武爲蕭王，悉令罷兵詣行在所。光武辭以河北未平，不就徵。自是始貳於更始。”

[13]【李賢注】《續漢書》曰：“時岑彭已在城中，將躬詣傳舍，馳白漢（馳，大德本、殿本作‘出’）。漢至，躬在彭前伏，漢曰：‘何故與鬼語！’遂殺之。”

[14]【今注】能：親善，和睦。

光武北擊群賊，[1]漢常將突騎五千爲軍鋒，數先登陷陳。及河北平，漢與諸將奉圖書，[2]上尊號。光武即位，[3]拜爲大司馬，[4]更封舞陽侯。[5]

[1]【李賢注】《續漢書》曰：“從擊銅馬、重連、高胡，皆破之。”

［2］【今注】圖書：讖起源較早，主要是一些預示人間吉凶福禍的政治性隱語。一般有書有圖，故被稱爲“圖讖”“圖書”“圖緯”；又因爲是預言性質的符命之書，所以也被稱作“符命”“經讖”等。西漢哀帝、平帝之際纔出現依傍六經的讖緯神學和比附經義緯書，如本書卷五九《張衡傳》載張衡言曰：“圖讖成於哀、平之際也。”緯書種類，本書卷八二上《方術傳上·樊英》：“又善風角、星筭，《河》《洛》七緯，推步災異。”李賢注：“七緯者，《易》緯《稽覽圖》《乾鑿度》《坤靈圖》《通卦驗》《是類謀》《辨終備》也；《書》緯《琁機鈐》《考靈耀》《刑德放》《帝命驗》《運期授》也；《詩》緯《推度災》《記歷樞》《含神務》也；《禮》緯《含文嘉》《稽命徵》《斗威儀》也；《樂》緯《動聲儀》《稽耀嘉》《汁圖徵》也；《孝經》緯《援神契》《鉤命決》也；《春秋》緯《演孔圖》《元命包》《文耀鉤》《運斗樞》《感精符》《合誠圖》《考異郵》《保乾圖》《漢含孳》《佑助期》《握誠圖》《潛潭巴》《説題辭》也。”實際上，隋以後大部分的緯書散逸，保存下來的不多，清代學者趙在翰輯《七緯》（鍾肇鵬、蕭文郁點校：《七緯》，中華書局2012年版），日本學者安居香山、中村璋八輯《緯書集成》（河北人民出版社1994年版）可參看。

［3］【今注】光武即位：公元25年，劉秀在鄗（今河北柏鄉縣北）南千秋亭五成陌設壇即皇帝位，建元建武。

［4］【今注】大司馬：官名。三公之一。掌四方兵事功課等。西漢成帝綏和元年（前8），改御史大夫爲大司空，大司馬驃騎大將軍爲大司馬，哀帝元壽二年（前1），改丞相爲大司徒，三公制度正式形成。三公制爲王莽和光武帝繼承，並有所發展。東漢光武帝建武二十七年（51），改大司馬爲太尉，去“大司徒”“大司空”之“大”字，爲“司徒”“司空”。

［5］【今注】舞陽：縣名。治所在今河南葉縣東南。

建武二年春，[1]漢率大司空王梁，[2]建義大將軍朱祐，[3]大將軍杜茂，[4]執金吾賈復，[5]揚化將軍堅鐔，[6]偏將軍王霸，[7]騎都尉劉隆、馬武、陰識，[8]共擊檀鄉賊於鄴東漳水上，大破之，[9]降者十餘萬人。帝使使者璽書定封漢爲廣平侯，[10]食廣平、斥漳、曲周、廣年，凡四縣。[11]復率諸將擊鄴西山賊黎伯卿等，及河内脩武，[12]悉破諸屯聚。車駕親幸撫勞。[13]復遣漢進兵南陽，擊宛、涅陽、酈、穰、新野諸城，[14]皆下之。引兵南，與秦豐戰黄郵水上，破之。[15]又與偏將軍馮異擊昌城五樓賊張文等，[16]又攻銅馬、五幡於新安，[17]皆破之。

[1]【今注】建武：東漢光武帝劉秀年號（25—56）。

[2]【今注】大司空：官名。三公之一。掌水土之事等。　王梁：字君嚴，漁陽要陽（今河北豐寧滿族自治縣東南）人。傳見本書卷二二。

[3]【今注】朱祐：字仲先，南陽宛（今河南南陽市卧龍區）人。傳見本書卷二二。

[4]【今注】杜茂：字諸公，南陽冠軍（今河南鄧州市西北）人。傳見本書卷二二。

[5]【今注】執金吾：官名。秩中二千石。主要負責京師内皇宫外的保衛及武庫兵器管理等工作，皇帝出行時還要擔任護衛和儀仗隊。此官承秦而設，原名“中尉”，西漢武帝太初元年（前104）更名爲“執金吾”。王莽時更名爲“奮武”。東漢復名“執金吾”。西漢時，執金吾屬官有中壘令、寺互令、武庫令、都船令、式道左右中候、左右京輔都尉等。東漢僅保留武庫令，其他皆省。　賈復：字君文，南陽冠軍（今河南鄧州市西北）人。傳見本書卷

一七。

［6］【今注】堅鐔：字子伋，潁川襄城（今河南襄城縣）人。傳見本書卷二二。

［7］【今注】王霸：字元伯，潁川潁陽（今河南許昌市西南）人。傳見本書卷二〇。

［8］【今注】騎都尉：官名。秩比二千石，名義上隸屬於光禄勳，無常員，掌監羽林騎。西漢武帝太初元年，置建章營騎，後更名爲羽林騎。漢宣帝令中郎將、騎都尉監羽林。　劉隆：字元伯，南陽安衆侯宗室，雲臺二十八將之一。傳見本書卷二二。　馬武：字子張，南陽湖陽（今河南唐河縣西南）人。傳見本書卷二二。　陰識：字次伯，南陽新野（今河南新野縣）人。陰皇后異母弟。傳見本書卷三二。

［9］【李賢注】《水經》曰，漳水源出上黨長子縣西發鳩山，東北至昌亭，與虖沱河合。【今注】檀鄉賊：新莽末年農民起義軍之一。光武帝建武二年，被大司馬吴漢率九將軍擊破，降。　漳水：水名。有清漳河、濁漳河二源，均發源於今山西東部的太行山腹地。流經今河南、河北兩省，在今河北館陶縣匯入衛河，稱衛運河。

［10］【今注】璽書：詔書。璽，璽印。文書一般均封以璽印，以作爲憑信，故璽書指加封了璽印的文書，後專指皇帝的詔書。　廣平：縣名。屬廣平國，治所在今河北雞澤縣東。

［11］【李賢注】四縣皆屬廣平郡。廣平故城在今洺州永年縣西北，廣年在今永年縣東北，斥漳在今洺州洺水縣，曲周故城在今洺州曲周縣西南。廣平（平，大德本、殿本作“年”，底本誤），避隋煬帝諱，改爲永年縣（大德本、殿本“改”前有“故”字）。【今注】斥漳：縣名。治所在今河北曲周縣東南。《漢書·地理志下》、本書《郡國志二》俱作“斥章”，惠棟《後漢書補注》：“斥漳，漢碑皆作‘斥章’。”　曲周：縣名。治所在今河北威縣西

南。　廣年：縣名。治所在今河北邯鄲市永年區東北。

［12］【今注】河内：郡名。治懷縣（今河南武陟縣西南）。脩武：縣名。治所在今河南獲嘉縣。

［13］【今注】車駕：皇帝所乘之車，代指皇帝。《漢書》卷一下《高帝紀下》："車駕西都長安。"顏師古注："凡言車駕者，謂天子乘車而行，不敢指斥也。"

［14］【今注】涅陽：縣名。治所在今河南鄧州市東北。　酈：縣名。治所在今河南内鄉縣西北。　穰：縣名。治所在今河南鄧州市。　新野：縣名。治所在今河南新野縣。

［15］【李賢注】南陽新野縣有黄郵水、黄郵聚也。【今注】秦豐：南郡（今湖北荆州市荆州城西北）人。更始二年（24），以南郡黎丘爲據點，自號楚黎王。經多次征討，建武五年，建義大將軍朱祐圍秦豐於黎丘，拔之，秦豐將妻子降，檻車送洛陽，斬之。　黄郵：聚名。屬南陽新野縣，在今河南新野縣東。

［16］【今注】馮異：字公孫，潁川父城（今河南寶豐縣東）人。傳見本書卷一七。　昌城：縣名。治所在今河北衡水市冀州區西北。　五樓賊：新莽末年農民起義軍之一。

［17］【今注】銅馬：新莽末年農民起義軍之一。銅馬實力較强，大部被劉秀擊敗收編。本書《光武帝紀上》載，更始二年，"衆遂數十萬，故關西號光武爲'銅馬帝'"。　五幡：新莽末年農民起義軍之一。　新安：縣名。治所在今河南澠池縣東。

明年春，率建威大將軍耿弇、虎牙大將軍蓋延，[1]擊青犢於軹西，[2]大破降之。又率驃騎大將軍杜茂、彊弩將軍陳俊等，[3]圍蘇茂於廣樂。[4]劉永將周建别招聚收集得十餘萬人，[5]救廣樂。漢將輕騎迎與之戰，不利，墯馬傷膝，還營，建等遂連兵入城。諸將謂漢曰："大敵在前而公傷卧，衆心懼矣。"漢乃勃然裹創而起，椎牛饗士，令軍中曰："賊衆雖多，皆劫掠群盜，'勝不相讓，敗不相救'，[6]非有伏節死義者也。[7]今日封侯之秋，諸君勉之！"於是軍士激怒，人倍其氣。旦日，建、茂出兵圍漢。漢選四部精兵黄頭吴河等，[8]及烏桓突騎三千餘人，[9]齊鼓而進。[10]建軍大潰，反還奔城。漢長驅追擊，争門並入，大破之，茂、建突走。漢留杜茂、陳俊等守廣樂，自將兵助蓋延圍劉永於睢陽。[11]永既死，二城皆降。

[1]【今注】耿弇：字伯昭，右扶風茂陵（今陝西興平市東北）人。傳見本書卷一九。　蓋延：字巨卿，漁陽要陽（今河北豐寧滿族自治縣東南）人。傳見本書卷一八。

[2]【今注】軹：縣名。治所在今河南濟源市東南。

[3]【今注】彊弩將軍：將軍號。案，曹金華《後漢書稽疑》曰："'彊弩將軍'當作'彊弩大將軍'。《陳俊傳》載：俊'從擊銅馬於清陽，進至蒲陽，拜彊弩將軍……建武二年……秋，大司馬吴漢承制拜俊爲彊弩大將軍。'本傳載建武三年圍蘇茂於廣樂，當作'彊弩大將軍'也。"（中華書局2014年版，第288頁）　陳俊：字子昭。本卷後文有傳。

[4]【今注】蘇茂：陳留（今河南開封市祥符區東南）人，爲更始部將，任討難將軍。與朱鮪等守洛陽，後與朱鮪一起歸附光武帝。建武二年（26），與蓋延共攻劉永，軍中不和，蘇茂反叛，殺淮陽太守潘蹇，依附劉永。劉永以蘇茂爲大司馬、淮陽王。建武三年，劉永爲其將慶吾所殺。蘇茂等人立劉永子劉紆爲梁王。建武五年，被張布斬殺。　廣樂：地名。《東觀漢記》卷八："蘇茂殺淮陽太守，得其郡，營廣樂。"《讀史方輿紀要》卷五〇《河南五・歸德府・虞城縣》："廣樂城，在縣西。漢時有此城。建武二年更始故

將蘇茂據廣樂降劉永，三年吴漢率七將軍擊茂於廣樂，大破之。隋避煬帝諱，改曰長樂城。”

［5］【今注】劉永：梁郡睢陽（今河南商丘市南）人，梁孝王劉武九世孫。父劉立爲王莽誅，國除。更始即位，紹封梁王。更始敗，劉永自稱天子。建武三年，劉永兵敗，被部將慶吾斬首。傳見本書卷一二。　周建：沛（今江蘇沛縣）人。東漢初割據政權劉永部將。建武三年，劉永死，周建與蘇茂等立永子紆爲梁王。建武四年，兵敗，逃亡途中被誅。事見本書卷一二《劉永傳》。

［6］【李賢注】此上兩句在《左傳》，鄭大夫公子突之詞也（王先謙《後漢書集解》引周壽昌曰：“注‘大夫’二字衍”）。【今注】勝不相讓敗不相救：《左傳》隱公九年：“北戎侵鄭，鄭伯禦之。患戎師，曰：‘彼徒我車，懼其侵軼我也。’公子突曰：‘使勇而無剛者嘗寇，而速去之。君爲三覆以待之。戎輕而不整，貪而無親，勝不相讓，敗不相救。先者見獲必務進，進而遇覆必速奔，後者不救，則無繼矣。乃可以逞。’”

［7］【今注】案，伏，殿本作“仗”。

［8］【李賢注】《前書》鄧通爲黄頭郎。《音義》曰：“土勝水，故刺船郎著黄帽，號黄頭也。”

［9］【今注】烏桓：族名。東胡的組成部分。本書卷九〇《烏桓傳》：“烏桓者，本東胡也。漢初，匈奴冒頓滅其國，餘類保烏桓山，因以爲號焉。”烏桓起源於遼東西北地區，被匈奴擊破後，遷至今西拉木倫河兩岸及歸喇里河西南地區（馬長壽：《烏桓與鮮卑》，廣西師範大學出版社 2006 年版，第 108 頁）。西漢武帝元狩四年（前 119），徙烏桓於上谷、漁陽、右北平、遼西、遼東五郡。置護烏桓校尉監領之。

［10］【李賢注】《續漢書》曰：“漢躬被甲拔戟，令諸部將曰：‘聞靁鼓聲，皆大呼俱大進，後至者斬。’遂鼓而進之。”

［11］【今注】睢陽：縣名。治所在今河南商丘市南。

明年，又率陳俊及前將軍王梁，擊破五校賊於臨平，[1]追至東郡箕山，[2]大破之。北擊清河長直及平原五里賊，皆平之。[3]時鬲縣五姓共逐守長，據城而反。[4]諸將爭欲攻之，漢不聽，曰："使鬲反者，皆守長罪也。敢輕冒進兵者斬。"乃移檄告郡，使收守長，而使人謝城中。五姓大喜，即相率歸降。諸將乃服，曰："不戰而下城，非衆所及也。"

[1]【今注】五校：兩漢之際主要活動於河北的農民起義軍。臨平：縣名。治所在今河北晉州市東南。

[2]【今注】東郡：治濮陽縣（今河南濮陽市華龍區西南）。箕山：山名。《讀史方輿紀要》卷三四《山東五·東昌府·濮州》："又有箕山，在州東五十里，俗訛爲許由辭位避居處。"今山東甄城縣有箕山鎮。

[3]【李賢注】《東觀記》及《續漢書》"長直"並作"長垣"。案：長垣，縣名，在河南，不得言北擊，而范書作"長直"，當是賊號，或因地以爲名。【今注】清河：郡名。治厝縣（今山東臨清市東北）。　平原：郡名。治平原縣（今山東平原縣南）。

[4]【李賢注】鬲，縣，屬平原郡，故城在今德州西北。五姓，蓋當土彊宗豪右也。鬲音革。【今注】鬲：縣名。治所在今山東德州市東南。

冬，漢率建威大將軍耿弇、漢中將軍王常等，擊富平、獲索二賊於平原。[1]明年春，賊率五萬餘人夜攻漢營，軍中驚亂，漢堅卧不動，有頃乃定。即夜發精兵出營突擊，大破其衆。因追討餘黨，遂至無鹽，[2]進擊勃海，[3]皆平之。又從征董憲，[4]圍朐城。[5]明年春，拔朐，[6]斬憲。事以見《劉永傳》。[7]東方悉定，振旅還京師。

[1]【今注】案，曹金華《後漢書稽疑》曰："《光武帝紀》作'大司馬吴漢率建威大將軍耿弇擊富平、獲索賊於平原'，《耿弇傳》作'遣弇與吴漢擊富平、獲索賊於平原'，而《王常傳》不載此事，故疑有誤。"（第289頁） 王常：字顔卿，潁川舞陽（今河南葉縣東南）人。傳見本書卷一五。 富平：新莽末年農民起義軍之一。 獲索：新莽末年農民起義軍之一。 平原：縣名。治所在今山東平原縣南。

[2]【李賢注】無鹽，縣名，屬東平國，故城在今鄆州東。【今注】無鹽：縣名。治所在今山東東平縣東南。案，沈欽韓《後漢書疏證》曰："上云擊賊平原，下云進擊渤海，迤邐至東北，中間不得云至東平之無鹽，當是無棣之誤，《元和志》滄州鹽山縣，本齊無棣邑。"

[3]【今注】勃海：郡名。治南皮縣（今河北南皮縣北）。

[4]【今注】董憲：東海（今山東郯城縣西北）人。更始二年（24），趁更始政亂之機，起兵占據東海郡。梁王劉永亦據國起兵，遣使拜董憲爲翼漢大將軍。東漢光武帝建武三年（27），劉永立董憲爲海西王。五年，吴漢圍董憲於朐。六年，攻破朐，獲董憲妻子。董憲欲降，被漢校尉韓湛追斬於方與縣。事見本書卷一二《劉永傳》。

[5]【今注】朐城：縣名。治所在今江蘇連雲港市西南。

[6]【李賢注】朐，縣名，解見《光武紀》。

[7]【今注】案，以，大德本、殿本作"已"，二字同。

會隗囂畔，[1]夏，復遣漢西屯長安。[2]八年，從車駕上隴，[3]遂圍隗囂於西城。[4]帝勑漢曰："諸郡甲卒但坐費糧食，[5]若有逃亡，則沮敗衆心，宜悉罷之。"漢等貪并力攻囂，遂不能遣，糧食日少，吏士疲役，逃亡者多，及公孫述救至，[6]漢遂退敗。

[1]【今注】隗囂：字季孟，天水成紀（今甘肅静寧縣西南）人。傳見本書卷一三。

[2]【今注】長安：縣名。治所在今陝西西安市西北。

[3]【今注】隴：隴山。

[4]【今注】西城：縣名。治所在今陝西安康市西。

[5]【今注】案，郡，大德本作"部"。但，大德本、殿本作"俱"。

[6]【今注】公孫述：字子陽，扶風茂陵（今陝西興平市東北）人。傳見本書卷一三。

十一年春，率征南大將軍岑彭等伐公孫述。及彭破荆門，[1]長驅入江關，[2]漢留夷陵，[3]裝露橈船，[4]將南陽兵及弛刑募士三萬人泝江而上。[5]會岑彭爲刺客所殺，漢并將其軍。十二年春，與公孫述將魏黨、公孫永戰於魚涪津，大破之，[6]遂圍武陽。[7]述遣子壻史興將五千人救之。漢迎擊興，盡殄其衆，因入犍爲界。[8]諸縣皆城守。漢乃進軍攻廣都，[9]拔之。遣輕騎燒成都市橋，[10]武陽以東諸小城皆降。

[1]【今注】荆門：山名。在今湖北宜昌市東南。本書卷一下《光武帝紀下》李賢注："《水經注》曰：'江水東歷荆門、虎牙之間。荆門山在南，上合下開，其狀似門，虎牙山在北，石壁色紅，

間有白文類牙，故以名也。此二山，楚之西塞也。’在今硤州夷陵縣東南。”本書《郡國志四》“南郡”載：“夷陵有荆門、虎牙山。”劉昭注補：“《荆州記》曰：‘荆門，江南；虎牙，江北。虎牙有文如齒牙，荆門上合下開。’”

［2］【今注】江關：《漢書·地理志上》江關在魚復縣。魚復縣，治所在今重慶市奉節縣東。曹金華《後漢書稽疑》曰：“《校勘記》：‘據汲本、殿本補。’余按：《岑彭傳》注引《華陽國志》亦有‘舊’字，然云江關‘舊在赤甲城，後移在江南岸，對白帝城’，無‘州’字。考之，江關戰國時置，在今重慶市奉節東長江北岸赤甲山上，後移至長江南岸，與白帝城相對，而江州即今重慶市，與白帝城間隔甚遠，不當作‘江州’也。”（第246頁）

［3］【今注】夷陵：縣名。治所在今湖北宜昌市東南。《漢書·地理志上》顏師古注：“應劭曰：‘夷山在西北。’”

［4］【李賢注】橈，短檝也，音人遙反。

［5］【今注】弛刑募士：亦稱爲“弛刑士”“施刑徒”“弛刑徒”等，省稱爲“弛刑”“施刑”等，指去掉枷鎖等刑具的犯人。本書《光武帝紀下》：“遣驃騎大將軍杜茂將衆郡施刑屯北邊。”李賢注：“‘施’，讀曰弛。弛，解也。《前書音義》曰：“謂有赦令去其鉗釱赭衣，謂之弛刑。”相關研究，參閲張鶴泉《略論漢代的弛刑徒》（《東北師大學報》1984年第4期）。　泝：同“溯”。逆流而上。

［6］【李賢注】《續漢書》曰：“捷爲郡南安縣有漁涪津（捷，大德本、殿本作‘犍’，是），在縣北，臨大江。”《南中志》曰：“漁涪津廣數百步。”【今注】公孫永：公孫述從弟，被公孫述任命爲衛尉。又作“公孫晃”，本書《天文志上》：“明日，漢入屠蜀城，誅述大將公孫晃、延岑等，所殺數萬人，夷滅述妻宗族萬餘人以上。”惠棟《後漢書補注》曰：“‘晃’，一作‘光’，述弟也。”　魚涪津：渡口名。本書《郡國志五》犍爲郡南安縣有“魚涪津”，

在今四川樂山市北。

［7］【今注】武陽：縣名。治所在今四川眉州市彭山區東。

［8］【今注】犍爲：郡名。治僰道縣（今四川宜賓市西南）。案，因入犍爲界，曹金華《後漢書稽疑》曰："前文云與公孫述將'戰於魚涪津，大破之，遂圍武陽'，而魚涪津、武陽並在犍爲郡内，不當再謂'因入犍爲界'也。又據《後漢紀》卷六'初，漢入犍爲界，諸縣多城守'，'因'字疑爲'初'字之訛。"（第289頁）

［9］【今注】廣都：縣名。治所在今四川成都市雙流區東南。

［10］【李賢注】橋名也，解見《公孫述傳》。【今注】市橋：本書卷一三《公孫述傳》李賢注："市橋即七星之一橋也。李膺《益州記》曰：'沖星橋，舊市橋也，在今成都縣西南四里。'"

帝戒漢曰："成都十餘萬衆，不可輕也。但堅據廣都，待其來攻，勿與争鋒。若不敢來，公轉營迫之，須其力疲，乃可擊也。"漢乘利，遂自將步騎二萬餘人進逼成都，去城十餘里，阻江北爲營，作浮橋，使副將武威將軍劉尚[1]將萬餘人屯於江南，相去二十餘里。帝聞大驚，讓漢曰："比敕公千條萬端，何意臨事勃亂！既輕敵深入，又與尚别營，事有緩急，不復相及。賊若出兵綴公，以大衆攻尚，尚破，公即敗矣。幸無它者，急引兵還廣都。"詔書未到，述果使其將謝豐、袁吉將衆十許萬，[2]分爲二十餘營，并出攻漢。使别將萬餘人劫劉尚，[3]令不得相救。漢與大戰一日，兵敗，走入壁，豐因圍之。漢乃召諸將厲之曰："吾共諸君踰越險阻，轉戰千里，所在斬獲，遂深入敵地，至其城下。而今與劉尚二處受圍，埶既不接，其禍難量。欲潛師就尚於江南，并兵禦之。若能同心一力，人自爲戰，大功可立；如其不然，敗必無餘。成敗之機，在此一舉。”諸將皆曰“諾”。於是饗士秣馬，閉營三日不出，乃多樹幡旗，使煙火不絶，夜銜枚引兵與劉尚合軍。[4]豐等不覺，明日，乃分兵拒水北，[5]自將攻江南。漢悉兵迎戰，自旦至晡，[6]遂大破之，斬謝豐、袁吉，獲甲首五千餘級。於是引還廣都，留劉尚拒述，具以狀上，而深自譴責。帝報曰：“公還廣都，甚得其宜，述必不敢略尚而擊公也。[7]若先攻尚，公從廣都五十里悉步騎赴之，適當值其危困，破之必矣。”自是漢與述戰於廣都、成都之間，八戰八尅，遂軍于其郭中。[8]述自將數萬人出城大戰，漢使護軍高午、唐邯將數萬鋭卒擊之。[9]述兵敗走，高午奔陳刺述，殺之。事已見《述傳》。旦日城降，斬述首傳送洛陽。[10]明年正月，漢振旅浮江而下。至宛，詔令過家上冢，賜穀二萬斛。[11]

[1]【李賢注】《東觀記》《續漢書》“尚”字並作“禹”。【今注】劉尚：東漢光武帝武威將軍，常領兵征伐，參與討平隗囂、公孫述等。建武二十三年（47）春正月，南郡蠻叛，劉尚討破之。十二月，武陵蠻叛，劉尚討之，戰於沅水，軍敗歿。曹金華《後漢書稽疑》曰：“《校勘記》按：‘《集解》引惠棟説，謂《東觀記》“劉尚”作“劉禹”。’余按：《吴漢傳》作‘劉尚’，章懷注：‘《東觀記》《續漢書》“尚”字並作“禹”。’然范書《光武帝紀》《來歙傳》《祭遵傳》《馬成傳》《馬援傳》《南蠻傳》等俱作‘劉尚’，《續漢書·天文志》《五行志》與《後漢紀》卷六也作‘劉尚’。《集解》引惠棟説，謂‘禹即尚也’。”（第247頁）

［2］【今注】謝豐：公孫述部將，東漢光武帝建武十二年九月，爲吴漢破斬。謝豐官職，本書卷一三《公孫述傳》作“吴漢又破斬其大司徒謝豐”，而《天文志上》作“吴漢又擊述大司馬謝豐，斬首五千餘級。”　袁吉：公孫述部將，任執金吾，建武十二年九月，爲吴漢破斬。

［3］【今注】案，王先謙《後漢書集解》曰：“‘將’字下少一‘將’字，則句不圓通。《通鑑》‘别將’下重‘將’字。”中華本據此補“將”字。

［4］【今注】枚：行軍時防止士兵喧嘩的用具，形狀與筷子類似。

［5］【今注】案，水，大德本、殿本作“江”。

［6］【今注】旦：日出時。　晡：申時，下午三點到五點。

［7］【李賢注】略猶過也。

［8］【今注】郭：外城。

［9］【今注】護軍：官名。《漢書·百官公卿表上》：“護軍都尉，秦官，武帝元狩四年屬大司馬，成帝綏和元年居大司馬府比司直，哀帝元壽元年更名司寇，平帝元始元年更名護軍。”本書《百官志一》“將軍”條載“長史、司馬皆一人，千石。本注曰：司馬主兵，如太尉。從事中郎二人，六百石。本注曰：職參謀議”，李賢注：“《東觀書》曰：‘大將軍出征，置中護軍一人。’”本書卷五八《傅燮傳》：傅燮“後爲護軍司馬，與左中郎將皇甫嵩俱討賊張角”。　高午：案，高午或爲護軍將軍，本書《天文志上》載：“漢護軍將軍高午刺述洞胸，其夜死。”　鋭卒：精鋭的士卒。

［10］【今注】洛陽：即雒陽，東漢都城，故址今河南洛陽市東。

［11］【今注】斛：容量單位。漢代容量主要有龠、合、升、斗、斛五個單位，彼此等量關係，據《漢書·律曆志》記載：“量者，龠、合、升、斗、斛也，所以量多少也。本起於黄鐘之龠，用度數審其容，以子穀秬黍中者千有二百實其龠，以井水準其概。合

龠爲合，十合爲升，十升爲斗，十斗爲斛，而五量嘉矣。”東漢一斛十斗，一斗十升，一升相當於今天二百毫升（參見丘光明、邱隆、楊平《中國科學技術史·度量衡卷》，科學出版社 2001 年版，第 236 頁）。

十五年，復率揚武將軍馬成、捕虜將軍馬武北擊匈奴，[1] 徙鴈門、代郡、上谷吏人六萬餘口，[2] 置居庸、常關以東。[3]

[1]【今注】馬成：字君遷，南陽棘陽（今河南新野縣東北）人。傳見本書卷二二。　匈奴：族名。秦西漢前期匈奴强盛，控制東從朝鮮半島北部西至祁連山、天山一帶的廣大區域，中原在戰略上處於守勢。西漢武帝時期對匈奴采取了反擊策略。宣帝甘露二年（前 52），呼韓邪單于部歸附漢朝。東漢光武帝建武二十四年（48），匈奴分裂爲南北兩部。南匈奴依附於漢朝，屯居於朔方（治臨戎，即今内蒙古磴口縣北。順帝永和五年，僑治於五原郡五原縣，即今内蒙古包頭市西北）、五原（治九原縣，即今内蒙古包頭市西）、雲中郡（治雲中縣，即今内蒙古托克托縣東北）一帶。詳見本書卷八九《南匈奴傳》。

[2]【今注】鴈門：郡名。治善無縣（今山西右玉縣西北）。代郡：治高柳縣（今山西陽高縣）。　吏人：吏民。官吏與庶民。

[3]【今注】居庸：縣名。治所在今北京市延慶區。《漢書·地理志下》上谷郡居庸縣“有關”，居庸關在今北京市昌平區。常關：據劉攽注，當作“常山關”。《漢書·地理志下》代郡有“五原關、常山關”，位於今河北唐縣倒馬關鄉。

十八年，蜀郡守將史歆反於成都，自稱大司馬，攻太守張穆，穆踰城走廣都，歆遂移檄郡縣，而宕渠楊偉、朐䏰徐容等，[1]起兵各數千人以應之。帝以歆昔爲岑彭護軍，曉習兵事，故遣漢率劉尚及太中大夫臧宫將萬餘人討之。[2]漢入武都，[3]乃發廣漢、巴、蜀三郡兵圍成都，[4]百餘日城破，誅歆等。漢乃乘桴沿江下巴郡，[5]楊偉、徐容等惶恐解散，漢誅其渠帥二百餘人，[6]徙其黨與數百家於南郡、長沙而還。[7]

[1]【李賢注】宕渠、朐䏰，二縣名，皆屬巴郡。朐音劬，䏰音忍。宕渠，山名，因以名縣，故城在今渠州流江縣東北，俗名車騎城是也。《十三州志》朐音春，䏰音閏。其地下溼，多朐䏰蟲，因以名縣。故城在今夔州雲安縣西萬户故城是也。【今注】宕渠：縣名。治所在今四川渠縣東北。　朐䏰：縣名。當作"朐忍"，治所在今重慶市云陽縣西南。

[2]【今注】太中大夫：官名。名義上隸屬於光禄勳。秩千石，無員。掌顧問應對，無常事，唯詔令所使。

[3]【今注】武都：郡名。治武都縣（今甘肅禮縣南）。

[4]【今注】廣漢：郡名。治所屢有變遷，曾治梓潼縣（今四川梓潼縣）。　巴：郡名。治江州縣（今重慶市北）。　蜀：郡名。治成都縣（今四川成都市）。

[5]【今注】桴：木或竹製的小筏子。

[6]【今注】渠帥：首領。渠，大。

[7]【今注】南郡：治江陵縣（今湖北荆州市荆州城西北）。　長沙：郡名。治臨湘縣（今湖南長沙市）。

漢性彊力，[1]每從征伐，帝未安，恒側足而立。諸將見戰陳不利，或多惶懼，失其常度。漢意氣自若，方整厲器械，激揚士吏。[2]帝時遣人觀大司馬何爲，還言方修戰攻之具，乃歎曰："吴公差彊人意，[3]隱若一敵國矣！"[4]每當出師，朝受詔，夕即引道，[5]初無辨嚴之日。[6]故能常任職，以功名終。及在朝廷，斤斤謹質，形於體貌。[7]漢嘗出征，妻子在後買田業。漢還，讓之曰："軍師在外，吏士不足，何多買田宅乎！"遂盡以分與昆弟外家。[8]

[1]【今注】彊力：堅韌有毅力。《漢書》卷六一《張騫傳》："騫爲人彊力，寬大信人，蠻夷愛之。"顔師古注："彊力，言堅忍於事。"沈欽韓《後漢書疏證》："《六韜·奇兵篇》：'將不彊力，則三軍失其職。'"

[2]【今注】案，激揚士吏，《太平御覽》卷四一八引《東觀記》作"激揚吏士"。

[3]【今注】差彊人意：還算能振奮人的意志。差，尚。彊，振奮。

[4]【李賢注】隱，威重之貌。言其威重若敵國。《前書》周亞夫謂劇孟曰："大將得之，若一敵國矣。"【今注】隱若一敵國：威嚴莊重得猶如一個與國家相匹敵的人，用來形容對國家舉足輕重的人。隱，威嚴莊重的樣子。敵，匹敵。

[5]【今注】引道：上路。啓程。

[6]【李賢注】嚴即裝也，避明帝諱，故改之。【今注】初無：從來就没有。　辨嚴：大德本、殿本作"辦嚴"。辦嚴，辦理行裝。嚴，即裝，因避漢明帝劉莊諱，改爲"嚴"。

[7]【李賢注】《爾雅》曰："明明、斤斤，察也。"李巡曰："斤斤，精詳之察也。"孫炎曰："重慎之察也。"斤音靳。【今注】斤斤：謹慎的樣子。　謹質：謹慎質樸。　形於體貌：表現在身體外貌上，即言行舉止上。

[8]【李賢注】《東觀記》曰"漢但修里宅，不起第。夫人先

死，薄葬小墳，不作祠堂”也。【今注】昆弟：兄弟。　外家：指母親、妻子等人的親屬。

二十年，漢病篤。車駕親臨，問所欲言。對曰：“臣愚無所知識，[1]唯願陛下慎無赦而已。”及薨，有詔悼愍，賜謚曰忠侯。[2]發北軍五校、輕車、介士送葬，如大將軍霍光故事。[3]

[1]【今注】知識：見識。曹金華《後漢書稽疑》曰：“《類聚》卷四十引《東觀記》作‘識知’。”（第247頁）《漢書》卷四九《晁錯傳》：“臣錯中茅臣，亡識知，昧死上愚對。”

[2]【李賢注】《東觀記》曰：“有司奏議以武爲謚，詔特賜謚曰忠侯（特，底本殘，據紹興本、大德本、殿本補）。”

[3]【李賢注】漢置南北軍五校，解見《順帝紀》。輕車，兵車也。介士，甲士也。《霍光傳》云以北軍五校尉、輕車、介士載光尸以輼輬車，黄屋左纛，軍陳至茂陵。不以南軍者，重之也。【今注】北軍五校：東漢北軍設置有屯騎校尉、越騎校尉、步兵校尉、長水校尉、射聲校尉等五營，置北軍中候統領。五營所屬士卒，稱“五營士”“北軍五校士”。　輕車：軍種名稱。本書卷一下《光武帝紀下》載，建武七年（31），詔曰：“今國有衆軍，並多精勇，宜且罷輕車、騎士、材官、樓船士及軍假吏，令還復民伍。”李賢注引《漢官儀》曰：“高祖命天下郡國選能引關蹶張，材力武猛者，以爲輕車、騎士、材官、樓船，常以立秋後講肄課試，各有員數。平地用車、騎，山阻用材官，水泉用樓船。”輕車，又是戰車的名稱。輕車的具體形制，本書《輿服志上》有詳細記載，曰：“輕車，古之戰車也。洞朱輪輿，不巾不蓋，建矛戟幢麾，輣輒弩服。藏在武庫。”　介士：甲士。介，鎧甲。

子哀侯成嗣，爲奴所殺。二十八年，分漢封爲三國：[1]成子旦爲灈陽侯，[2]以奉漢嗣；旦弟盱[3]爲筑陽侯；成弟國爲新蔡侯。[4]旦卒，無子，國除。建初八年，[5]徙封盱爲平春侯，[6]以奉漢後。盱卒，子勝嗣。初，漢兄尉爲將軍，從征戰死，封尉子彤爲安陽侯。[7]帝以漢功大，復封弟翕爲褒親侯。吴氏侯者凡五國。

[1]【今注】案，分漢封爲三國，錢大昕《廿二史考異》卷一一《後漢書二·吴漢傳》曰："吴漢封廣平侯，食廣平、斥章、曲周、廣年四縣，此所封乃汝南之灈陽、新蔡，南陽之筑陽，與廣平遠不相涉，何云'分漢封爲三國'乎？或後來徙封汝南，而范史失載耳。"

[2]【李賢注】灈陽，縣名，屬汝南郡，在灈水之陽，因以爲名，其地今豫州吴房縣也。音劬。【今注】灈陽：縣名。治所在今河南遂平縣東。

[3]【李賢注】盱音火俱反。

[4]【李賢注】筑陽，縣名，屬南陽郡，古穀國也，在筑水之陽，故城在今襄州穀城縣西。新蔡，縣名，屬汝南郡，蔡平侯自蔡徙此，故加"新"字，今豫州縣也。筑音逐。【今注】筑陽：縣名。治所在今湖北穀城縣東北。　新蔡：縣名。治所在今河南新蔡縣。

[5]【今注】建初：東漢章帝劉炟年號（76—84）。

[6]【李賢注】平春，縣名，屬江夏郡。【今注】平春：縣名。治所在今河南信陽市西北。

[7]【李賢注】安陽，縣名，屬汝南郡，古江國也，故城在今豫州新息縣西南。【今注】安陽：縣名。治所在今河南正陽縣南。

初，漁陽都尉嚴宣，[1]與漢俱會光武於廣阿，光武以爲偏將軍，封建信侯。[2]

[1]【今注】都尉：官名。秩比二千石。掌郡之軍事與治安等。《漢書·百官公卿表上》："郡尉，秦官，掌佐守典武職甲卒，秩比二千石。有丞，秩皆六百石。景帝中二年更名都尉。"應劭《漢官儀》卷下："秦郡有尉一人，典兵禁，捕盜賊。景帝更名都尉，建武六年省，惟邊郡往往置都尉及屬國都尉。"

[2]【李賢注】建信，縣名，屬千乘國。【今注】建信：縣名。治所在今山東高青縣西北。案，下文封蓋延爲"建功侯"，此處"建信"亦有可能非縣名。

論曰：吴漢自建武世，常居上公之位，[1]終始倚愛之親，[2]諒由質簡而彊力也。子曰"剛毅木訥近仁"，[3]斯豈漢之方乎！[4]昔陳平智有餘以見疑，[5]周勃資朴忠而見信。[6]夫仁義不足以相懷，則智者以有餘爲疑，而朴者以不足取信矣。[7]

[1]【今注】上公：西漢時期，太師、太傅、太保位在三公上，故曰上公。平帝元始元年（1），以太師、太傅、太保、少傅爲四輔。新始建國元年（9），王莽以太師、太傅、國師、國將爲四輔，位上公。東漢時，僅保留太傅一職。《漢書·百官公卿表上》："太傅，古官，高后元年初置，金印紫綬。後省，八年復置。後省，哀帝元壽二年，復置。位在三公上。太師、太保、皆古官，平帝元始元年皆初置，金印紫綬。太師位在太傅上，太保次太傅。"《漢書》卷九九中《王莽傳中》："又按金匱，輔臣皆封拜。以太傅、左輔、驃騎將軍安陽侯王舜爲太師，封安新公；大司徒就德侯平晏爲

太傅，就新公；少阿、羲和、京兆尹紅休侯劉歆爲國師，嘉新公；廣漢梓潼哀章爲國將，美新公；是爲四輔，位上公。"

[2]【李賢注】"差彊人意"，是倚之也；遂見親信，是愛之也。

[3]【李賢注】《論語》文。剛毅謂彊而能斷。木，樸慤貌。訥，忍於言也。四者皆仁之質，若加文，則成仁矣，故言近仁。

[4]【李賢注】方，比也。

[5]【今注】陳平：陽武户牖（今河南蘭考縣北）人。陳涉立魏咎爲魏王，陳平往從之，魏咎以爲太僕，遭人讒言被迫逃亡。後投奔項羽，懼誅，轉而降漢，因功封曲逆侯。西漢惠帝六年（前189），相國曹参卒，王陵爲右丞相，陳平爲左丞相。吕后卒，與太尉周勃謀，誅滅諸吕，迎立代王劉恒爲帝。文帝二年（前178），卒。世家見《史記》卷五六，傳見《漢書》卷四〇。

[6]【李賢注】高祖謂吕后曰："陳平智有餘，然難獨任。"是見疑也。又曰："周勃重厚少文，安劉氏者必勃。"是見信也。【今注】周勃：沛（今江蘇沛縣）人。跟從劉邦起兵反秦，以軍功封絳侯。西漢惠帝六年，爲太尉。吕后卒，與丞相陳平謀，誅滅諸吕，迎立代王劉恒爲帝。文帝十一年，卒。世家見《史記》卷五七，傳見《漢書》卷四〇。

[7]【李賢注】懷，依也。言若仁義之心足相依信，則情無疑阻。若彼此之誠未協，仁義不足相依，則智者翻以有餘見疑，朴者以愚直取信。

蓋延字巨卿，[1]漁陽要陽人也。[2]身長八尺，彎弓三百斤。邊俗尚勇力，而延以氣聞。歷郡列掾、州從事，所在職辦。[3]彭寵爲太守，召延署營尉，[4]行護軍。[5]

［1］【今注】案，大德本、殿本“蓋延字巨卿”前有“蓋延傳”三字，且單獨成行。

［2］【李賢注】要陽，縣名，光武時省。【今注】要陽：縣名。治所在今河北豐寧滿族自治縣東南。

［3］【李賢注】古者三公下至郡縣皆有掾屬。《續漢志》曰：“建武十八年，立刺史十二人（二，大德本、殿本誤作‘三’），人主一州（主，紹興本誤作‘王’），皆有從事史、假佐，每郡皆置諸曹掾。”郡中列掾非一，延並爲之，故言歷也。漁陽屬幽州。《東觀記》云延爲幽州從事。【今注】掾：掾史。中央及地方官署分曹治事，置掾史員數不等。如據本書《百官志一》記載，太尉府掾史二十四人，司徒府掾史三十一人，司空府掾史二十九人，將軍府掾史二十九人。　從事：官名。即刺史屬吏從事史。應劭《漢官儀》卷下：“元帝時，丞相于定國條州大小，爲設吏員，治中、別駕、諸部從事，秩皆百石，同諸郡從事。”

［4］【今注】營尉：官名。本書卷二八《馮衍傳》：“永遣弟升及子婿張舒誘降涅城。”李賢注：“《東觀記》曰：‘升及舒等謀使營尉李匡先反涅城，開門内兵，殺其縣長馮晏，立故謁者祝回爲涅長。’”

［5］【今注】行護軍：兼攝護軍事。行，漢代職官拜授專有名詞，即兼攝。

及王郎起，延與吴漢同謀歸光武。[1]延至廣阿，拜偏將軍，號建功侯，從平河北。光武即位，以延爲虎牙將軍。[2]

［1］【李賢注】《續漢書》曰：“并與狐奴令王梁同勸寵。”

［2］【今注】案，虎牙將軍，曹金華《後漢書稽疑》曰：“《馬武傳》亦作‘虎牙將軍’，然《光武帝紀》《劉永傳》及《朱景王

杜馬劉傅堅馬列傳》載雲臺二十八將表皆作‘虎牙大將軍’。”（第291頁）

建武二年，更封安平侯。[1]遣南擊敖倉，[2]轉攻酸棗、封丘，皆拔。[3]其夏，督駙馬都尉馬武、騎都尉劉隆、護軍都尉馬成、偏將軍王霸等南伐劉永，[4]先攻拔襄邑，[5]進取麻鄉，[6]遂圍永於睢陽。[7]數月，盡收野麥，[8]夜梯其城入。永驚懼，引兵走出東門，[9]延追擊，大破之。永棄軍走譙，[10]延進攻，拔薛，斬其魯郡太守，[11]而彭城、扶陽、杼秋、蕭皆降。[12]又破永沛郡太守，斬之。[13]永將蘇茂、佼彊、周建等三萬餘人[14]救永，共攻延，延與戰於沛西，大破之。永軍亂，遁没溺死者太半。永棄城走湖陵，[15]蘇茂奔廣樂。[16]延遂定沛、楚、臨淮，修高祖廟，置嗇夫、祝宰、樂人。[17]

[1]【今注】安平：縣名。治所在今河北安平縣。

[2]【今注】敖倉：秦漢時期的重要倉儲。在今河南滎陽市北（參見荆三林等《敖倉故址考》，《中原文物》1984年第1期）。《史記》卷七《項羽本紀》：“漢軍滎陽，築甬道屬之河，以取敖倉粟。”裴駰《集解》：“瓚曰：‘敖，地名，在滎陽西北山，臨河有大倉。’”張守節《正義》：“《括地志》云：‘敖倉在鄭州滎陽縣西十五里，縣門之東北臨汴水，南帶三皇山，秦時置敖倉於敖山，名敖倉云。’”

[3]【李賢注】酸棗、封丘，二縣名，屬陳留郡。酸棗故城在今滑州縣也。封丘故城在今汴州縣也。【今注】酸棗：縣名。治所在今河南原陽縣東北。　封丘：縣名。治所在今河南封丘縣

東北。

［4］【今注】駙馬都尉：官名。秩比二千石。西漢武帝初置。《漢書·百官公卿表上》："駙馬都尉掌駙馬。"顔師古注："駙，副馬也。非正駕車，皆爲副馬。一曰駙，近也，疾也。"即掌副車之馬。　護軍都尉：官名。《漢書·百官公卿表上》："護軍都尉，秦官，武帝元狩四年屬大司馬，成帝綏和元年居大司馬府比司直，哀帝元壽元年更名司寇，平帝元始元年更名護軍。"

［5］【李賢注】《續漢書》曰："時劉永别將許德據襄邑，延攻而拔之。"【今注】襄邑：縣名。治所在今河南睢縣。王莽時，陳留郡仍沿用漢舊名，襄邑更名爲襄平。

［6］【李賢注】麻鄉，縣名，故城在今宋州碭山縣東北。【今注】案，麻鄉，惠棟《後漢書補注》曰："兩漢無麻鄉縣，或是鄉名也。"沈欽韓《後漢書疏證》："《兩漢志》俱無麻鄉縣，注誤也。《寰宇記》單州碭山縣有故麻城，漢爲麻鄉，今故城在縣西北。按，今徐州碭山縣西北有麻城集。"

［7］【今注】案，睢陽，紹興本誤作"睢陽"。

［8］【今注】案，盡收野麥，曹金華《後漢書稽疑》曰："'盡'當作'晝'，形近而訛。《後漢紀》卷四作'晝收其麥，夜襲其城'是也。"（第291頁）野麥，野外的麥子。

［9］【李賢注】《東觀記》云"走出魚門"，然則東門名魚門也。

［10］【今注】譙：縣名。治所在今安徽亳州市。

［11］【李賢注】薛，縣名，屬魯國，故城在今徐州滕縣東南。《東觀記》曰"魯郡太守梁丘壽"也（丘，紹興本誤作"國"）。【今注】薛：縣名。治所在今山東滕州市東南。　魯郡：郡名。治魯縣（今山東曲阜市）。案，建武二年（26），魯郡歸漢，光武帝封兄子劉興爲魯王。

［12］【李賢注】扶陽，縣名，屬沛郡。杼秋，縣名，屬梁

國，故城在今徐州蕭縣西北。杼音食汝反。【今注】彭城：縣名。治所在今江蘇徐州市雲龍區。案，東漢初年，楚郡爲劉永占據，建武五年，歸漢。　扶陽：縣名。治所在今安徽淮北市北。　杼秋：縣名。治所在今安徽碭山縣東。　蕭：縣名。治所在今安徽蕭縣西北。

［13］【李賢注】《東觀記》曰："沛郡太守陳脩。"【今注】沛郡：治相縣（今安徽濉溪縣西北）。

［14］【李賢注】佼彊，姓名也，周大夫原伯佼之後也。【今注】佼彊：山陽（今山東巨野縣東南）人。新莽末年起義軍將領。更始二年（24），劉永遣使拜爲横行將軍。建武五年，降。事見本書卷一二《劉永傳》。

［15］【今注】湖陵：縣名。西漢景帝中元六年（前144）屬山陽國，治所在今山東魚臺縣東南。王莽時，更山陽郡爲鉅野郡，湖陵更名爲湖陸。

［16］【今注】案，大德本無"蘇"字。

［17］【李賢注】楚即今彭城縣也。臨淮，郡名，今泗州下邳縣。高祖廟在今徐州沛縣東故泗水亭中，即高祖爲亭長之所也。嗇夫，主知廟事。《東觀記》曰："時蓋延因齋戒祠高祖廟。"【今注】楚：郡名。治彭城縣（今江蘇徐州市雲龍區）。　臨淮：郡名。治徐縣（今江蘇泗洪縣南）。　高祖廟：西漢高祖劉邦廟。《史記》卷八《高祖本紀》載，高祖十二年（前195），劉邦崩，漢惠帝即位，"令郡國諸侯各立高祖廟，以歲時祠"。　嗇夫：官名。秦漢基層機構稗官的長官。參見裘錫圭《嗇夫初探》（載中華書局編輯部《雲夢秦簡研究》，中華書局1981年版，第226—301頁）、郭洪伯《稗官與諸曹——秦漢基層機構的部門設置》〔載卜憲群、楊振紅主編《簡帛研究（二〇一三）》，廣西師範大學出版社2014年版，第101—127頁〕、單印飛《略論秦代遷陵縣吏員設置》（載武漢大學簡帛研究中心《簡帛》第11輯，第89—100頁）。　祝

宰：官名。祭祀時負責禱告的官員。　樂人：掌管音樂的官員。

三年，睢陽復反城迎劉永，[1]延復率諸將圍之百日，收其野穀。[2]永乏食，突走，延追擊，盡得輜重。永爲其將所殺，永弟防舉城降。[3]

[1]【李賢注】反音翻。【今注】案，睢陽，大德本、殿本作“睢陽”，底本誤。

[2]【今注】野穀：野外的穀物。

[3]【今注】防：劉防，劉永弟，被封爲輔國大將軍。至此降。

四年春，延又擊蘇茂、周建於蘄，[1]進與董憲戰留下，皆破之。[2]因率平敵將軍龐萌攻西防，拔之。[3]復追敗周建、蘇茂於彭城，茂、建亡奔董憲，將賁休舉蘭陵城降。[4]憲聞之，自郯圍休，[5]時延及龐萌在楚，請往救之，帝勑曰：“可直往擣郯，則蘭陵必自解。”[6]延等以賁休城危，遂先赴之。憲逆戰而陽敗，延等遂逐退，因拔圍入城。明日，憲大出兵合圍，延等懼，遽出突走，因往攻郯。帝讓之曰：“閒欲先赴郯者，以其不意故耳。[7]今既奔走，賊計已立，圍豈可解乎！”延等至郯，果不能克，而董憲遂拔蘭陵，殺賁休。延等往來要擊憲别將於彭城、郯、邳之間，[8]戰或日數合，頗有剋獲。帝以延輕敵深入，數以書誡之。[9]及龐萌反，攻殺楚郡太守，引軍襲敗延，延走，北度泗水，[10]破舟檝，壞津梁，僅而得免。[11]帝自將而東，徵延與大司馬吴漢、漢忠將軍王常、前將軍王梁、捕虜將軍馬武、討虜將軍王霸等會任城，[12]討龐萌於桃鄉，[13]又並從征董憲於昌慮，[14]皆破平之。六年春，遣屯長安。

[1]【李賢注】蘄，縣名，屬沛郡，有大澤鄉。蘄音機。【今注】蘄：縣名。治所在今安徽宿州市東南。

[2]【李賢注】留，縣名，屬楚國，故城在今徐州沛縣東南。【今注】留：縣名。治所在今江蘇沛縣東南。

[3]【李賢注】西防，縣名，春秋時宋之西防城，故城在今宋州單父縣北。【今注】案，平敵將軍，王先謙《後漢書集解》作"平狄將軍"。《校補》曰："'狄'，各本皆作'敵'，據《萌傳》正。"中華本據此改作"平狄將軍"。　龐萌：山陽（今山東巨野縣）人。傳見本書卷一二。　案，西防，曹金華《後漢書稽疑》："《集解》王先謙説，謂漢有防東縣，西防城在縣西，本春秋時防邑地，後謂之西坊城，後漢置防東縣，在西防之東，故取名焉，章懷以爲西防爲縣，非也。檢兩漢志，無西防縣。《蓋延傳》注'西防，縣名，春秋時宋之西防城'，亦誤。"（第226頁）

[4]【李賢注】《前書》有賁赫，音肥。今有此姓，賁音奔。【今注】案，李慈銘《越縵堂讀史札記全編》曰："'董憲'下當疊"董憲"二字。"如此，本句作"董憲將賁休舉蘭陵城降"。中華本據此補。　蘭陵：縣名。治所在今山東蘭陵縣西南。

[5]【今注】郯：縣名。東海郡郡治，治所在今山東郯城縣西。

[6]【李賢注】掎，擊也。《東觀記》作"擊"字。

[7]【今注】案，大德本、殿本無"其"字。

[8]【今注】邳：縣名。治所在今江蘇邳州市南。

[9]【李賢注】《東觀記》載延上疏辭曰："臣幸得受干戈，

誅逆虜，奉職未稱，久留天誅，常恐汙辱名號，不及等倫。天下平定已後，曾無尺寸可數，不得預竹帛之編。明詔深閔（深閔，底本殘，據紹興本、大德本、殿本補），儆戒備具，每事奉循詔命，必不敢爲國之憂也。”

［10］【今注】泗水：水名。發源於今山東泗水縣泉林鎮。淮河下游的第一大支流，故古代淮泗並稱。

［11］【李賢注】《東觀記》《續漢書》皆云萌攻延，延與戰，破之。詔書勞延曰：“龐萌一夜反畔，相去不遠，營壁不堅，殆令人齒欲相擊，而將軍有不可動之節，吾甚美之。”此傳言“僅而得免”，與彼不同。

［12］【今注】任城：縣名。治所在今山東濟寧市東南。

［13］【今注】桃鄉：鄉聚名。東漢章帝元和元年（84），分東平國置任城國。本書《郡國志三》“任城國”條，任城縣有桃聚。劉昭注補：“光武破龐萌於桃鄉。”

［14］【今注】昌慮：縣名。治所在今山東滕州市東南。

九年，隗囂死，延西擊街泉、略陽、清水諸屯聚，皆定。[1]

［1］【李賢注】街泉、略陽、清水三縣，皆屬天水郡。【今注】街泉：縣名。治所在今甘肅莊浪縣東南。　略陽：縣名。治所在今甘肅秦安縣東北。　清水：縣名。治所在今甘肅清水縣西北。

十一年，與中郎將來歙攻河池，[1]未尅，以病引還，拜爲左馮翊，[2]將軍如故。[3]十三年，增封定食萬户。十五年，薨於位。

［1］【今注】中郎將：官名。光禄勳屬官，有五官中郎將、左中郎將、右中郎將、虎賁中郎將、羽林中郎將等，皆秩比二千石。 來歙：字君叔，南陽新野（今河南新野縣）人。傳見本書卷一五。 河池：縣名。治所在今甘肅徽縣西北。敦煌漢簡中有“何池”的記載，黄東洋、鄔文玲等認爲《漢書·地理志》所載“河池”，很可能是“何池”之誤〔參見黄東洋、鄔文玲《新莽職方補考》，載卜憲群、楊振紅主編《簡帛研究（二〇一二）》，廣西師範大學出版社 2013 年版，第 130 頁〕。

［2］【今注】左馮翊：政區名。内史，周官，秦因之。西漢景帝二年（前 155）分置左内史。武帝太初元年（前 104）將右内史更名爲京兆尹，左内史更名爲左馮翊。東漢初年，左馮翊治遷至高陵（今陝西西安市高陵區）。本書《郡國志一》“左馮翊”條劉昭注補引潘岳《關中記》曰：“三輔舊治長安城中，長吏各在其縣治民。光武東都之後，扶風出治槐里，馮翊出治高陵。”

［3］【李賢注】《續漢書》曰：“視事四年，人敬其威信。”

子扶嗣。扶卒，子側嗣。永平十三年，［1］坐與舅王平謀反，［2］伏誅，國除。永初七年，［3］鄧太后紹封延曾孫恢爲蘆亭侯。［4］恢卒，子遂嗣。

［1］【今注】永平：東漢明帝劉莊年號（58—75）。

［2］【今注】王平：漁陽要陽（今河北豐寧滿族自治縣東南）人，阜成侯王梁孫。與兄阜成侯王堅石坐與楚王英謀反，棄市，並除阜成國。

［3］【今注】永初：東漢安帝劉祜年號（107—113）。

［4］【李賢注】《東觀記》作“盧亭”。【今注】鄧太后：鄧綏。即和熹鄧皇后。鄧禹孫女，鄧訓女。紀見本書卷一〇上。 紹封：襲封。

陳俊字子昭，[1]南陽西鄂人也。[2]少爲郡吏。更始立，以宗室劉嘉爲太常將軍，[3]俊爲長史。[4]光武徇河北，嘉遣書薦俊，光武以爲安集掾。[5]

[1]【今注】案，大德本、殿本“陳俊字子昭”前有“陳俊傳”三字，且單獨成行。

[2]【李賢注】江夏郡有鄂，故此加“西”也，故城在今鄧州向城縣南也。【今注】西鄂：縣名。治所在今河南南陽市東北。

[3]【今注】劉嘉：字孝孫，南陽蔡陽（今湖北棗陽市西南）人。光武族兄。曾與劉縯一同在長安求學，習《尚書》《春秋》。傳見本書卷一四。　太常將軍：官名。西漢景帝中元六年（前144）將秦官奉常更名爲太常，王莽改爲秩宗。東漢復稱太常。中二千石。屬官有太史令、博士祭酒、太祝令、太宰令、大予樂令、高廟令、世祖廟令、先帝陵園令、先帝陵食官令等，均六百石。王莽官制，九卿帶將軍號，故有“太常將軍”等稱號。案，曹金華《後漢書稽疑》曰：“‘太常將軍’當作‘偏將軍’。《劉嘉傳》：‘更始即位，以爲偏將軍。及攻破宛，封興德侯，遷大將軍。’又《劉祉傳》載‘更始立，以祉爲太常將軍’，《劉玄傳》‘更始乃先封宗室太常將軍劉祉爲定陶王’。故太常將軍爲劉祉，非劉嘉也。”（第293頁）

[4]【今注】長史：官名。郡佐官，秩二百石，由中央任命。衛宏《漢舊儀》卷下：“邊郡太守各將萬騎，行障塞烽火追虜。置長史一人，掌兵馬。丞一人，治民。當兵行，長史領。”

[5]【李賢注】《東觀記》曰：“俊初調補曲陽長，上曰：‘欲與君爲左右，小縣何足貪乎？’俊即拜，解印綬，上以爲安集掾。”【今注】安集掾：官名。本書卷一一《劉玄傳》：“聖公因往從牧等，爲其軍安集掾。”李賢注：“欲其安集軍衆，故權以爲官名。”掾，佐官的通稱。中央及地方各類各級官署分曹治事，置掾、史員數

不等。

從擊銅馬於清陽，進至滿陽，[1]拜彊弩將軍。[2]與五校戰於安次，[3]俊下馬，手接短兵，所向必破，追奔二十餘里，斬其渠帥而還。光武望而歎曰："戰將盡如是，豈有憂哉！"五校引退入漁陽，所過虜掠。俊言於光武曰："宜令輕騎出賊前，使百姓各自堅壁，以絶其食，可不戰而殄也。"光武然之，遣俊將輕騎馳出賊前。視人保壁堅完者，敕令固守；放散在野者，因掠取之。賊至無所得，遂散敗。及軍還，光武謂俊曰："困此虜者，將軍策也。"及即位，封俊爲列侯。

[1]【今注】滿陽：應作"蒲陽"。惠棟《後漢書補注》曰："《光武紀》作'蒲陽'。案《前志》中山曲逆縣有蒲陽山，章帝改爲蒲陰，作滿者誤也。"参見本書卷一六《鄧禹傳》注。蒲陽，山名。本書卷一上《光武帝紀上》："受降未盡，而高湖、重連從東南來，與銅馬餘衆合，光武復與大戰於蒲陽，悉破降之，封其渠帥爲列侯。"李賢注："《前書音義》曰'蒲陽山，蒲水所出'，在今定州北平縣西北。"

[2]【李賢注】《華嶠書》曰："拜爲彊弩偏將軍，賜絳衣九百領，以衣中堅同心士。"

[3]【今注】安次：縣名。治所在今河北廊坊市西北。

建武二年春，攻匡賊，下四縣，[1]更封新處侯。[2]引擊頓丘，降三城。[3]其秋，大司馬吴漢承制拜俊爲彊弩大將軍，别擊金門、白馬賊於河内，皆破之。[4]四年，轉徇汝陽及項，[5]又拔南武陽。[6]是時太山豪傑多擁衆與張步連兵，[7]吴漢言於帝曰："非陳俊莫能定此郡。"於是拜俊太山太守，行大將軍事。張步聞之，遣其將擊俊，戰於嬴下，[8]俊大破之，追至濟南，[9]收得印綬九十餘，[10]稍攻下諸縣，遂定太山。五年，與建威大將軍耿弇共破張步。事在《弇傳》。

[1]【李賢注】匡賊即匡城縣賊也。《東觀記》作"匡城賊"。匡城，古匡邑也，故城在今滑州匡城縣南。【今注】匡：城名。本書《郡國志三》陳留郡長垣縣有"匡城"。春秋時衛邑。位於今河南長垣縣西南。

[2]【李賢注】新處，縣名，屬中山國。【今注】新處：縣名。治所在今河北定州市東北。

[3]【李賢注】頓丘，縣名，屬東郡，故城在今魏州頓丘縣北陰安城是也。【今注】案，引擊頓丘降三城，曹金華《後漢書稽疑》曰："《校補》引錢大昭說，謂陳俊别擊金門、白馬賊應在三年秋，引擊頓丘、降三城亦必在三年，傳於此失書'三年'，遂不免滋疑矣。今據《光武帝紀》吴漢等擊破蘇茂於廣樂在三年四月，蓋延拔睢陽獲劉永在三年秋，吴漢擊破五校賊於箕山在四年四月，錢氏之説審也。"（第293頁）頓丘，縣名。治所在今河南清豐縣西。

[4]【李賢注】金門、白馬並山名，在今洛州福昌縣西南，有金門白馬水。蓋賊起於二山，因以名（大德本、殿本"以"後有"爲"字）。【今注】金門白馬：皆山名。本書《郡國志一》弘農郡宜陽縣，李賢注："有金門山，山竹爲律管。"《讀史方輿紀要》卷四八《河南三·河南府·永寧縣》："龍驤城，在縣西四十里。晉末龍驤將軍王鎮惡伐秦，嘗軍于此，因名。又縣西三十里有金門塢。《水經注》：'舊宜陽縣治也。'魏收《志》：'東魏天平初置金門郡及金門縣。'或以爲即置於此。有金門谿水出金門山，北徑金門塢，西北流入洛。又有白馬谿水，在今縣東十餘里。水出南山，北

入洛。後漢建武二年强弩偏將軍陳俊轉擊金門、白馬，皆破之是也。”

［5］【今注】汝陽：縣名。治所在今河南商水縣西北。　項：縣名。治所在今河南沈丘縣。

［6］【李賢注】南武陽，縣名，屬太山郡，故城在今沂州費縣西。【今注】南武陽：縣名。治所在今山東平邑縣。

［7］【今注】太山：即泰山郡。治奉高縣（今山東泰安市東）。　張步：字文公，琅邪不其（今山東青島市即墨區）人。傳見本書卷一二。

［8］【李賢注】《續漢書》曰：嬴，縣名，屬太山郡。嬴音盈（中華本校勘記：“‘續漢書曰’四字當衍，汲本無，今據删”）。【今注】嬴：縣名。治所在今山東萊蕪市西北。

［9【今注】濟南：郡名。治東平陵縣（今山東濟南市章丘區西北）。

［10］【李賢注】步時擬私封爵人之印綬。

時琅邪未平，[1]乃徙俊爲琅邪太守，領將軍如故。齊地素聞俊名，[2]入界，盜賊皆解散。俊將兵擊董憲於贛榆，[3]進破朐賊孫陽，平之。八年，張步畔，還琅邪，俊追討，斬之。帝美其功，詔俊得專征青、徐。[4]俊撫貧弱，表有義，檢制軍吏，[5]不得與郡縣相干，百姓歌之。數上書自請，願奮擊隴、蜀。詔報曰：“東州新平，[6]大將軍之功也。負海猾夏，盜賊之處，國家以爲重憂，[7]且勉鎮撫之。”

［1］【今注】琅邪：郡名。治東武縣（今山東諸城市）。

［2］【今注】齊：戰國楚國疆域範圍的地區。《漢書·地理志

下》載："齊地，虚、危之分壄也。東有淄川、東萊、琅邪、高密、膠東，南有泰山、城陽，北有千乘，清河以南，勃海之高樂、高城、重合、陽信，西有濟南、平原，皆齊分也。"

[3]【李賢注】贛榆，縣名，屬東海郡。贛音貢。【今注】贛榆：縣名。治所在今江蘇連雲港市贛榆區北。

[4]【李賢注】《華嶠書》曰："賜俊璽書曰：'將軍元勳大著，威震青、徐，兩州有警，得專征之。'"【今注】青：青州刺史部，西漢武帝元封五年（前106）設立的十三刺史部之一，轄平原郡、齊郡、濟南郡、千乘郡、甾川國、北海郡、膠東國、膠西國、東萊郡。刺史治臨菑縣（今山東淄博市臨淄區北）。　徐：徐州刺史部，西漢武帝元封五年設立的十三刺史部之一，轄魯國、楚國、東海郡、泗水國、廣陵國、臨淮郡、琅邪郡。刺史治郯縣（今山東郯城縣西北）。

[5]【今注】檢制：約束節制。

[6]【今注】東州：地域概念，泛指，内涵常不一。崤山函谷關以東諸州。

[7]【今注】國家：天子、皇帝。

十三年，增邑，定封祝阿侯。[1]明年，徵奉朝請。[2]二十三年卒。

[1]【李賢注】祝阿，縣名，屬平原郡。【今注】祝阿：縣名。治所在今山東濟南市長清區東北。

[2]【今注】奉朝請：官名。對閑散官的政治優待，擁有參加朝會的資格。本書卷四《和帝紀》李賢注："奉朝請，無員，三公、外戚、宗室、諸侯多奉朝請。漢律：'春曰朝，秋曰請。'"

子浮嗣，徙封蘄春侯。[1]浮卒，子專諸嗣。專諸卒，子篤嗣。

［1］【李賢注】蘄春，今蘄州縣也。《東觀記》曰："詔書以祝阿益濟南國，故徙浮封蘄春侯。"蘄音祈。【今注】蘄春：縣名。治所在今湖北蘄春縣西南。

臧宫字君翁，[1]潁川郟人也。[2]少爲縣亭長、游徼，[3]後率賓客入下江兵中爲校尉，[4]因從光武征戰，諸將多稱其勇。光武察宫勤力少言，甚親納之。及至河北，以爲偏將軍，從破群賊，數陷陳卻敵。

［1］【今注】案，大德本、殿本"臧宫字君翁"前有"臧宫傳"三字，且單獨成行。

［2］【李賢注】郟，縣名，今汝州郟城縣也。【今注】潁川：郡名。治陽翟縣（今河南禹州市）。　郟：縣名。治所在今河南郟縣。

［3］【李賢注】《續漢書》曰"每十里一亭，亭有長，以禁盜賊。每鄉有游徼，掌循禁姦盜"也。【今注】游徼：官名。秦無縣屬游徼，西漢文帝時已置。縣屬游徼先後演化出縣游徼、部游徼和門下游徼。縣游徼、部游徼除了治安職能外，還有維護交通秩序、接待來往官吏、完成縣廷臨時指派任務等。門下游徼至遲出現於東漢初，主要職能是引導縣長官的車馬並保障其安全、負責縣寺的安保。縣屬游徼的秩級先是有秩，武帝時降爲斗食。（參閲張新超《論漢代縣屬游徼的設立與演變——以考古資料爲中心》，《古代文明》2020年第2期）

［4］【今注】下江兵：王莽末緑林軍的一支。新莽天鳳四年(17)，荆州一帶發生飢荒，王匡、王鳳等發動起義，起義軍以緑林

山爲根據地，故號稱“緑林軍”。地皇三年（22），王常、成丹等西入南郡，號“下江兵”。《漢書》卷九九下《王莽傳下》：“是時，南郡張霸、江夏羊牧、王匡等起雲杜緑林，號下江兵，衆皆萬餘人。”顔師古注：“晉灼曰：‘本起江夏雲杜縣，後分西上，入南郡，屯藍田，故號下江兵也。’”本書《郡國志四》南郡編縣有藍口聚，劉昭注補：“下江兵所據。”錢大昕《十駕齋養新録》卷一一《上江下江》：“《漢書·王莽傳》：‘南郡張霸，江夏羊牧、王匡等起雲杜緑林，號曰下江兵。’是南郡以下，皆可云下江也。李密《與王慶書》：‘上江米船，皆被抄截。’《通鑑》載隋煬帝之言曰：‘朕方欲歸，正爲上江米船未至。’注：‘夏口以上爲上江。’是武昌以上皆可云上江也。”　校尉：官名。軍隊編制中部的將領。本書《百官志一》：“其領軍皆有部曲。大將軍營五部，部校尉一人，比二千石；軍司馬一人，比千石。部下有曲，曲有軍候一人，比六百石。曲下有屯，屯長一人，比二百石。其不置校尉部，但軍司馬一人。又有軍假司馬、假候，皆爲副貳。”

光武即位，以爲侍中、騎都尉。[1]建武二年，封成安侯。[2]明年，將突騎與征虜將軍祭遵擊更始將左防、韋顔[3]於沮陽、酈，[4]悉降之。五年，[5]將兵徇江夏，[6]擊代鄉、鐘武、竹里，皆下之。[7]帝使太中大夫[8]持節拜宫爲輔威將軍。七年，更封期思侯。[9]擊梁郡、濟陰，[10]皆平之。

[1]【今注】侍中：官名。秩比二千石。加官。無員。名義上隸屬於少府。掌侍左右，贊導衆事，顧問應對。

[2]【李賢注】成安，縣名，屬潁川郡。【今注】成安：縣名。治所在今河南汝州市東南。

［3］【李賢注】《華嶠書》“章”字作“韓”。【今注】祭遵：字弟孫，潁川潁陽（今河南許昌市建安區西南）人。傳見本書卷二〇。

［4］【今注】案，沮陽，應作“涅陽”。沈欽韓《後漢書疏證》曰：“沮陽，當爲涅陽，與酈皆屬南陽郡。”中華本據改。

［5］【今注】案，五，大德本、殿本作“三”。

［6］【今注】江夏：郡名。治安陸縣（今湖北雲夢縣）。

［7］【李賢注】鐘武，縣名，屬江夏郡，故城在今申州鐘山縣西南（申，大德本誤作“甲”）。【今注】鐘武：縣名。《漢書·地理志上》零陵郡、江夏郡皆有鐘武，後者注侯國。大約鐘武先由長沙別屬零陵，繼而遷往江夏。零陵原鐘武縣仍保留，未予省併，故兩郡皆有鐘武。前者治今湖南衡陽縣西，後者治今河南信陽市東南。（周振鶴、李曉傑、張莉：《中國行政區劃通史·秦漢卷》，復旦大學出版社2017年版，第435頁）

［8］【李賢注】《華嶠書》曰“使張明”也。

［9］【李賢注】期思，縣名，屬汝南郡，故城在今光州固始縣西北。【今注】期思：縣名。治所在今河南淮濱縣東南。

［10］【今注】梁郡：西漢時或爲梁郡，或爲碭郡，或爲梁國，變化較大。或都（治）睢陽縣（今河南商丘市南），或都（治）碭縣（今河南永城市北）。《漢書·地理志下》載，下轄碭、甾、杼秋、蒙、已氏、虞、下邑、睢陽等縣。　濟陰：郡名。西漢多以濟陰郡爲基礎置定陶國，周邊接壤他郡國之諸縣或來屬或別屬。治定陶縣（今山東定陶縣西北）。王莽時，更濟陰郡爲濟平郡。《漢書·地理志上》載，下轄定陶、冤句、吕都、葭密、成陽、甄城、句陽、秺、乘氏等縣。

十一年，將兵至中盧，屯駱越。[1]是時公孫述將田戎、任滿與征南大將軍岑彭相拒於荆門，彭等戰數不利，越人謀畔從蜀。宮兵少，力不能制。會屬縣送委輸車數百乘至，宮夜使鋸斷城門限。[2]令車聲回轉出入至旦。越人候伺者聞車聲不絶，而門限斷，相告以漢兵大至。其渠帥乃奉牛酒以勞軍營。宮陳兵大會，擊牛釃酒，饗賜慰納之，[3]越人由是遂安。

［1］【李賢注】中盧，縣名，屬南郡，故城在今襄州襄陽縣南。蓋駱越人徙於此，因以爲名。【今注】中盧：縣名。治所在今湖北襄陽市西南。　駱越：地名。蓋因徙駱越人居此而名。又爲族名，是古越人的支系，大致分布在今廣西西南至越南北部一帶（參見謝崇安《關于駱越族的考辨》，《廣西民族師範學院學報》2011年第2期）。

［2］【今注】門限：門檻。《爾雅·釋宫》："柣謂之閾。"郭璞注曰："閾，門限。"邢昺疏："閾爲門限，謂門下横木爲内外之限也。"

［3］【李賢注】釃音所宜反。《説文》曰："下酒也。"《詩注》曰"以筐曰釃"也。【今注】釃酒：濾酒。本書卷二四《馬援傳》："援乃擊牛釃酒，勞饗軍士。"李賢注："釃，猶濾也。"《説文·酉部》："釃，下酒也，一曰醇也。"《詩·小雅·伐木》："伐木許許，釃酒有藇。"毛傳："以筐曰釃，以藪曰湑。藇，美貌。"

宮與岑彭等破荆門，别至垂鵲山，通道出秭歸，[1]至江州。[2]岑彭下巴郡，使宮將降卒五萬，從涪水上平曲。[3]公孫述將延岑盛兵於沅水，[4]時宮衆多食少，轉輸不至，而降者皆欲散畔，郡邑復更保聚，觀望成敗。宮欲引還，恐爲所反。[5]會帝遣謁者將兵詣岑彭，[6]有馬七百匹，宮矯制取以自益，[7]晨夜進兵，多張旗幟，登山鼓噪，右步左騎，挾船而引，呼聲動山谷。岑不意漢軍卒至，[8]登山望之，大震恐。宮因從擊，大破之。斬首溺死者萬餘人，水爲之濁流。延岑奔成都，其衆悉降，盡獲其兵馬珍寶。[9]自是乘勝追北，降者以十萬數。[10]

[1]【今注】秭歸：縣名。治所在今湖北秭歸縣。

[2]【今注】江州：縣名。治所在今重慶市北。

[3]【今注】涪水：水名。今涪江。發源於今四川松潘縣岷山主峰雪寶頂。在重慶市合川區匯入嘉陵江。　平曲：地名。在今四川武勝縣。本書卷一七《岑彭傳》："自引兵乘利直指墊江，攻破平曲。"李賢注："平曲，地闕。"顧祖禹《讀史方輿紀要》卷六九《四川四·重慶府·定遠縣》："平曲城，在縣西。後漢初公孫述置城於此，貯兵積粟以禦漢。建武十一年岑彭自墊江而進，攻破平曲，收其米數十萬石。既又命臧宮泝涪水上平曲，以拒延岑於廣漢。平曲蓋在涪水濱，以波平水曲爲名也，或曰平曲在射洪縣東界，酈道元云：'即潼川州之平陽鄉。'悮。"

[4]【李賢注】沅水出廣漢，解見《光武紀》。【今注】延岑：字叔牙，南陽築陽（今湖北穀城縣東北）人。新莽末起兵，後爲更始大將軍興德侯劉嘉擊破於冠軍，降。更始都長安，劉嘉爲漢中王，都南鄭。更始二年（24），延岑反。東漢光武帝建武二年（26），延岑在漢中自稱武安王。後爲劉秀擊敗，投降於公孫述，被封爲汝寧王，授大司馬。建武十二年，公孫述敗，以兵屬延岑，延岑向吳漢投降。吳漢盡滅公孫氏，並族延岑。事見本書卷一三《公孫述傳》。　沅水：水名。在今四川射洪市東南。本書卷一下《光武帝紀下》："輔威將軍臧宮與公孫述將延岑戰於沈水，大破之。"李賢注："《水經注》曰：'沈水出廣漢縣，下入涪水。'本或作'沅水'及'沅水'者，並非。"錢大昕《廿二史考異》卷一一《後漢

書二・臧宮傳》："'公孫述將延岑，盛兵於沅水'，注：'沅水出廣漢，解見《光武紀》'。按：《光武紀》：'建武十一年，臧宮與公孫述將延岑戰於沈水'，注引《水經注》：沈水出廣漢縣，下入涪水。本或作'沉水'及'沅水'者，並非'，則此'沅'字乃'沈'之訛。"顧祖禹《讀史方輿紀要》卷七一《四川六・潼川州・射洪縣》："沈水，縣東南八十里。"

[5]【李賢注】反音翻。

[6]【今注】謁者：官名。掌賓讚受事。《漢書・百官公卿表上》説"秦官"，戰國時已有。西漢，謁者定員七十人，秩比六百石，長官爲謁者僕射，秩比千石。東漢時，謁者臺與尚書臺、御史臺並稱三臺。本書卷七四上《袁紹傳》李賢注："《晉書》：'漢官尚書爲中臺，御史爲憲臺，謁者爲外臺，是謂三臺。'"謁者臺長官亦稱謁者僕射，秩比千石，所主謁者分爲常侍謁者和謁者兩類。常侍謁者五人，比六百石。謁者三十人，又分爲給事謁者和灌謁者郎中兩類，前者秩四百石，後者秩比三百石。擔任灌謁者滿一年，轉爲給事謁者。

[7]【今注】矯制：矯詔。

[8]【今注】案，軍，大德本、殿本作"兵"。

[9]【李賢注】《華嶠書》曰："上璽書勞宮，賜吏士絳縑六千匹（絳，底本殘，據紹興本、大德本、殿本補）。"

[10]【李賢注】人好陽而惡陰，北方幽陰之地，故軍敗者皆謂之北。《史記・樂書》曰："北者，敗也。"而近代音北爲背，失其指矣。

軍至平陽鄉，[1]蜀將王元舉衆降。[2]進拔緜竹，[3]破涪城，[4]斬公孫述弟恢，[5]復攻拔繁、郫。[6]前後收得節五，印綬千八百。是時大司馬吴漢亦乘勝進營逼成都。宮連屠大城，兵馬旌旗甚盛，乃乘兵入小雒郭門，歷成都城下，[7]至吴漢營，飲酒高會。漢見之甚歡，謂宫曰："將軍向者經虜城下，震揚威靈，風行電照。然窮寇難量，還營願從它道矣。"宫不從，復路而歸，賊亦不敢近之。進軍咸門，[8]與吴漢並滅公孫述。

[1]【今注】平陽鄉：地名。顧祖禹《讀史方輿紀要》卷七一《四川六·潼川州》："平陽鄉，在州西北。後漢岑彭討公孫述，分遣臧宫泝涪水而上，宫破延岑於沈水，乘勝追北至平陽鄉，王元舉衆降，遂拔綿竹。酈道元曰：'平陽鄉蓋在故綿竹境内。'今由州境抵故綿竹，不過百餘里。"

[2]【今注】王元：隗囂部將。隗囂敗，爲蜀將。後降，拜爲上蔡令，遷東平相，坐墾田不實，下獄死。本書卷二四《馬援傳》："而納王游翁諂邪之説。"李賢注："游翁，王元字也。"曹金華《後漢書稽疑》："《隗囂傳》：載'王元，字惠孟'，注引《決録》曰'惠孟鏘鏘'，豈一人二字乎？余意王元先從隗囂事漢，後'常以天下成敗未可知，不願專心内事'，終勸隗囂背漢，繼而稱臣於蜀，故馬援稱爲'游翁'耳。《集解》引洪頤煊説，謂'游翁當是其别字'，疑亦非是。"（第348—349頁）

[3]【今注】緜竹：縣名。治所在今四川德陽市北。

[4]【今注】涪城：地名。本書卷一下《光武帝紀下》："輔威將軍臧宫拔涪城，斬公孫恢。"李賢注："涪城，今綿州縣也。"廣漢郡有涪縣，治所在今四川綿陽市東北。涪城，應爲"涪縣城"。

[5]【今注】恢：公孫恢。公孫述弟。本書卷一三《公孫述傳》："述恃其地險衆附，有自立志，乃使其弟恢於綿竹擊寶、忠，大破走之。"李賢注："'恢'本或作'惔'。"建武元年（25），公孫述自立爲天子，建元龍興元年，以公孫恢爲大司空。建武十二年，爲臧宫所破，戰死。

[6]【李賢注】繁，縣名，屬蜀郡。繁，江名，因以爲縣名，

故城在今益州新繁縣北（北，底本殘，據紹興本、大德本、殿本補）。郫，縣名，屬蜀郡，故城在今益州郫縣北。郫音皮。【今注】繁：縣名。治所在今四川彭州市西北。　郫：縣名。治所在今四川郫縣。

[7]【李賢注】張載注《蜀都賦》云："漢武帝元鼎三年，立成都郭十八門。"小雒郭門蓋其數焉。

[8]【李賢注】成都北面東頭門。【今注】咸門：成都城北面城門。本書《公孫述傳》："十一月，臧宫軍至咸門。"李賢注："成都北面有二門，其西者名咸門。"

帝以蜀地新定，拜宫爲廣漢太守。十三年，增邑，更封酇侯。[1]十五年，徵還京師，以列侯奉朝請，定封朗陵侯。[2]十八年，拜大中大夫。[3]

[1]【今注】酇：縣名。治所在今湖北老河口市西北。

[2]【李賢注】朗陵，縣名，屬汝南郡，故城在今豫州朗山縣西南。【今注】朗陵：縣名。治所在今河南確山縣西南。

[3]【今注】案，大，大德本作"太"，二字通。

十九年，妖巫維汜弟子單臣、傅鎮等，復妖言相聚，入原武城，[1]劫吏人，自稱將軍。於是遣宫將北軍及黎陽營數千人圍之。[2]賊穀食多，數攻不下，士卒死傷。帝召公卿諸侯王問方略，皆曰"宜重其購賞"。[3]時顯宗爲東海王，[4]獨對曰："妖巫相劫，埶無久立，其中必有悔欲亡者。但外圍急，不得走耳。宜小挺緩，[5]令得逃亡，逃亡則一亭長足以禽矣。"帝然之，即勑宫徹圍緩賊，賊衆分散，遂斬臣、鎮等。宫還，遷城門校尉，[6]復轉左中郎將。[7]擊武谿賊，至江陵，降之。[8]

[1]【李賢注】"維"或作"緱"。【今注】維汜：卷縣（今河南原陽縣西）人。本書卷二四《馬援傳》載，維汜"訞言稱神，有弟子數百人，坐伏誅"。　原武：縣名。治所在今河南原陽縣。

[2]【今注】北軍：軍隊名稱。西漢時駐扎於長安城北部，故稱北軍（參見孫聞博《秦漢軍制演變史稿》，中國社會科學出版社2016年版）。東漢沿置。北軍是一支戰鬬甚至是野戰部隊，平時在京掌管君主宿衛，助理首都治安，一旦有警，它是出征部隊的核心，用來討亂伐叛（參見楊鴻年《漢魏制度叢考》，武漢大學出版社1985年版）。　黎陽營：東漢光武帝所置軍營。《漢官儀》卷上："監察黎陽謁者，世祖以幽、并州兵騎定天下，故於黎陽立營，以謁者監之，兵騎千人，復除甚重。謁者任輕，多放情態，順帝改用公解府掾有清名威重者，遷超牧守焉。"

[3]【今注】購賞：懸賞。《漢書》卷七六《張敞傳》："敞到膠東，明設購賞，開群盜令相捕斬除罪。"《説文·貝部》："購，以財有所求也。"

[4]【今注】顯宗：東漢明帝廟號，代指明帝。　東海王：東海，國名，治郯縣（今山東郯城縣西北）。建武十五年（39），光武帝封皇子劉陽爲東海公。建武十七年劉陽進爵東海王。建武十九年立劉陽爲皇太子，改名莊，廢故皇太子劉彊爲東海王。建武二十八年，光武帝徙魯王劉興爲北海王，以魯國益東海國。因故魯恭王宫室甚壯，光武帝下詔東海國都魯。明帝永平元年（58），劉彊病，上疏歸還東海郡。朝廷收回東海爲郡，僅以魯封劉彊子劉政，易國名爲魯，但東海王的封號未更。（參見周振鶴《後漢的東海王與魯國》，《歷史地理》第3輯，上海人民出版社1983年版）

[5]【李賢注】挺，解也。【今注】挺：緩。《吕氏春秋》卷

五《仲夏紀》:“挺重囚，益其食。”高誘注:“挺，緩也。”

［6］【今注】城門校尉：官名。秩比二千石。負責雒陽十二城門的守衛。

［7］【今注】左中郎將：官名。光禄勳屬官。秩比二千石，領中郎、郎中、侍郎等，負責皇帝宫殿門户的保衛工作。

［8］【李賢注】武谿，水名，在今辰州盧谿縣。【今注】武谿：又作“五溪”。在武陵郡，因境内有雄溪、樠溪、辰溪、西溪（一説酉溪）和舞溪（一作潕溪）五溪而得名。故分布在此的槃瓠蠻分支又被稱“武陵蠻”“五溪蠻”或“武谿蠻”等。參見本書卷八六《南蠻西南夷傳》。本書《馬援傳》:“二十四年，武威將軍劉尚擊武陵五溪蠻夷。”李賢注:“酈元注《水經》云:‘武陵有五溪，謂雄溪、樠溪、酉溪、潕溪、辰溪，悉是蠻夷所居，故謂五溪蠻’。皆槃瓠之子孫也。土俗‘雄’作‘熊’，‘樠’作‘朗’，‘潕’作‘武’，在今辰州界。”　江陵：縣名。南郡郡治，治所在今湖北荆州市荆州城西北。

宫以謹信質樸，故常見任用。後匈奴飢疫，自相分争，帝以問宫，宫曰:“願得五千騎以立功。”帝笑曰:“常勝之家，難與慮敵，吾方自思之。”二十七年，宫乃與楊虚侯馬武上書曰:[1]“匈奴貪利，無有禮信，窮則稽首，[2]安則侵盗，緣邊被其毒痛，中國憂其抵突。[3]虜今人畜疫死，旱蝗赤地，[4]疫困之力，不當中國一郡。[5]萬里死命，縣在陛下。福不再來，時或易失，[6]豈宜固守文德而墮武事乎？今命將臨塞，厚縣購賞，喻告高句驪、烏桓、鮮卑攻其左，[7]發河西四郡、[8]天水、隴西羌胡擊其右。[9]如此，北虜之滅，不過數年。臣恐陛下仁恩不忍，謀臣狐疑，令萬世刻石之功不立於聖世。”詔報曰：“《黄石公記》曰，‘柔能制剛，弱能制彊’。[10]柔者德也，剛者賊也，弱者仁之助也，彊者怨之歸也。故曰有德之君，以所樂樂人；無德之君，以所樂樂身。樂人者其樂長，樂身者不久而亡。舍近謀遠者，勞而無功；舍遠謀近者，逸而有終。逸政多忠臣，[11]勞政多亂人。[12]故曰務廣地者荒，務廣德者彊。有其有者安，貪人有者殘。殘滅之政，雖成必敗。今國無善政，災變不息，[13]百姓驚惶，人不自保，而復欲遠事邊外乎？孔子曰：‘吾恐季孫之憂，不在顓臾。’[14]且北狄尚彊，[15]而屯田警備傳聞之事，恒多失實。[16]誠能舉天下之半以滅大寇，豈非至願；苟非其時，不如息人。”自是諸將莫敢復言兵事者。

[1]【今注】楊虚：地名。在今山東茌平縣東北。《漢書·地理志上》平原郡有“樓虚”侯國。“《功臣表》有樓虚侯訾順，‘以捕得反者樊并，侯千户。（成帝永始四年）七月乙酉封’。此當即爲楊虚縣也。”（周振鶴、李曉傑、張莉：《中國行政區劃通史·秦漢卷》，第314頁）“文帝四年，漢廷封齊悼惠王子劉將廬爲楊虚侯。今本《漢志》平原郡有樓虚縣，即‘楊虚’之誤寫。《水經·河水注》云：‘（河水）又東北，過楊虚縣東。’酈道元注曰：‘《地理志》楊虚，平原之隸縣也。漢文帝四年，以封齊悼惠王子將廬爲侯國也。’則酈道元所見《漢志》仍寫作‘楊虚’。齊召南曰：‘（樓虚）當作楊虚，各本俱誤。文帝封齊悼惠王子爲楊虚侯，後漢光武封馬武爲楊虚侯，即此縣也。《水經注》可證。’今按，出土漢封泥有‘楊虚丞印’，可證齊召南之説不誤。《中國歷史地圖集》已將平原郡‘樓虚’改作‘楊虚’。平原郡乃景帝四年析濟北

郡置，則楊虚侯國初封之時地處濟北郡境内。”〔馬孟龍：《西漢侯國地理（修訂本）》，上海古籍出版社 2021 年版，第 255—256 頁〕

［2］【今注】稽首：跪拜禮。叩頭至地。

［3］【李賢注】抵，觸也（觸，大德本誤作“解”）。【今注】抵突：觸犯。

［4］【李賢注】赤地，言在地之物皆盡。《説苑》曰：“晉平公時，赤地千里。”

［5］【今注】中國：華夏族在黄河流域建國，以爲居天下之中，故曰中國，泛指以黄河爲中心的中原地區。

［6］【李賢注】《左傳》曰：“大福不再。”蒯通曰：“時者難遇而易失也。”

［7］【今注】高句驪：部族名。主要分布在中國東北及朝鮮部分地區。又爲縣名，西漢武帝元封三年（前 108）置玄菟郡，下轄高句驪縣，治所在今遼寧新賓滿族自治縣西。　鮮卑：部族名。東胡的一支。傳因起源地爲鮮卑山而得名。鮮卑初依附於匈奴，東漢和帝永元三年（91），擊破北匈奴，迫其西遷，故地爲鮮卑占據，匈奴餘種十餘萬落皆自號鮮卑，鮮卑由此逐漸强盛起來。桓帝時，檀石槐統一各部，在高柳（代郡屬縣，治今山西陽高縣）以北三百餘里的彈汗山歠仇水上立庭，將其地分爲三部，從右北平（治土垠縣，今河北唐山市豐潤區東）以東到遼東（治襄平縣，今遼寧遼陽市白塔區）爲東部，從右北平以西到上谷（治沮陽縣，今河北懷來縣東南）爲中部，從上谷至敦煌（治敦煌縣，今甘肅敦煌市西）、烏孫爲西部，各部設大人統領。檀石槐死，再度陷入分裂。

［8］【李賢注】謂張掖、酒泉、武威、金城也（威，大德本誤作“城”）。【今注】河西四郡：河西指今甘肅、寧夏黄河以西地區，西漢武帝開河西地後，置武威、張掖、酒泉、敦煌四郡。關於河西四郡始置時間，學界頗多争議，周振鶴等認爲漢武帝元狩二年（前 121）置酒泉郡，元鼎六年（前 111）析酒泉郡新置張掖、

敦煌二郡，宣帝地節三年（前67）置武威郡。另，昭帝始元六年（前81）置金城郡。（周振鶴、李曉傑、張莉：《中國行政區劃通史·秦漢卷》，第478頁）

［9］【今注】天水：郡名。治平襄縣（今甘肅通渭縣西）。王莽改天水郡爲填戎郡，另分天水郡置阿陽郡。　隴西：郡名。治狄道縣（今甘肅臨洮縣）。

［10］【李賢注】即張良於下邳圯所見老父出一編書者。

［11］【今注】逸政：安逸的政治，即無爲之治。

［12］【今注】勞政：勞碌的政治，即有爲之治。

［13］【李賢注】《左傳》曰："國無善政，則自取讁於日月之災（讁，大德本、殿本作'謫'，二字同）。"

［14］【李賢注】顓臾，魯附庸之國。魯卿季氏貪其土地，欲伐而兼之。時孔子弟子冉有仕於季氏，孔子責之。冉有曰："今夫顓臾固而近季氏之邑，今不取，恐爲子孫之憂。"孔子曰："吾恐季孫之憂，不在顓臾，而在蕭牆之内也。"（殿本無此注）【今注】季孫：魯國卿大夫，三桓之一。　顓臾：魯的附屬國。案，孔子的話出自《論語·季氏》。

［15］【今注】北狄：古族名。因在中原的北方，故稱之爲北狄。後用作北方民族的泛稱，這裏指匈奴。

［16］【李賢注】《公羊傳》曰："見者異辭，聞者異辭，傳聞者異辭。"

宫永平元年卒，謚曰愍侯。子信嗣。信卒，子震嗣。震卒，子松嗣。元初四年，[1]與母别居，國除。永寧元年，[2]鄧太后紹封松弟由爲朗陵侯。[3]

［1］【今注】元初：東漢安帝劉祜年號（114—120）。

［2］【今注】永寧：東漢安帝劉祜年號（120—121）。

［3］【今注】朗陵：縣名。治所在今河南確山縣西南。

論曰：中興之業，[1]誠艱難也。然敵無秦、項之彊，[2]人資附漢之思，[3]雖懷璽紆紱，跨陵州縣，[4]殊名詭號，[5]千隊爲群，尚未足以爲比功上烈也。[6]至於山西既定，威臨天下，[7]戎羯喪其精膽，群帥賈其餘壯，[8]斯誠雄心尚武之幾，先志翫兵之日。[9]臧宫、馬武之徒，撫鳴劍而抵掌，志馳於伊吾之北矣。[10]光武審《黄石》，[11]存包桑，[12]閉玉門以謝西域之質，卑詞幣以禮匈奴之使，[13]其意防蓋已弘深。豈其顛沛平城之圍，忍傷黥王之陳乎？[14]

［1］【今注】中興之業：重建漢朝的事業。中興，《南唐書》卷一五《蕭儼傳》："儼獨建言：'帝王，己失之，己得之，謂之反正；非己失之，自己復之，謂之中興。'"光武帝劉秀本爲漢宗室，國號仍爲"漢"，故曰"中興"。

［2］【今注】秦項：秦朝、項羽。

［3］【今注】資：天資。這裏指内心擁有。　附：歸附。

［4］【李賢注】璽，解見《光武紀》。《白虎通》曰："天子朱紱，諸侯赤紱，上廣一尺，下廣二尺，法天一地二也，長三尺，法天地人也。"董巴《輿服志》曰："古者上下皆有紱，所以殊貴賤也。自五霸遞興，以紱非兵服，於是去紱也。"【今注】懷璽紆紱：懷揣玉璽，身繫綬帶。紆，繫，結。紱，繫印章或佩玉用的絲帶。

［5］【今注】殊名詭號：特殊、奇異的名號。

［6］【今注】上烈：前代建立功業者。

［7］【李賢注】謂誅隗囂、公孫述。

［8］【李賢注】羯本匈奴別部，分散居於上黨、武鄉、羯室（於，大德本、殿本作“其”），因號羯胡。此總謂戎夷耳，不指於羯也。《左傳》曰：“欲勇者，賈余餘勇。”【今注】戎羯：族名。戎和羯。羯曾附屬於匈奴。戎羯泛指西北地區的少數民族。　精膽：魂魄與膽量。　賈其餘壯：出售他們剩餘的勇氣。賈，出售。壯，豪壯之氣，勇氣。《左傳》成公二年：“齊高固入晉師，桀石以投人，禽之而乘其車，繫桑本焉，以徇齊壘，曰：‘欲勇者賈余餘勇。’”

［9］【李賢注】幾，會也。翫，習也。先志者，乘勝之志也。【今注】幾：時期。機會。　翫兵：用兵。

［10］【李賢注】屈原曰：“撫長劍兮玉珥（兮，大德本、殿本作‘而’）。”曹植《結交篇》曰：“利劍鳴手中。”《說文》曰：“抵，側擊也。”【今注】伊吾：地名。本書卷二《明帝紀》：“竇固破呼衍王於天山，留兵屯伊吾盧城。”李賢注：“本匈奴中地名，既破呼衍，取其地置宜禾都尉，以爲屯田，今伊州納職縣伊吾故城是也。”在今新疆哈密市。亦泛指邊疆地區。

［11］【今注】黄石：即《黄石公記》。

［12］【李賢注】《周易·否卦》九五曰：“其亡其亡，繫于包桑。”言聖人居天位，不可以安，常自危懼，乃是繫於包桑也。包，本也，繫於桑本，言其固也。【今注】包桑：同“苞桑”。苞，草木的莖干或根。

［13］【李賢注】《西域傳》曰，建武二十一年，西域十八國俱遣子弟入侍，天子以中國初定，皆還其侍子。《匈奴傳》曰，建武二十八年，匈奴遣使詣闕貢馬及裘，乞和親。帝報曰：“單于國內虛耗，貢物裁以通禮，何必馬裘？今贈繒五百匹，斬馬劍一。”是卑辭幣禮也。【今注】玉門：玉門關。玉門關的具體位置有多種說法，如敦煌以東說、敦煌西北小方盤城說、小方盤西側說等（李偉麗：《玉門關址今何在?》，《中國社會科學報》2020 年 12 月 9

日)。張俊民認爲敦煌郡設立之前的玉門都尉、玉門關均在今玉門附近(張俊民:《玉門關早年移徙新證———從小方盤漢簡 T14N3 的釋讀説起》,《石河子大學學報》2021 年第 1 期)。　西域:漢代以後對玉門關、陽關以西地區的統稱。狹義僅指玉門關、陽關以西,天山南北,葱嶺以東地區;廣義指玉門關、陽關以西所能到達的所有區域,包括中亞或更遠的地方。西漢宣帝神爵二年(前60),漢設西域都護統管西域各國,故"西域"一詞有時專指西域都護府所轄地區。《漢書》卷九六上《西域傳上》:"西域以孝武時始通,本三十六國,其後稍分至五十餘,皆在匈奴之西,烏孫之南。南北有大山。中央有河,東西六千餘里,南北千餘里。東則接漢,阸以玉門、陽關,西則限以葱嶺。"

[14]【李賢注】平城,縣名,今雲州定襄縣。高祖七年,擊韓王信,至平城,被匈奴圍,七日乃解。十二年,高祖親擊淮南王黥布,在陳爲流矢所中。顛沛,狼狽也,顛音丁千反。【今注】平城:縣名。治所在今山西大同市東北。　案,黥王,殿本作"黥土"。

贊曰:吴公鷙彊,實爲龍驤。[1]電埽群孽,[2]風行巴、梁。虎牙猛力,功立睢陽。[3]宫、俊休休,是亦鷹揚。[4]

[1]【李賢注】《戰國策》曰:"廉頗爲人,勇鷙而愛士。白起視瞻不轉者,執志彊也。"驤,舉也。若龍之舉,言其威盛。鄒陽曰:"神龍驤首奮翼,則浮雲出流。"【今注】鷙彊:像鷙鳥一樣剛强。鷙,凶猛的鳥,如鷹、雕等。　龍驤:亦作"龍襄"。昂首騰躍貌。《漢書》卷一〇〇下《叙傳下》:"雲起龍襄,化爲侯王,割有齊、楚,跨制淮、梁。"顔師古注:"襄,舉也。"

[2]【今注】電埽:像閃電一樣劃過,比喻迅速掃除乾净。

孽：妖孽。罪孽之人。

［3］【今注】案，睢陽，紹興本作“雎陽”。

［4］【李賢注】《詩》曰：“良士休休。”又曰：“惟師尚父，時惟鷹揚。”【今注】休休：安閑貌。《詩·唐風·蟋蟀》：“好樂無荒，良士休休。”毛亨傳曰：“休休，樂道之心。” 鷹揚：威武貌，比喻大展雄才。《詩·大雅·大明》：“維師尚父，時維鷹揚。”毛亨傳：“鷹揚，如鷹之飛揚也。”